雲南文庫

百人百部

当代云南社会科学百人百部优秀学术著作丛书

中国西部国际直接投资吸收能力研究

赵果庆/著

云南大学出版社
云南人民出版社

作者小传

赵果庆，男，1964 年出生，白族，云南鹤庆人。2004 年毕业于云南大学发展研究院，是云南省自己培养的首位经济学博士；2004—2006 年在南开大学理论经济学读博士后；2006—2008 年任南开大学副研究员；现为云南省数量经济学术带头人与后备人才，云南财经大学特聘教授，数量经济方向硕士生导师。在《管理世界》、《系统工程理论与实践》和《中国软科学》各发表论文 2 篇，EI 索引 2 篇；在《数量经济技术经济研究》、《财贸经济》、《统计研究》等重要期刊发表论文共 10 篇；出版学术著作 2 部，合著 3 部；主持国家社科基金项目（09XJL015）研究。获云南省哲学社会科学优秀成果一等奖 4 次，国家统计局等省部级奖 7 项。主要研究方向为数量经济、国际直接投资、产业经济学。

图书在版编目（CIP）数据

中国西部国际直接投资吸收能力研究/赵果庆著.
—昆明：云南大学出版社，2012
（当代云南社会科学百人百部优秀学术著作丛书）
ISBN 978－7－5482－0895－2

Ⅰ.①中… Ⅱ.①赵… Ⅲ.①国际直接投资—研究—西北地区 ②国际直接投资—研究—西南地区 Ⅳ.①F832.6

中国版本图书馆CIP数据核字（2012）第054007号

责任编辑： 刘 焰
装帧设计： 刘 雨 王睿韬
责任印制： 张爱成

书 名	**中国西部国际直接投资吸收能力研究**
作 者	赵果庆 著
出 版	云南大学出版社 云南人民出版社
发 行	云南大学出版社 云南人民出版社
社 址	昆明市翠湖北路2号云南大学英华园内（650091） 昆明市环城西路609号（650034）
电 话	0871－5031071 5033244 0871－4113185
网 址	http：//www.ynup.com www.ynpph.com.cn
E－mail	market@ynup.com rmszbs@public.km.yn.cn
开 本	787mm×1092mm 1/16
印 张	19
字 数	320千
版 次	2012年5月第1版第1次印刷
印 刷	昆明卓林包装印刷有限公司
书 号	ISBN 978－7－5482－0895－2
定 价	50.00元

《云南文库》编辑说明

《云南文库》是云南省哲学社会科学“十二五”规划的重大项目。编辑出版《云南文库》是落实云南省委、省政府建设民族文化强省的重要举措，是繁荣发展云南哲学社会科学的重要途径，是树立云南文化形象、提升云南文化软实力的基础性工程。

中国学术文化的发展不仅有共性，还有很强的地域性。一国有一国之学术，一方有一方之学术。学术研究是社会发展的动力，是社会智慧的结晶，是文化建设的重要构成部分。云南虽地处边疆，仍不乏丰厚的学术研究传统。尤其明清以来，云南与中原的文化交流日臻密切，省外名宿大儒进入云南的代不乏人，而云南的文人学士也多有游宦中原者。在中原文化的熏陶下，云南的文化学术遂结出累累硕果，文化名人辈出，如杨慎、李贽、李元阳、师范、王崧、方玉润、许印芳等，其总体集中性的代表成果是《滇系》和《云南备征志》。至清末，云南学子开始走出国门到海外留学，成为云南与世界沟通的桥梁，也成为改造社会和推进云南文化学术发展的中坚。但由于交通不便，信息闭塞，云南的学术成果并未为内地所认知。更有甚者，清乾隆年间，四库全书馆在全国征集历代遗书，云南巡抚李右江得到云南先贤的著述，但害怕其中有什么不恰当的内容，竟私藏起来不上报，使得《四库全书》仅从它处收录了3种云南人著述，成为云南文化史上的一大缺憾。辛亥革命后，云南学人痛感地方文化学术之不彰，在地方政府的支持下，赵藩、陈荣昌、袁嘉谷、由云龙、周钟岳、李根源、方树梅、秦光玉等一批当时最负盛名的云南学者倾力收集整理云南文献，于1914年至1923年编成刻印《云南丛书》初编，共152种1064卷，及不分卷者47册；1923年至1940年编成刻印《云南丛书》二编，共69种133卷。另编定31种待刻，后由于抗日战争爆发，整个《云南丛书》的编辑刻印工作中止。历时26年编刻的《云南丛书》把保存下来的历代云南重要地方文献网罗殆尽，是云南有史以来地方文化的一次最系统的总结，对云南的文化建设发挥了不可估量的作用。

学术创新的根基是学术积淀和传承。从编辑刻印《云南丛书》之时算起至今，其间经历了抗日战争、新民主主义革命、社会主义革命和建设、改革开放的新的历史时期。在这近一百年的历史中，云南的学者为抗击日本侵略者和新中国的解放事业，为社会主义新文化的建设贡献了自己的聪明才智，也为云南地方经济、社会、文化的发展创造了一大批研究成果，并形成了自己的风格和特色。今天，文化建设又站在一个新的历史起点上。整理和出版云南学术史和文化史上的优秀成果，是继承优秀的地方历史文化遗产，建设有中国特色的社会主义新文化和民族文化强省的基础性工作。只有站在前人的肩上，我们才看得更远，走得更实。这也是我们编辑出版《云南文库》的初衷。

比之编刻《云南丛书》的时代，云南的经济政治社会文化已经发生了翻天覆地的变化，云南不再是一个封闭落后的边疆省份，而是成为了我国面向南亚、东南亚开放的桥头堡，其战略地位日益突出。云南的文化创造力也大大发展了，学者力量的壮大、学术成果的丰富早已不可同日而语。今天的《云南文库》不可能像当年《云南丛书》一样收录所有的文献资料，只可能是好中选优、优中选精，尽可能地把最能体现云南学术文化水平和云南学术特色的成果收录进来，以达到整理、总结、展示、交流和传承文化，弘扬学术，促进今日云南文化学术的建设与繁荣之目的。功在当代，利在千秋。

《云南文库》分为三个系列。

一是《云南文库·学术大家文丛》，收录云南学术大家的作品。

二是《云南文库·学术名家文丛》，收录中华人民共和国建立以前出生的云南学术名家的作品。

三是《云南文库·当代云南社会科学百人百部优秀学术著作丛书》，收录中华人民共和国建立以后出生的一代学者的优秀作品。

我们将使《云南文库》成为一个开放的体系，随着云南民族文化强省建设的推进而不断丰富它的内涵，不断发挥其在社会主义精神文明建设和云南文化建设中的积极作用。

《云南文库》编辑委员会

2011年6月

目 录

第一章 导 言 …… 1
第一节 问题的提出 …… 1
第二节 研究现状 …… 6
第三节 研究对象 …… 7
第四节 研究方法 …… 10
第五节 关键概念与结构 …… 11

第二章 FDI 吸收能力理论假说 …… 17
第一节 相关国际直接投资理论 …… 17
第二节 区域 FDI 吸收能力与结构 …… 25
第三节 FDI 吸收能力系统复杂性机制 …… 37
第四节 FDI 吸收能力与欠发达区域发展 …… 43

第三章 区域 FDI 吸收能力评价 …… 47
第一节 区域 FDI 吸收能力的综合评价指标体系 …… 47
第二节 区域 FDI 吸收能力评价与检验 …… 56
第三节 我国地区 FDI 吸收能力分布规律与分级 …… 63
第四节 FDI 吸收能力结构分析 …… 67

第五节　地区 FDI 与 FDI 吸收能力的计量分析 …… 70

第四章　西部 FDI 引进能力 …… 78

第一节　西部发展阶段与 FDI 引进能力 …… 78

第二节　西部 FDI 引进能力与自然资源悖论 …… 86

第三节　周边国家对西部 FDI 引进能力的影响 …… 97

第四节　西部 FDI 引进能力的结构特点 …… 102

第五章　西部 FDI 利用能力 …… 111

第一节　西部技术发展阶段与 FDI 利用能力 …… 111

第二节　西部创新能力空洞化 …… 121

第三节　工业结构与 FDI 利用能力 …… 127

第四节　西部资源配套能力 …… 134

第六章　西部 FDI 扩散能力 …… 153

第一节　FDI 扩散途径与机制 …… 153

第二节　FDI 进入西部方式 …… 160

第三节　西部产业结构 FDI 扩散能力 …… 166

第四节　西部制造业技术扩散能力 …… 171

第五节　西部学习能力 …… 188

第七章　中国区域 FDI 系统的动态经济分析 …… 195

第一节　区域 FDI 竞争力动态系统 …… 195

第二节　区域 FDI 竞争力动态系统模型及解析 …… 200

第三节　区域 FDI 竞争力系统的稳定性分析 …… 207

第四节　西部 FDI 与 GDP 动态经济分析 …… 219

第五节 提高西部 FDI 吸收能力的意义 …… 226

第八章 西部提升 FDI 吸收能力的战略途径 …… 229

第一节 西部 FDI 吸收能力提升的战略体系 …… 229

第二节 增强西部企业研究与开发能力 …… 236

第三节 加快西部高新技术开发区发展 …… 243

第四节 加快西部人力资本形成与累积 …… 250

第五节 政策措施 …… 260

第九章 结 论 …… 272

参考文献 …… 276

附 录 …… 284

后 记 …… 288

第一章 导 言

第一节 问题的提出

改革开放初期，我国东西区域发展差距相对稳定，而从 1990 年开始，我国东西区域发展差距逐步拉大（胡鞍钢，2001）。我国区域 GDP 增长率差距导致区域 GDP 份额及人均 GDP 发生了明显的变化。从 GDP 份额看，1978—2002 年东部的 GDP 份额上升了 7.55 个百分点，而中部、西部分别下降了 3.94 和 3.62 个百分点，东部、中西部的 GDP 份额差距有扩大趋势。[①] 从人均 GDP 看，东部、中部和西部的人均 GDP 增长率分别为 14.44%、13.88% 和 12.88%，东部人均 GDP 净增 16838 元/人，中部和西部分别净增 7209 元/人和 5351 元/人，东部的人均 GDP 增量分别是中部和西部的 2.34 倍和 3.15 倍，中部为西部的 1.35 倍（见表 1 - 1）。因此，相比较而言，中部与西部 GDP 份额的差距不明显，而东部与西部差距却很大。西部地区经济份额下降，发展严重滞后，已对我国社会、经济协调发展产生了重要影响，对我国政治、经济、文化以至国家安全都带来了新的挑战。西部发展问题已成为中国 21 世纪的头号问题（胡鞍钢，2001）。

① 东部：上海、北京、天津、浙江、广东、江苏、福建、辽宁、山东、河北、海南；中部：安徽、江西、黑龙江、湖北、吉林、湖南、河南、山西；西部：青海、重庆、宁夏、四川、陕西、云南、广西、甘肃、贵州、内蒙古、西藏、新疆为西部大开发的12个地区。

表 1－1　1978—2002 我国区域人均 GDP 与 GDP 变动情况

指标		1978	1992	1995	1998	2002
GDP（%）	东部	50. 31	53. 96	55. 54	55. 97	57. 86
	中部	29. 06	26. 43	26. 09	26. 28	25. 12
	西部	20. 63	19. 61	18. 37	17. 75	17. 02
人均 GDP（元/人）	东部	687	3760	8207	12211	17525
	中部	333	1850	3829	5441	7542
	西部	309	1635	3022	4265	5660

资料来源：根据《改革开放十七年的中国地区经济》、1996—2003 年《中国统计年鉴》的相关数据计算。

东部基础设施比较完善，文化教育水平高，工业化水平较高，吸收了我国对国际投资（FDI）的绝大部分，而与之相比，中部和西部发展水平较低，改革开放滞后，吸收的 FDI 比较少。1978—2001 年，东部吸收 FDI 的份额始终在 80% 以上，中部和西部的份额分别在 10% 的范围内波动。1994 年以前中部和西部还难分伯仲，1994 年以后中部和西部吸收的 FDI 规模才有明显的差距，但这种差距并不大（见图 1－1）。因此，相比较而言，中部与西部吸收 FDI 的差距不明显，而东部与中西部差距却很大。

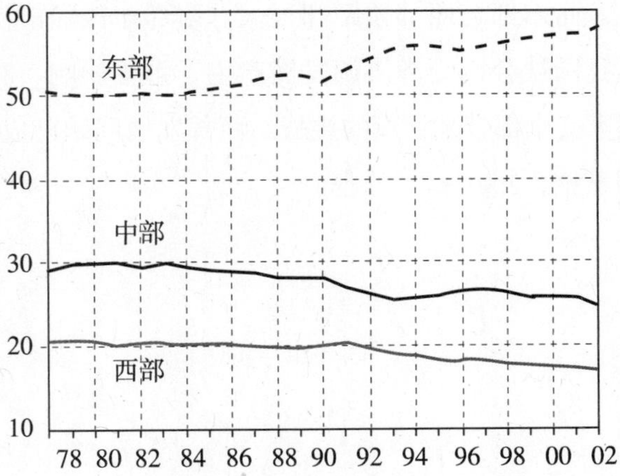

图 1－1　我国区域 GDP 结构演化

造成东西发展差距的原因较多，如有历史、经济、体制和政策原因，但与改革开放以来，尤其是1992年以来，FDI大量涌入较发达的东部有较大的关系。我国东部吸收的FDI一直占全国FDI的80%以上，中西部FDI份额在20%以下，1994年后中部与西部吸收FDI的差距开始明显分开，西部所占FDI份额一直在5%左右（见图1－2）。

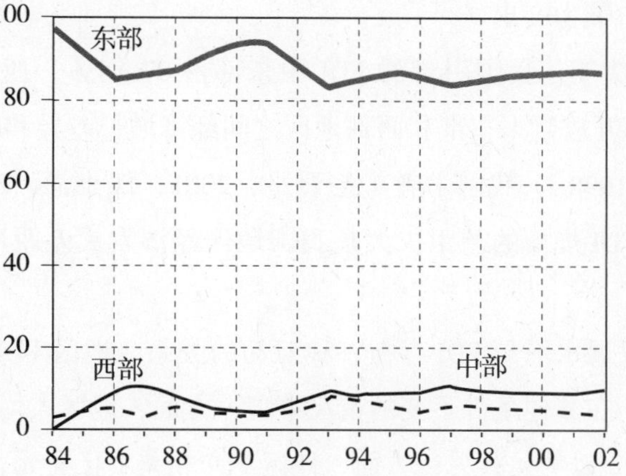

图1－2　我国区域FDI结构演化

不难看出，我国区域GDP结构与FDI结构具有一定的相似性，只不过区域FDI差距更大，两极分化更明显。在1984年以前，东部、中部和西部GDP份额基本保持在50%、30%和20%左右。从1984年开始，中部GDP份额开始下降，到1994年后又趋于相对稳定，而西部GDP份额从1992年才开始下降。恰巧1992年是我国吸收FDI的一个转折点。1992—2002年，我国吸收的FDI占我国FDI存量的94.11%。大量FDI开始向东部集聚，加快了东部的发展速度。从人均GDP看，1978年中部、西部人均GDP分别为东部人均GDP的48.47%和44.98%；1992年中部、西部人均GDP分别为东部的49.20%和43.48%。相隔14年，中部与东部人均GDP差距还略有下降，西部与东部的人均GDP差距略有上升，但中部、西部与东部的人均GDP差距没有太大变化。然而，到2002年，中部、西部人均GDP分别为东部的43.04%和32.30%，从1992到2002年的10年间，中部相对东部的人均GDP差距扩大了6.16个百分点，西部相对东部的人均GDP差距扩大了11.18个百分点，每年下降1个百分点。可见，1992年也是中西部与东部的差距进一步扩大的起始点。

显然，我国区域的经济发展水平、经济实力差距与区域吸收 FDI 差距是极不对称的。从总体上看，1978—2001 年，东部、中部和西部 GDP 份额分别为 55.34%、26.44% 和 18.23%，而同期，东部、中部和西部 FDI 份额分别为 85.95%、8.87% 和 5.18%。如果按同等份额 GDP 吸收相同份额 FDI 计算，那么，东部多吸收了 55.32%，而中部缺口为 66.45%，西部缺口为 71.58%，以西部 FDI 缺口最为突出。

截止到 2002 年，我国引进的 FDI 中东部占 87.84%，西部仅占 3.22%。FDI 是导致改革开放以来东部和西部地区之间经济增长差异和收入不平衡的重要因素（Sun，1998）。我国学者（赵晋平，2001；江小涓，2002）的研究表明，地区吸收 FDI 规模的差距扩大是我国地区经济发展差距不断拉大的最重要的因素。

我国地区发展水平与 FDI 存在一种互动的关系。地区 FDI 与人均 GDP 的计量关系表明，在其他条件不变的情况下，一方面，地区人均 GDP 相差 1 元，地区 FDI 相差 12 万美元；另一方面，地区 FDI 相差 1 亿美元，人均 GDP 相差 65 元。以此估算，2002 年，FDI 直接对东部、中部和西部产生的人均 GDP 分别为 2175 元、332 元和 48 元，分别占当年东部、中部和西部产生的人均 GDP 的 12.41%、4.40% 和 0.85%。我国东部发展水平比较高，市场容量较大，吸收了绝大部分的 FDI，而在我国广大中西部地区，人力资本和生产结构协调能力的欠缺，产业配套能力低和远离国际市场的因素，导致 FDI 在我国中西部流入极慢，数量十分有限，不足以给予当地经济发展足够的推动力。很明显，FDI 在我国的严重非均衡分布状况，在一定程度上加剧了改革开放以来地区发展差距扩大的趋势。

我国区域经济发展水平差距与区域吸收 FDI 差距是极不对称的。2002 年，我国东部吸收 FDI 的份额高于 GDP 份额。同年，西部的 GDP 份额为 13.6%，而 FDI 份额仅为 3.82%，FDI 份额缺口为 72%；东部地区的人均 GDP 为 17525 元/人，西部地区为 5660 元/人，东部的人均 GDP 是西部的 3 倍以上，而东部吸收 FDI 为 454.57 亿美元，西部为 20.05 亿美元，东部吸收的 FDI 为西部的 21 倍。从 FDI 工业（“三资工业”）看，2002 年，我国东部的 FDI 工业份额高于其工业份额，而西部的 FDI 工业份额低于其工业份额，西部 FDI

工业份额缺口为67.34%。从商品出口看，2002年，我国东部的FDI企业出口份额远高于其商品出口份额，西部的FDI企业出口仅占FDI的1%左右，也低于其商品出口份额。总体上看，我国西部GDP份额大于FDI份额，FDI企业出口份额又远小于FDI份额（见表1-2）。

表1-2 2002年我国区域经济发展与FDI及其效果差距

地区	GDP（%）	人均GDP（元/人）	FDI（%）	工业增加值（%）	FDI工业增加值（%）	商品出口（%）	FDI企业出口（%）
东部	59.60	15885	86.633	57.862	87.82	91.67	97.04
西部	13.60	5270	3.822	17.015	4.42	3.40	1.04

资料来源：根据《2003中国统计年鉴》的相关数据计算。

为什么会出现西部GDP份额、FDI份额、FDI企业出口份额依次递减的现象？笔者认为，区域对FDI的竞争力由其FDI吸收能力（absorptive capacity for FDI）所支配，而这种FDI吸收能力是有结构的，它直接反映区域对FDI引进能力、利用能力和扩散能力的整合效应。于是，笔者提出的理论假说是，FDI的区域分布可以FDI吸收能力差距和结构水平来解说。换言之，FDI吸收能力是FDI区域分布的决定因素，西部FDI吸收能力结构水平低是西部FDI发展不足的主要原因之一。

外商直接投资的过程也是我国区域技术变迁的过程。博伦斯坦、格雷高里奥和李（1998）认为，FDI是引进新技术的重要渠道，其对国民经济的作用超过了国内投资。作为FDI主体，跨国公司是发展中国家经济增长的发动机（UNCTAD，1992）。虽然这有些言过其实，跨国公司不能替代发展中东道国的努力，但FDI为发展中国家提供有形资产和无形资产的机会并催化国内投资和提高其能力，它是发展中国家经济发展的催化剂（catalyst），是十分宝贵的（UNCTAD，1999）。因此，提高西部FDI吸收能力，加大FDI的流入量，是促进西部发展的一个有效途径。

几年来，我国正在实施西部大开发战略，西部的基础设施有了较大改善，但FDI的流量不但没有显著增加，反而略有下降趋势。目前，我国西部处在一种资本和劳动力推动的经济增长阶段，与东部相比，西部出口竞争力较弱（见表2），处在一种低水平发展循环中，技术约束是比较明显的特征。FDI是一种集技术、资金、管理等于一体的创造性资源，这种“一揽子”的功效可在资本、技术等多个环节上突破低水平的发展循环。这一点已被东亚发展奇迹和我国东部两位数的高速发展所证实。本书研究西部FDI吸收能力及其结构，同时提出增进西部的FDI吸收能力及结构升级的政策，以吸引FDI进入西部地区，加快利用和扩散。这对促进西部地区发展，具有理论意义和现实意义。

第二节　研究现状

1992年以后，随着外商直接投资大量进入我国，FDI的区域不平衡分布日益突出，FDI的区位问题也成为国内外学术界研究的焦点。国内一些学者应用问卷、统计或计量经济模型对我国外商直接投资的区位问题进行了大量研究（李小建，1996；鲁明泓，1997；冯毅，1999年；魏后凯、贺灿飞，2001；武剑，2002年）。在国外，一批学者利用计量模型和方法，对我国省区和区域的外商直接投资的区位选择进行了分析（Gong，H. M.，1995；Head，K.，and J. Ries，1996；Head，K.，and J. Ries，1996；Sun. H.，1998；Wei Yingqing，Liu Xiaming，Parker David and Vaigya Kirit，2000；Leoanrd K. Cheng，2000；Peter J. Buckley，Jenny Clegg，Chengqi Wang and Adam R. Cross，2002；Qian Sun，2002）。然而，这些研究集中于外商直接投资的区位动机和决定因素的寻求，并没有更多地探讨外商直接投资对区域发展的影响。

此外，也有学者对中西部地区的直接投资问题作专门研究。黄晓玲（2003）从理论上分析了受资方和投资方技术水平的差距对外商直接投资作用的影响，并结合我国中西部地区的区位条件，探讨了中西部地区引进外商直接投资的类型，并提出促进外商直接投资的具体措施。魏后凯（2003）分析了近年来尤其是加入WTO后外商在华投资的区位特征及其变化趋势。

近年，吸收能力引起了国内学者的关注。杨先明（2000）认为FDI吸收能力是发展阶段的函数，随着发展阶段的上升，FDI吸收能力相应提高，能力结构得到优化和升级。一般而言，FDI 能力结构越完善，可引进的 FDI 数量越大，而我国地区经济发展阶段多元性的特征使我国对各类型的 FDI 产生了各自适应的吸收能力。这一观点表明，处于不同发展阶段的地区 FDI 吸收能力及其结构决定 FDI 的数量、质量。丹尼尔（Daniel Kirchert，2001）把吸收能力引入中国地区经济发展研究中，开启了我国区域发展研究的新领域。丹尼尔在《知识扩散和吸收能力对中国地区经济发展（1978—1998）的影响》一文中，提出了“地区吸收能力”的概念，认为地区对外来知识和技术（尤其是 FDI）的吸收能力在地区经济发展中起重要作用，并建立了线性模型，其计量检验结果表明，地区吸收能力与地区经济增长有较高的相关性；因此地区应对教育和基础设施投资，提高自己的吸收能力。这是落后地区必须经历的阶段。赖明勇等（2002）的《我国外商直接投资吸收能力研究》一文是目前国内研究外商直接吸收能力的专门成果。该成果显示，我国人力资本的丰裕度决定了我国对 FDI 技术扩散的吸收程度，从而最终影响经济增长。这个结论说明，我国人力资源差异决定着我国 FDI 吸收能力和经济增长的差异。然而，该文中所指的 FDI 吸收能力实际上是基于人力资本的 FDI 技术吸收能力。

可以看出，目前对我国 FDI 区域分布和影响的研究主要集中在寻找 FDI 分布的决定因素，并对 FDI 的不平衡分布进行解释，同时从吸引力角度对区域 FDI 经济增长效应进行分析，以我国西部地区 FDI 吸收能力为研究对象的成果却仍十分鲜见。

第三节　研究对象

本研究的主要目标是估计我国西部 12 个省（区、市）的 FDI 吸收能力的结构、差距、累积障碍，并提出促进西部 FDI 吸收能力发展的战略思路与对策。具体目标是：

（1）建立 FDI 吸收能力分析框架。在经济学中，能力（Capacity）并不是一个定义十分严格的概念，然而它却开辟了一种研究的思路。社会能力、资源能力、技术能力、吸收能力和核心能力等广泛应用于社会经济研究的不同领域。在企业研究中，基于核心能力的战略观是一种新兴的战略范式。本书在研究国际学术文献的基础上，吸收了国际直接投资理论和内生增长理论等的理论成就，把技术吸收能力扩展成地区 FDI 吸收能力，并对其结构效应、成长机制、门槛效应、能力缺口等方面进行研究。

（2）建立地区 FDI 吸收能力的指标评价体系。地区 FDI 吸收能力评价与度量是区域 FDI 吸收能力研究中的一个重点和难点。目前，在引进能力方面，对我国区位决定因素的计量研究结果是丰富的，如市场规模、基础设施、集聚效应等研究成果对 FDI 区位决策起决定作用；根据目前吸收能力的研究成果，如 Orensztein，De Gregofio 和 Lee（1998）以东道国教育水平衡量一国对资本的利用能力的指标，Paola Criscuolo and Raineesh Narula（2001）以研究与发展（R&D）支出水平衡量国家水平的利用能力；信息化水平、知识存量对技术扩散有重要影响。本书在文献研究和理论支持下建立了一种科学、合理的地区 FDI 吸收能力指标体系。

（3）揭示区域 FDI 竞争力动态机制。我国东部、中部、西部对 FDI 存在一种动态的竞争关系。对 FDI 来说，尽管我国东部、中部、西部的初始条件不同，优惠政策对东部地区引进 FDI 起了先发性促进作用。但从长期看，初始条件和优惠政策并不能改变东部、中部、西部对 FDI 的竞争格局，而起决定作用的是东部、中部、西部的吸收能力，区域 FDI 的流量最终稳定在与其能力相适应的水平上。当然，东部、中部、西部的 FDI 吸收能力变化都影响着全局竞争力结构，揭示这种变化机制对了解西部吸收能力提高对我国 FDI 的发展有重要意义。

（4）提出增进西部 FDI 吸收能力的措施。区域 FDI 吸收能力体系中各种因素的地位和作用不同，还须寻找区域 FDI 吸收能力的决定因素，这对西部 FDI 吸收能力促进政策提出及能力结构提升有重要意义。另外，在东部、中部、西部 FDI 吸收能力梯度中，西部处于最低水平，同时周边国家对外直接投资能力也较低，西部在“U”形底部，因而，针对西部 FDI 能力结构因素和周边国家对外直接投资能力特点，提出西部 FDI 吸收能力促进和结构升级对策。

在充分吸收目前国内外研究成果的基础上，本书试图在以下方面有所创新：

（1）FDI 区位理论。实际上，邓宁“OLI 范式”（OLI Paradigm）中只讨论了 FDI 区位引进能力问题，认为区位引进能力存在于区位的比较优势之中，而不涉及 FDI 进入东道国后对当地发展的作用。本书提出，FDI 吸收能力不仅与引进能力有关，而且与利用能力和扩散能力有关，三者相互作用，形成互动循环关系。如果地区有较强的引进能力，而利用力却较弱，有较多的利用残余，那么就会影响 FDI 扩散。因此，地区吸收能力理论即 AUS 理论是 FDI 区位理论的扩展，它打破了以往用一个或几个区位决定因素解释 FDI 区域分布的定势，以吸收能力差距或缺口解释 FDI 区域分布，从而丰富了 FDI 区位理论。

（2）区域发展理论。就世界范围看，发展的两极分化加剧，对于不发达国家的发展理论不断出现，如，纳克斯（R. Nurkse）提出了“贫困恶性循环”理论，钱纳里（Chenery，H.）和斯特劳（Strout，A. M.）的“双缺口模型”，库兹涅茨的“倒 U”形理论，纳尔逊的“低水平陷阱”理论等。这些理论的共同点是，认为资本缺乏是不发达国家发展的基本障碍，引进外资是一条有效的发展途径。然而，深层次上的技术约束才是根本的。FDI 是一个复合资源，具有资本、技术等多种功能。本书提出，引进 FDI 是引进一个生产函数，FDI 可以加速地区资本形成和人力资本的累积，可以提升地区产业结构水平，促进经济增长方式的转变，有效地提高地区经济增长质量，但是地区也必将跨越其 FDI 吸收能力的“门槛”。东亚在起飞前，曾被人们称为是最没有希望的地区，而韩国等有较高教育水平的国家，使其对 FDI 具有较高吸收能力，加速了经济发展。

（3）FDI 区位研究方法。本研究传承计量模型方法，但对吸收能力进行系统评价、检验，找出分布规律和计量分类等方面的研究，是目前研究文献中所没有的。更重要的是本研究应用了非线性动态系统理论，把东部、中部、西部的 FDI 竞争力视为一个有机的系统，其中某个区域的吸收能力变化都会影响 FDI 的区域分布。正如西部发展滞后会影响东部以至全国发展一样，西部吸收 FDI 发展滞后也影响了全国吸收 FDI。本书提出了我国区域 FDI 竞争力发展的三阶段论，并指出国家增强西部地区 FDI 政策力度，不仅有利于西部增加 FDI 规模，同时西部政策效应有益于中部，尤其有益于东部，为国家调整区域 FDI 政策提供了强有力的实证支持。

第四节 研究方法

目前，外商直接投资区位问题是国际工商管理学、计量经济学以及经济地理学共同研究的一个重要领域，近年来出现了许多这方面的学术专著与论文。从总体上看，国内外学者对外商直接投资区位的研究主要沿着三条路线：一是工商管理学方法，主要是通过问卷或者案例研究，考察外商直接投资的动机、决策和区位因子；二是计量经济方法，主要利用系统的数据和统计模型，揭示外商直接投资与区域特征变量之间的关系，在引进能力研究的一些文献中广泛采用计量经济方法；三是公司地理学方法，主要考察跨国公司在区域投资的空间行为、部门联系、相互作用和组织结构等（魏后凯，2002）。本书也采用三条技术研究路线。

一、综合评价法

能力或力是可以定量评估的。目前，世界对于综合国力、国际竞争力进行年度评价研究。国内王与君（2000）的《中国国际竞争力》、黄硕风（2001）的《综合国力新论》、倪鹏飞（2001）的《中国城市竞争力理论研究与实证分析》、张君昌（2002）的《国际竞争力的评价理论和方法》、史清琪等（2001）的《中国产业技术能力研究》、魏江（2002）《企业技术能力论》和中国科学技术发展战略研究小组（2001）的《中国区域创新能力研究》等，都使用综合评价方法。与这些成果相比，本书是把综合评价与计量经济方法结合起来，不仅对区域 FDI 吸收能力进行综合评价，而且对评价结果进行斯皮尔曼（Spearman）等级相关系数检验和计量检验，并寻找地区 FDI 吸收能力分布规律，进一步对地区 FDI 吸收能力进行水平分类，再确定各地区 FDI 吸收能力水平。

二、动态经济方法

利用静态方法和线性方法对外商直接投资行为的区位决定因素进行描述刻画，这是极其重要的。如果系统是稳定的，那么趋势外推是有效的；但是，如果系统有非线性机制存在，会不稳定，或有局部稳定现象发生，那么系统演化到临界点（奇点）附近会发生相（状态）变，无论预测模型对历史数据拟合度如何高，趋势外推总是不可靠的。黄硕风（2001）在《综合国力新论》中在理论上提出综合国力主方程和两个国家的综合国力方程组，但并没有建立起实证模型。本书建立了我国东、中、西部竞争力系统模型和西部GDP－FDI系统动态模型。同时，对地区制造业与FDI制造业扩散关系以及技术差距与FDI依存关系进行动态分析。

三、计量经济方法

尽管计量经济方法建立的是变量之间的静态关系，看不出长期动态演化态势，但对于因素寻找、分类和静态关系的确定等方面，计量分析不失为一种有效的方法。本书从以下几方面应用计量模型对西部吸收力进行研究：①计量模型对区域吸收能力结构和水平分类。②西部FDI吸收能力的决定因素研究。同时，运用偏差系数对地区FDI吸收能力实现程度进行评估，应用虚拟变量对区域吸收能力模式以及政策等因素作用进行估计。③西部FDI吸收能力与人力资本关系等，FDI工业结构与西部产业结构等相关性检验。

第五节　关键概念与结构

概念是逻辑起点和结构的起点。为了深入研究西部FDI吸收能力，本书从资源的概念出发，探讨建立在具有特定结构资源之上的FDI吸收能力及结构，以及区域FDI吸收能力转化为FDI竞争能力的实现条件。

一、关键概念

（一）资　源

区域资源是一个资源集合体，每一种资源都有多种不同用途。资源可有不同的分类，如再生资源和非再生资源，可持续利用资源和非持续利用资源，自然资源和人工资源，流动性资源和非流动性资源等。经济学家波特把生产要素（资源）分为人力资源、天然资源、知识资源、资本资源和基础设施五大类。根据在竞争优势中的重要性，生产要素进一步有两种分类方式。第一种方式是把生产要素分为初级生产要素（Basic Factor）和高级生产要素（Advanced Factor）。前者包括：天然资源、气候、地理位置、非技术工业和半技术工业、融资等；后者包括：现代化通信的基础设施、高等教育人力以及各大学研究所等。第二种方式按专业化程度是把生产要素分为一般性生产要素（Generalized Factor）和专业化生产要素（Specialized Factor）。前者包括：公路系统、融资、受过大学教育的人员等；后者包括：技术型人力、先进的基础设施、专业知识领域等。

对于地区 FDI 吸收能力的研究，既需要把 FDI 能力资源分成物质资源和非物质资源以分析集聚吸收能力和政策效应，又要把资源分成自然资源、人力资源、经济资源、技术资源和社会资源等，以便分析 FDI 吸收能力的构成和来源。

FDI 能力资源是一个复杂的体系，不同层次和不同类型对地区 FDI 吸收能力和竞争力产生不同的贡献和效应。有形的且以物质形态存在的资源是构成 FDI 吸收能力的硬件基础，而无形的且以非物质形态存在的资源是 FDI 吸收能力的软件基础，对于 FDI 吸收能力两者缺一不可。即使拥有了同样的物质资源或差别不大，但 FDI 吸收能力和竞争力却有显著差别。这体现出软件对硬件的支配作用，而且非物质资源中有不可复制、难以模仿的成分，是地区吸收 FDI 的核心资源。

（二）能　力

FDI 吸收能力是资源在吸收 FDI 中的内在运用过程以及资源整合的反应。

能力资源和 FDI 吸收能力密不可分。能力因为资源的拥有而提高（Nanda，1996）。资源的获得一方面创造了 FDI 竞争优势，另一方面提高了 FDI 吸收能力的可能性。但由于资源与能力之间的作用过程是复杂的，拥有一定的能力资源并不一定培育出相应的 FDI 吸收能力，所以区域 FDI 吸收能力的获得和提高往往需要多种资源的获得和在相互作用的整合过程中实现。究竟何种资源、具备什么样的结构才能提升 FDI 吸收能力，则取决于资源激活过程。

区域资源是区域吸收 FDI 的资本。能力作为区域拥有的主要资源或资产，是能够为人们所共同感知到的区域资源，它告诉资源拥有者如何解决吸收 FDI 中的各种难题。中观层次的地区产业（企业）是进行西部 FDI 吸收能力分析的主要层次。区域 FDI 吸收能力直接与各产业不同的吸收能力有直接关系。

FDI 吸收能力是能够发挥特殊职能的能力资源集合体。地区 FDI 吸收能力实质上是地区由一系列独具特色的资源及相互关系决定的。地区 FDI 吸收能力归根到底是一种动力机制。也就是说，地区 FDI 吸收能力的形成、发展与地区能力资源规模、结构升级等密切相关。

（三）竞争力

区域拥有了一定数量和质量的资源，需要由能力产生能动作用。由于能力的差异导致外在表现的差异，从而产生 FDI 吸收能力转化为外在的 FDI 竞争力的差异。为了培育地区 FDI 竞争力，就需要对区域内部的能力进行协调、整合和优化，进一步实现能力结构的升级，培育具有区域特质的内部规制和政策激励机制。为此，区域 FDI 竞争能力界定为，在一定政策环境和外部促进下，FDI 吸收能力的外在表现。由于区域的政策积累效应、外部促进和随机因素作用，在地区 FDI 竞争能力机制上，有的区域的竞争力高于吸收能力，FDI 吸收能力充分实现，FDI 大量集聚，而有的区域的竞争力低于吸收能力，FDI 吸收能力受到约束，FDI 不足。当然，区域 FDI 竞争优势的根源在于区域拥有及可使用的能力资源，外部条件的作用只是影响区域的 FDI 竞争优势，最终决定地区 FDI 竞争优势的是区域拥有的特定能力资源。

区域间之所以存在 FDI 竞争力差异，源于区域各自拥有资源及其资源结构的差异。只要区域资源存在异质性和异构性，区域之间 FDI 竞争能力的差异就会保持下去。由于区域所拥有的资源状况存在差异，而且区域资源大部分又具有非流动性特征，一些地区便有可能在较长时间内保持其对 FDI 的竞争优势。地区 FDI 竞争优势的可持续性主要在于地区拥有的能力资源与 FDI 融合度较高，产生了更强大的共生资源。

（四）战　略

西部 FDI 吸收能力最优发展路径涉及开拓现有能力资源和发展新能力资源之间的平衡。西部 FDI 吸收能力发展战略是把西部能力资源和外部资源有机结合起来，并且优化地区能力资源结构，提升能力资源结构水平，在政策参与下，提升西部 FDI 吸收能力并有效转化为 FDI 竞争能力。

二、逻辑结构

由于多种原因，不同地区拥有的资源各不相同，使地区资源具有异质性和非同构性，这种资源的异质异构性，决定着地区 FDI 吸收能力的异质异构性。某些地区对 FDI 拥有较强吸收能力，是因为它拥有品质较高的资源。因此，从资源、吸引能力、竞争能力和战略的概念体系中形成研究西部 FDI 吸收能力的构架（见图 1－3）。

本书具体思路与内容如下：

第一章的主要内容涉及问题提出，展示研究现状，界定研究对象，选择研究方法，确定研究框架。第二章在文献研究基础上，从 FDI 相关理论中吸收营养，提出 FDI 吸收能力与结构，并对吸收能力复杂性机制进行分析，形成概念框架与理论假说。

在第二章的理论支持下，第三章从 FDI 引进能力、利用能力和扩散能力特点出发，在相关研究中提出评价与识别地区 FDI 吸收能力的评价指标体系，并根据 FDI 吸收能力的形成机制，构造出地区 FDI 吸收能力评价模型，对我国地区 FDI 吸收能力水平进行评价、检验和水平分级，进一步对地区 FDI 吸收能力结构进行研究。最后用计量方法寻求我国地区 FDI 吸收能力的决定因素。

从第四章开始，转入对西部 FDI 引进能力、利用能力和扩散能力进行专

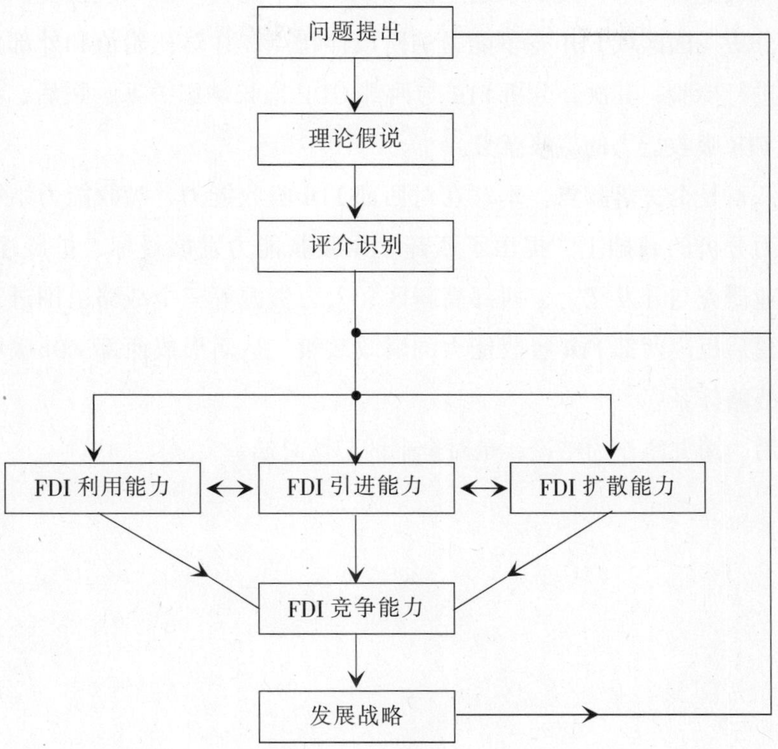

图 1-3　西部 FDI 吸收能力的研究框架

门研究。其中，第四章探讨西部发展阶段与 FDI 引进能力的关系，分析跨国公司投资产业目标与西部产业结构差异性，西部周边国家对外直接投资能力与特点，西部 FDI 引进能力与自然资源悖论，最后总结西部 FDI 引进能力的特点。第五章对西部 FDI 利用能力的研究以世界技术水平为参照系，分析西部技术能力水平，并进一步分析西部创新能力空洞化，剖析西部工业结构对 FDI 的利用能力，最后对西部人力资源、资本、产业配套能力进行研究。第六章从理论上探讨 FDI 技术扩散机制与途径，随后分析 FDI 进入西部的方式，从我国产业关联效应角度分析西部产业结构扩散能力，此后分析西部知识生产、交流和扩散等学习能力，以全面揭示西部 FDI 扩散能力的特点。

集中探讨我国区域 FDI 竞争力、西部 FDI-GDP 系统的动态机制则是第七章的内容，这是相对独立而又不可缺少的部分。首先，分析区域 FDI 竞争能力与吸收能力关系，接下来建立区域 FDI 竞争能力动态系统模型，通过图形解，分析我国区域 FDI 竞争能力的阶段性特点，并对初始值和外部促进的敏感性进行检验；其次，分析 FDI 与西部 GDP 增长动态关系；最后，揭示提高西部 FDI 吸收能力的战略意义。

第八章是全文落脚点。本章在对西部 FDI 吸收能力、吸收能力结构以及竞争能力分析的基础上，提出了西部 FDI 吸收能力发展目标、扩展途径等，并对企业研究与开发能力、西部高新区和人力资源等三个战略范围进行深入分析。最后提出西部 FDI 吸收能力的财政政策，从而形成西部 FDI 吸收能力培育的战略体系。

最后，第九章作为结论，是对全书的归纳总结。

第二章　FDI 吸收能力理论假说

FDI 的多种理论从不同角度涉及东道国 FDI 吸收能力的相关问题。在借鉴 FDI 理论的基础上，把吸收能力概念拓展成地区 FDI 吸收能力，提出地区 FDI 吸收能力结构阶段及升级途径。同时，对 FDI 吸收能力非线性机制、结构超循环机制以及复杂适应机制进行分析，形成比较完整的地区 FDI 吸收能力理论假说。

第一节　相关国际直接投资理论

国际直接投资理论可以分成优势理论和周期理论两大类，它们试图解决为何直接投资、如何直接投资和到哪儿直接投资的问题。这些理论对地区 FDI 吸收能力理论的构架有直接影响。

一、优势理论

（一）垄断优势理论

海默（Hymer，1976）在理论上开创了对外直接投资的理论研究，第一次论证了国际直接投资区别于一般意义上的外国金融资产投资。海默认为，企业进行对外直接投资必须满足两个条件：①跨国公司具有特定优势，从而可以克服在国外经营的各种劣势；②这些优势的买方市场是不完全市场，使这些优势成为“垄断优势”。

跨国公司拥有的垄断优势是其对外直接投资的决定因素。这些垄断优势包括：①对某种专门技术的控制；②对某些稀缺原料的控制；③享有生产、财务等方面的规模优势；④市场营销优势，拥有跨国性营销网络；⑤管理优势。在与当地企业竞争中，这些垄断优势可以抵消运输、通信成本以及对当地环境和法规的劣势，从而使跨国公司国外直接投资收益高于国内收益。海默还进一步解释了美国企业不选择出口和许可证交易方式，选择直接投资的方式来充分利用其垄断优势，其中的重要原因是保证国外经营的控制及技术运用的保密，以获得技术资产的全部优势。

海默的这种理论被学术界称之为“垄断优势理论”。后来，许多学者如赫希（Hirsch，1976）等从不同角度完善和发展了这一理论。这一理论表明，跨国公司垄断优势越强，越需要东道国有较强的吸收能力。如果跨国公司技术垄断优势强，而东道国技术吸收能力弱，那么难以吸收这种 FDI。这意味着，欠发达地区吸收发达国家跨国公司直接投资的实现性较小。这是因为，一方面，欠发达地区配套能力较弱，技术存量小，导致难以利用和吸收发达国家跨国公司直接投资，另一方面，发达国家跨国公司要维持技术优势垄断地位，不愿意轻易流失垄断优势，自然采取保密控制措施，以致对不发达地区的技术溢出效应较少。这表明，跨国公司垄断优势越强，对东道国吸收能力的要求越高。

（二）内部化优势理论

20 世纪 70 年代以来，巴克利、卡森和拉格曼等人（Buckley & Casson，1976；Buckley，1988；Casson，1985，1987；Rugman，1980，1981，1987）从产业组织角度，强调市场不完全性是企业跨国直接投资的根本原因，并由此提出了“内部化理论”。这个理论基于两个重要假设：①公司的每一个直接投资活动都选择成本最低的区位；②公司通过内部化方式扩大经济规模，以使内部化收益超过成本。内部化，也称内部一体化，是指外部市场机制的不完全造成了中间产品等的不确定性，为了提高交易效率，跨国公司通过行政机构将外部市场内部化（Buckley，1988）。

内部化的理论基础是制度经济学。科斯（Coase，1937）认为，由于市场不完全如市场失效等，导致企业的交易成本增加，企业通过组织内部交易来减少市场交易成本。威廉姆森（Williamson，1985）认为，商品交易中较高的交易成本将促进国际直接投资的发生。威廉姆森在《反托拉斯经济学——兼并、协约和策略行为》的论文集中对纵向一体化、联合大企业组织进行了专门研究。他指出，是交易而非技术主要决定着与某种组织进行交换的有效性。威廉姆森认为，纵向一体化能产生实质效益的原因来自市场并不是无成本地进行交易这一事实。走向市场意味着搜寻成本、定约成本、错误信息成本、延迟成本、运输成本、交涉成本等等。这些必须和内部组织交易的各种成本相权衡，当后者超过前者时，纵向一体化就是应该采取的行动。纵向一体化的优点在于一体化的企业具有其优于市场的协调能力。纵向一体化能够协调各种利益，能够实施有效的人员激励与控制，能够降低信息交换的成本，能够替代资本市场。一体化可以节约信息交换的成本，还可以降低制度调整成本。威廉姆森从资本市场失效角度研究了联合大企业组织形式，强调了其效率提高的成功，认为企业是连接生产过程之间不完全合约所要求的纵向一体化的结果，进而发展了科斯的企业产权理论。

从上述观点看出，跨国公司实行内部化的主要动力是减少不确定性和交易成本。内部化优势也是跨国公司的一种对直接投资的能力。这种能力的强弱对跨国公司进入东道国的方式产生直接影响。当东道国或其中某些区位的不确定因素大，交易成本较高，一般采取合资或合作方式进入；东道国或某些区位不确定因素小，交易成本较低，则采取独资方式进入。另外，内部化理论提示了东道国 FDI 吸收能力对一体化方式的影响。如果东道国的 FDI 吸收能力弱，那么一般采用合资方式进入；相反，如果东道国的 FDI 吸收能力强，那么一般采用独资方式进入。近几年来，跨国并购已成为发达国家相互直接投资的主流方式，这种内部化方式不但可以有效降低交易成本，更主要的是扩大规模经济，增强核心竞争力。

（三）“三优势”理论

邓宁（John Dunning，1977，1979，1980，1988）在海默等经济学家的直接投资理论基础上提出了“国际生产的折中理论”，也称“三优势”理论。他认为，FDI 发生需同时具备三个比较优势，这三个优势是：所有权优势（Ownership）、区位优势（Location）和内部化优势（Internalization）。其中，垄断优势和内部化优势决定 FDI 主体（跨国公司）对外直接投资的内在动力，投资吸引力是东道国对 FDI 流向的影响力，它存在于东道国的各种区位资源的比较优势之中。

按邓宁理论，FDI 的数量和方向是由投资国跨国公司的垄断优势、内部化优势和东道国区位优势共同决定的。如果跨国公司只具有垄断优势，那么选择许可证转让；如果跨国公司既具有垄断技术优势，又具有内部化优势，且跨国公司采用国际贸易方式出口技术，如设备和服务等；跨国公司既具有垄断优势，又具有内部化优势时，且同时东道国具有区位优势时，对外直接投资方式可能发生（见表 2－1），这就是说，对外直接投资往往是跨国公司贸易出口的进一步发展。

表 2－1　邓宁 OLI 理论对技术转移方式的表解

技术转移方式	所有权优势（O）	内部化优势（I）	区位优势（L）
许可证	√	×	×
技术出口	√	√	×
对外直接投资	√	√	√

注：√表示具备某种优势，×表示不具备某种优势。

三种优势也就是三种能力，这三种能力相互结合，是跨国直接投资发生的充分必要条件。如果把所有权垄断能力和内部化能力统一为跨国公司的对外直接投资能力，东道国对跨国公司的吸引力视为 FDI 吸收能力，那么，跨国公司对外直接投资能力和东道国的 FDI 吸收能力的匹配性就是国际直接投资发生的关键。七十七国的国际直接投资经验表明，东道国只能吸收与其吸收能力相适应的 FDI。跨国公司投资能力强，东道国吸收能力弱，FDI 难以发生。这意味着，吸收能力较强的地区吸收的 FDI 规模较大且质量较高。

（四）比较优势理论

日本学者小岛清（Kiyoshi Kojima，1973，1978）根据日本对外直接投资的研究提出了“比较优势理论”，又称“切合比较优势原理”。该理论认为，对外直接投资不同于一般的资本转移，它是资本、技术和经营方式的综合转移，因而是产业转移。小岛清认为，合适的对外直接投资是按照国际分工原则，投资国把具有优势的技术和管理经验转移到东道国，与那里的生产要素结合起来进行生产，这也是以扩大贸易为准绳。合适的投资产业则是在投资国处于劣势，但在东道国处于比较优势或潜在优势的产业，即所谓“边际产业”。依次转移边际产业，或者说扩张边际产业是小岛清理论的核心。这是因为，其一，“边际产业”的扩张转移最能扩大投资国与东道国之间的比较成本差距，最大限度地促进贸易；其二，“边际产业”的扩张转移最能有效地提升双方的产业结构，符合双方的利益；其三，“边际产业”的扩张转移也是最有效的技术转移途径，因为在边际产业中双方技术和管理水平的差距最小，有利于东道国吸收消化，其扩散效应最大。

很明显，小岛清强调投资国与东道国的产业技术能力级差，技术能力级差越大，越不利于东道国吸收 FDI，FDI 也越不易发生。进一步推论，小岛清仍主张投资国能力与东道国吸收能力的相互适应性，能力级差最小化的 FDI 才是理想的 FDI。

二、周期理论

（一）弗农的产品生命周期理论

弗农（Rayomond Vernon，1966）在《产品周期中的国际投资与国际贸易》一文中提出了产品的生命周期理论，将产品周期分为创新、成熟和标准化三个阶段。在创新阶段，新产品仅在发明国生产和消费；在成熟阶段，新产品得到改进并开始出口，此时，国外只有少量模仿生产这种产品，发明国在国内外市场上处于完全垄断地位；在标准化阶段，由于产品的技术已经普及，产品完全标准化，企业投资垄断优势已经全部丧失，企业竞争主要表现在价格上，成本要素成为企业在国际市场上竞争的决定因素。这时，通过跨国公司到成本较低东道国设厂生产更为有利。该理论认为，国际直接投资是为了利用东道国廉价劳动力优势，尤其是在发展中国家的直接投资（Vernon，1966）。

弗农的产品周期理论有助于解释第二次世界大战之后的初期，美国大举在西欧发达国家制造业中的直接投资，但该理论在许多方面还不能适应国际经济环境的新变化。如弗农理论无法解释跨国公司为何在国外生产非标准化产品以适应东道国市场和跨国公司生产多元化问题。另外，弗农理论无法解释资源导向型的直接投资。因此，在弗农理论的基础上，许多学者对产品生命周期理论进行了更详细的阐述。

1976 年，赫士（Hereh）将世界各国分为甲、乙、丙三组。甲组以美国为代表，是最发达的国家，处于新产品生产阶段；乙组为较小的发达国家，诸如荷兰、比利时、瑞士等，处于成熟产品阶段；丙组是发展中国家，如印度等，处在标准化产品阶段。

威尔斯（Wells，1977，1983）运用产品周期理论并结合“技术差距论”来分析发展中国家企业的国际化，提出了小规模技术理论。威尔斯指出，生产某一特定产品，根据各国的创新能力和生产能力水平高低，可以将各个国家按一定顺序排列。一些位于较高层次的国家生产并出口一部分产品到位于较低层次的国家，对外直接投资也按这种顺序进行。因此，产品出口和对外直接投资总是在发达国家间进行，然后才转向较先进的发展中国家（如新兴工业化国家和地区）。这样就会形成一种生产次序，开始为最发达国家，其次是一般发达国家，再次是新兴工业化国家，最后才是一般发展中国家。威尔斯在弗农关于“一个企业创新的产品很大程度上受该国家生产规模和结构的限制”的理论基础上，进一步指出，发展中国家企业的国际竞争优势主要在于开发劳动力密集的小规模生产技术，产品开发的目标也是适应低收入水平市场的需要。

产品生命周期理论实际上描述了技术变迁的过程。发达国家担任先进产品技术的创新和开发的角色，发展中国家随着经济的发展，能够逐步学习和掌握产品制造技术，技术能力会在国际发生转移，从而将生产技术动态化。这也说明了一国经济发展的水平对技术发展的影响。当一国经济发展水平较低时，科学技术的总体水平一般不高，对技术的吸收能力有限；随着经济的进一步发展，技术水平也随之提高，这时有能力吸收一些先进和复杂技术。

（二）投资发展周期理论

有关对国际直接投资动因的分析，主要侧重于一个国家特定的区位以及对外直接投资的行业构成进行说明，并没有将投资流量与经济发展阶段联系起来进行研究。邓宁认为，在以往的理论中，经济学家们往往忽略了对一个国家国际直接投资状况与一国的经济发展阶段性质相互作用的研究。

1981 年，邓宁提出投资发展周期理论。该理论认为，一国净对外直接投资是该国发展阶段的函数，伴随人均 GNP（国民生产总值）的提高，一国净对外直接投资具有周期性，并由此按人均 GNP 把一国净对外直接投资发展分成了四个阶段。1998 年，邓宁又把投资发展阶段扩展成五个阶段。目前，发展中国家在工业化过程中，其投资发展仅仅经历其中的四个阶段，第五个阶段只适用于发达国家。邓宁不断将这一理论模式加以完善，并将其延伸至贸易和产业结构升级之中，各国政策决策者在制定其产业发展战略时，已经广泛采纳这一投资周期理论。

邓宁主要采用人均 GNP 把不同国家进行分类，再分别考察其直接投资流量的分析方法。邓宁把国际直接投资周期分为四个阶段：

处在第一阶段的是人均 GNP 低于 400 美元的最穷的发展中国家。这些国家企业缺乏技术垄断优势，内部化优势也很弱，只有小规模的 FDI 流出以利用外国区位优势；同时，这些国家的区位能力较弱，流入 FDI 也比较少。因此，这个阶段的主要特征是直接投资的净流出量为负值。

处在第二阶段的是人均 GNP 在 400 ~ 1500 美元之间，属于中低收入的国家。这些国家企业的技术垄断优势和内部化优势都有所增强，但增长的幅度仍不大，FDI 流出仍维持在一个较低的水平上。同时，随着这些国家国内投资环境的改善，开始出现区位优势，从而吸引越来越多的 FDI 流入。这个阶段的主要特征仍是直接投资的净流出量为负值。

处在第三阶段的是人均 GNP 在 2000 ~ 4750 美元之间的国家。本国企业的技术垄断优势和内部化优势都显著增强，增长的幅度较大，开始成规模地对外直接投资。同时，随着这些国家国内投资环境的较大改善，出现较强区位优势，从而吸引越来越多的 FDI 流入。这个阶段的主要特征仍是国际直接投资流出速度高于流入的速度，FDI 净流出量为正值。

处在第四阶段的国家人均 GNP 超过 4750 美元，是国际直接投资的净流出时期，也就是说，FDI 投资流出量超过了跨国公司在该国中的直接投资流量。

这说明，该国企业的所有权优势在增强，以及东道国的区位优势正在丧失。对外投资规模逐步扩大的原因在于，随着该国经济发展水平的提高，这些国家的企业开始具有较强的所有权优势和内部化优势，并具备发现和利用外国区位优势的能力。

对国际直接投资与经济发展阶段的周期性的阐述是建立在横向数据比较的基础上的，它表明一个国家的国际投资状况与该国的人均 GNP 发展水平密切相关。实际上，大多数国家的情况恰恰说明国际直接投资与经济发展特定阶段的关系是存在的。这从美国及日本的发展中完全可以看到这一点。

邓宁的“三优势”理论与直接投资周期存在内在的关系，可以三类优势的变化关系解释直接投资周期（见表 2－2）。国际直接投资是在东道国与外国所有权优势、内部化优势和区位优势变量的相对优势和相互作用中发生的。无论是东道国还是外国，三种优势随直接投资阶段而呈现出规律性的变化。随直接投资阶段上升，一国家区位优势呈现出下降趋势，垄断优势和内部化优势呈上升趋势，对外直接投资能力提高，对 FDI 吸引力下降。发展中国家处在直接投资的较低阶段，区位优势较强，垄断优势和内部化优势较弱，FDI 流入量大于 FDI 流出量。对发达国家，国内区位优势下降，垄断优势和内部化优势较强，相对而言，FDI 流出量大于 FDI 流入量，成为净对外直接投资国。一国所处直接投资阶段与一国“三优势”状态呈对应关系。

表 2－2　直接投资阶段与流出、流入因素

邓宁阶段	FDI 流入	FDI 流出	邓宁阶段	FDI 流入	FDI 流出
阶段 1	O_f 丰富 I_f 丰富 L_d 较少	O_d 缺乏 I_d 不适用 L_f 不适用	阶段 3	O_f 下降和更专业化 I_f 可能上升 L_d 下降	O_d 上升 I_d 仍受限制 L_f 上升
阶段 2	O_f 丰富 I_f 可能下降 L_d 上升	O_d 较少 I_d 很少和专业化 L_f 开始出现	阶段 4	O_f 下降和更专业化 I_f 丰富 L_d 下降	O_d 上升 I_d 上升 L_f 上升

注：O——所有权优势；I——内部化优势；L——区位优势；f——外国；d——本国。

各种理论从不同角度探讨了国际直接投资的动因。比较而言，邓宁的“三优势”理论与直接投资周期理论实现了动态与静态的结合，比较全面地解说了对外直接投资能力、东道国对直接投资吸收能力与发展阶段的关系。这喻示着，宏观上，所有权优势、区位优势和内部化优势都是发展阶段的函数，不同发展阶段存在不同的对外直接投资能力与吸收 FDI 的能力结构。然而，对东道国吸收 FDI 来说，东道国与投资国发展阶段相近以及各种能力协调性是至关重要的。对欠发达地区来说，所有权优势和内部化优势比较弱，意味着其 FDI 吸收能力也比较弱，只能吸收成熟技术或标准化技术的 FDI。但是，这些理论侧重点在对外直接投资能力方面，对东道国 FDI 吸收能力没有系统研究，对 FDI 进入东道国后的利用和扩散方面的研究仍是一个薄弱环节。

第二节　区域 FDI 吸收能力与结构

区域 FDI 吸收能力是发展经济学吸收能力概念的延伸和扩展。由于区域资源分布和结构的差异，FDI 吸收能力也表现出结构性的特点。区域 FDI 吸收能力发展正是体现了 FDI 吸收能力结构升级过程。

一、吸收能力起源

在经济学中，吸收能力是一个内涵和外延都不断发展、变化的概念。在早期，吸收能力被用来描述那些不轻易纳入生产函数的各种障碍如管理能力、企业家精神等。后来这一概念演变为在投资率和生产率之间的一种关系，即新投资的生产率与投资率的一个下降的生产函数。这个假说首先是霍瓦特（Horvath）1958 年根据南斯拉夫和东欧经验提出来的观点，后来由罗森斯坦 – 罗丹（Rosenstein – Rodan，1961）、阿德勒（Adler，1965）和其他人进一步完善而形成。到 20 世纪 60 年代中期，吸收能力这个概念已成为发展经济学的标准分析手段之一，被用来解释在加速经济增长中所碰到的一些困难。

在发展经济学中，美国发展经济学家钱纳里（Chenery，H.）和斯特劳（Strout，A. M.）于 1966 年提出著名的“双缺口模型”的同时引入了吸收能力概念。

钱纳里和斯特劳根据他们对50多个国家近代发展的历史进行研究，认为发展中国家的经济发展常常受到三种约束：一种是储蓄约束（或称投资约束），国内储蓄不足以支持投资的扩大，从而影响经济发展；二是“外汇约束”（或称贸易约束），即出口收入大于支出，有限的外汇不足以支持经济发展需要的资本进口，从而阻碍了国内生产和出口的发展；三是“吸收能力约束”（或称技术约束），即由于缺乏必要技术、企业家和管理人才，无法更多地吸收外资和有效地动员各种资源，从而影响了生产效率的提高和经济增长。他们认为，一般而言，发展中国家在其经济发展中要经历三个发展阶段：技术约束的发展阶段、储蓄约束的发展阶段和外汇约束的发展阶段，并认为这三个阶段是先后继起的。由此看出，发展中国家经济发展中遇到的首要问题是“吸收能力约束”。

“双缺口模型”研究的重点仅限于从总量分析角度直观地解释发展中国家应积极利用外资，以克服储蓄约束和外汇约束，促进经济增长。但“双缺口模型”强调的是短期均衡，它对发展中国家存在的“吸收能力约束”却无能为力。“吸收能力”的约束对发展中国家来说是长期存在的，而且对发展中国家的技术发展来说是最重要的。这意味着，发展中国家与发达国家的差距表现为生产率低下、产品质量差、缺乏竞争力、收入水平低、外汇不足等，但归根到底是技术差距。如果发展中国家只注重利用外资填平总量缺口，而不注重填平“技术缺口”，那么，发展中国家的“储蓄约束”和“外汇约束”不能从根本上得到解决，发展中国家经济发展难以赶超发达国家。

从20世纪60年代起，一些发展经济学者把钱纳里和斯特劳的“双缺口模型”进行了修正，在“储蓄缺口”和“外汇缺口”的基础上增加了技术、管理和企业家方面的缺口（技术缺口）以及政府税收缺口（税收缺口），将“双缺口模型”发展成“三缺口模型”与“四缺口模型”。赫尔希曼认为，技术、管理、企业家资源等缺乏是发展中国家在经济发展所面临的最重要的约束，技术落后是发展中国家经济发展存在的又一缺口，资本吸收也因此受到限制。

二、吸收能力概念

发展中国家经济发展的实践也证明，技术缺口的本质是国内技术资源的不足，依靠本国技术资源难以促进经济发展。自然地，从国外引进技术成为发展中国家促进本国技术进步，以推动经济发展的必然选择。因而，对外来技术的吸收能力受到关注。

吸收能力是一个不同层次上使用的概念。柯恩和莱文塞尔（Cohen，M. W. and Levinthal，1990）从企业水平上提出，吸收能力是企业认识、利用外部新的知识和信息，并用它实现商业化的能力，它是企业技术创新能力的关键。这是对技术吸引能力最初的定义。这个经典定义表明，企业吸收能力不仅表现在引进外部的技术，而且更重要的是使用技术。这与企业以资源为基础的发展观（RBV）和以知识为基础的发展观（KBV）是一致的（Peter J. Iane，2002）。后来，Van den Bosch 等（1999）把学习加入柯恩和莱文塞尔的吸收能力概念中，形成吸收能力→学习→新的吸收能力的反馈循环。Jorge Niosi 和 Bertrend Bellod（2002）对地区吸收能力进行专门研究，把公司水平的吸收能力向地区吸收能力扩展，提出把地区潜在吸收能力转化为现实吸收能力的政策。近年，吸收能力概念不断扩展到宏观领域。Dahlman 和 Nelson（1995）在国家水平上把国家吸收能力定义为“学习和利用发达国家技术和相关技能的能力”。Paola Criscuolo 和 Rajneesh Narula（2001）认为处在不同技术发展阶段的国家具有不同的吸收能力。同时，学者们还对潜在吸收能力和现实吸收能力、吸收能力的“门槛水平”（threshold level）、吸收能力与经济增长等问题进行了研究。我国学者杨先明（2000）把能力概括为一种经济能力，由配置能力、协调能力和学习能力要素综合而形成，不同的发展阶段具有不同的能力结构，能力结构是一国经济发展阶段的重要标志。

近几年来，一些学者从不同的角度解释东道国经济对 FDI 的“吸收能力”，除人力资本外，经济开放度、政府政策（Henley et al，1999）、人口增长率、基础设施（Sterm，1991）、行政效率、知识产权保护度（Tortensson，1994）等因素对吸收能力起重要作用。Borensztein et al（1998）首次运用人力资本作为吸收能力的代表指标将东道国的吸收能力具体量化，其研究结果表明，FDI 正是和人力资本结合起来，对东道国经济增长起着明显的推动作用。Alfaro et al（2000）则认为东道国金融市场效率是影响其吸收能力的关键因素。这些研究已大大拓宽了吸收能力所涵盖的概念范围。

不难看出，吸收能力已是一个比较复杂，且还在不断发展的概念框架。然而，吸收能力是分析经济增长的一种新的范式，同时，它也被称为十几年来出现在组织研究和技术发展研究中最重要的概念之一（Peter J. Lane，2002）。

三、区域 FDI 吸收能力

各个国家的吸收能力，不仅对经济增长水平具有重要意义，更为重要的是对经济增长的能力产生决定性作用（Mark Rogers，2001）。国际经济发展表明，技术进步已经成为一个国家经济增长的主要决定因素。从长期看，工业化社会 50% 以上的经济增长源于技术进步。经济增长的实质就在于从不可逆的技术进步中不断获得技术能力的过程。

存在技术差异与技术缺口的情况下，技术的获得可以以不同的方式进行：贸易方式，主要通过购买跨国公司设备而获得技术；直接投资方式，主要通过吸收和利用国际直接投资方式获得技术。由于后者能够提供从生产技术、管理、销售技巧到市场网络的一揽子资源优势，其在技术转移过程中越来越具有重要意义。因此，FDI 备受发展中国家重视。

在分析经济发展问题时，吸收能力又是一个十分有用的概念，它解释了资本扩张、技术进步、管理现代化对实现经济发展存在着的制约因素。这些制约因素导致生产率低于投资率，导致实际效应小于预期效应，甚至产生负效应。由于这些制约来自多方面因素，因此吸收能力又具有结构性和系统性，它不仅包括某一种因素，而是一组或更多的因素。

在研究国际直接投资与经济发展相互关系时，更为重要的是区分一般资本吸收能力、外资吸收能力和国际直接投资吸收能力之间的差异及意义。经济发展中的资本吸收能力，是指生产性使用资本的能力。外资如果仅指间接融资的各种资本，包括政府间贷款、国外金融机构的贷款，所涉及的因素与国际直接投资中的相关因素有很大差别，它不面对直接管理与控制的问题，关注的重点只是资本的边际收益大于其边际成本，资本的回报率是其吸收能力的核心，FDI 吸收能力无论在其结构性还是多元性方面，其复杂程度都超过前二者。当 FDI 从处于高发展阶段国家向低发展阶段国家流动时，国际直接投资的吸收能力的性质就会凸显出来。

目前，世界上 80% 以上的技术转移是在跨国公司内部转移的。近些年来，FDI 投入设备及软件的金额远超过以贸易方式引进设备及软件的金额，FDI 成为发展中国家技术引进的主要方式。与其他投资相比，吸收技术是引进 FDI 的主要目标。然而，FDI 的吸收能力与对外商直接投资中的技术吸收能力密切相关，但两者仍是有区别的。维隆（S. Venu，2002）认为，FDI 吸收能力是指一个国家能够有意义地利用或整合到它的经济中去的 FDI 的最大量。显然，FDI 吸收能力包括 FDI 技术的吸收能力，其决定 FDI 的质量，也包括对 FDI 的引进能力，其决定 FDI 量的方面，适宜的 FDI 是数量与质量的统一。

FDI 吸收能力是能力结构表现，体现为一个国家（地区）利用国际直接投资并从中获利的能力（杨先明，2000）。杨先明对国际直接投资的吸收能力结构如此定义：东道国引进国际直接投资，并从其资产中获取资本、技术、管理和市场手段之益的能力。这一定义强调两个方面：①FDI 吸收能力结构是东道国利用国际直接投资，同时也是投资国在东道国资本参与程度的决定因素；②吸收能力结构是东道国从国际直接投资中得到长期增长效应的基础。对于发展中国家而言，获得资本固然重要，但决定长期增长的因素在于技术、管理、市场等方面的改进。正因如此，跨国公司直接投资效应取决于东道国的 FDI 吸收能力结构。

东道国 FDI 吸收能力与其经济发展阶段有密切关系。东道国对外资吸收能力是指根据其所处发展阶段及由此决定的科学技术水平和综合经济管理能力，有效、合理地利用可供利用的经济资源的情况下，吸收外国资本规模的大小的能力（杨建龙，2000）。杨建龙认为，内资配套能力、国内物资的配套能力、可供给的劳动力素质、东道国企业能力和企业精神等是决定东道国外资吸收能力的重要因素。显然，这些因素主要是针对国际直接投资的。因此，尽管这种定义没有确指是对 FDI 的吸收能力，但与非直接投资相比，这个定义更适应 FDI。杨建龙还认为，当外资规模与东道国经济发展所决定的外资吸收规模相一致的时候，东道国从引进外资中获得的收益是最大的，而当外资规模偏离东道国吸收能力，不管是大还是小，东道国的收益都会相应减小。这是一个极富意义的结论。

四、区域 FDI 能力结构

我国是一个地区发展极不平衡的大国。地区 FDI 吸收能力同样是发展阶段的函数，各个地区 FDI 吸收能力与其在发展阶段所处的位置是相适应的。各地区 FDI 吸收能力不仅包括对 FDI 技术的吸收，还应包括对跨国公司管理与组织系统的接受与融合，以及 FDI 知识与技术扩散的能力。因此，区域（地区）FDI 吸收能力（regionnal absorptive capacity for FDI，RAC）是指区域（地区）在整体上表现出的一种引进（attracting）、利用（utilizing）、扩散（spilling）FDI 的系统能力。之所以要把 FDI 吸收能力细分成三种能力，是因为一个笼统的 FDI 吸收能力概念不能解释西部 FDI 利用效率的问题。从实际情况看，西部 FDI 份额远低于 GDP 份额，FDI 工业和出口又低于 FDI 份额，这说明，西部对 FDI 的吸收有不同能力存在。

从理论上看，吸引 FDI 区位比较优势随着发展阶段而逐步变化（邓宁，1982）。地区对 FDI 的引进能力会随地区进入较高发展阶段后下降，而且 FDI 引进能力受自然灾害、政局稳定性、政策等影响，但地区技术能力和人力资本的提高具有不可逆性，对 FDI 技术利用和扩散能力是不断增加的。也就是说，在不同发展阶段的地区 FDI 吸收能力结构是不同的。因此，理论上也有对 FDI 吸收能力进一步细分的必要。

FDI 吸收能力中，引进能力（AC）、利用能力（UC）和扩散能力（SC）是既有区别又有联系的三个概念。由于 FDI 是一种集资本、技术和知识的一体化资源，因而具有集成性和不同分性的特点。这一种“一揽子”性的特点使 FDI 对当地发挥不同的功能。从不同角度看，FDI 被赋予了资本功能、技术转移功能和外来知识的传播功能。在 AUC 范式中，地区 FDI 利用能力主要是在宏观角度如地区区位、市场规模、发展水平和资源禀赋等方面对 FDI 整体的吸引能力，这主要是从 FDI 资本功能上考虑的地区对资本的吸收能力。利用能力是从中观（产业）角度如地区产业技术、重合产业配套、产业出口等方面利用 FDI 技术的能力，这主要是从 FDI 产业转移角度衡量地区产业技术的吸收能力。扩散能力主要是在微观（企业和个人）角度如地区企业关联、信息交流、知识学习等把 FDI 知识传播到当地各行各业的能力，这主要突出 FDI 的知识功能和资源溢出效应。实际上，地区是一个具有不同层次的复杂系统，不同层次吸收 FDI 的能力是不同的。人们也往往从不同层次观察和分析 FDI 的地区效应。其中，中观层次的 FDI 利用能力具有承上启下的作用，既涉及宏观，又以微观利用为基础，因而，地区 FDI 利用能力对 FDI 吸收能力是至关重要的。因此，对地区 FDI 吸收能力来说，AC、UC、SC 是地区 FDI 吸收能力的有机构成部分，三种能力之间的匹配和协同效应是地区 FDI 吸收能力强弱的关键因素。

尽管这三种能力从概念上能够被分开，但从实质上讲，FDI 引进能力是潜在的 FDI 吸收能力，利用和扩散能力才是现实的 FDI 吸收能力，观察表明它们差距较大。从 AUC 范式中，扩散能力作为地区 FDI 吸收能力的微观基础自然是最重要的。一个缺乏吸收 FDI 微观基础的地区，其 FDI 吸收能力脆弱，FDI 发展是难以持久的。当然，在 FDI 的不同发展阶段，不同地区的 FDI 引进能力、利用和扩散能力在 FDI 吸收能力中的地位和作用不一样，自然有不同的 FDI 吸收能力结构存在。理论上，地区 FDI 吸收能力结构可能存在 9 种不同的类型（见表 2－3）。

表 2－3　地区 FDI 吸收能力发展阶段与结构类型

发展阶段	能力结构类型	特　点	结　构
第一阶段	引进能力主导型	引进能力 > 利用能力 > 扩散能力	AC: UC: SC
		引进能力 > 扩散能力 > 利用能力	AC: SC: UC
第二阶段	利用能力主导型	利用能力 > 引进能力 > 扩散能力	UC: AC: SC
		利用能力 > 扩散能力 > 引进能力	UC:SC: AC
第三阶段	扩散能力主导型	扩散能力 > 引进能力 > 利用能力	SC: AC: UC
		扩散能力 > 利用能力 > 引进能力	SC: UC: AC

我国区域经济发展阶段的多元化特征，使我国各地区对类型各异的 FDI 产生各自对应的吸收能力。就此而言，地区发展不平衡性和多元性创造了 FDI 吸收能力的不同水平。欠发达的西部地区的要素结构和产业结构，适宜于周边国家和地区寻求我国廉价要素的中小资本；而较发达的东部地区的要素和产业结构，则会产生具有熟练劳动力、企业家才能等内含的能力结构，从而对大型跨国公司的直接投资有吸收能力；我国一些人力资本密集、具有较强技术创新能力的地区，有能力吸收 R&D 型的 FDI。紧靠庞大的集中市场、技术水平较高、人才资源质量高是吸收能力较强的区位，它成为跨国公司在我国的集聚地。

地区 FDI 吸收能力升级的过程也是地区 FDI 吸收能力发展的过程。地区 FDI 引进能力、利用能力和扩散能力的演进交织在一起，呈三螺旋式上升态势。在理论上，FDI 引进能力发展比较缓慢，在一定发展阶段还可能下降；FDI 利用能力发展相对快一些，而由于 FDI 集聚效应的发挥，当 FDI 集聚效应达到一定阶段后，过度集聚加剧地区 FDI 资源向地区各产业释放，这时，地区 FDI 扩散能力快速提高。然而，这个相互作用和主导地位的交替过程是比较复杂的。在此仅以一种简化的线性交替过程来分析地区 FDI 吸收能力的结构升级过程（见图 2－1）。

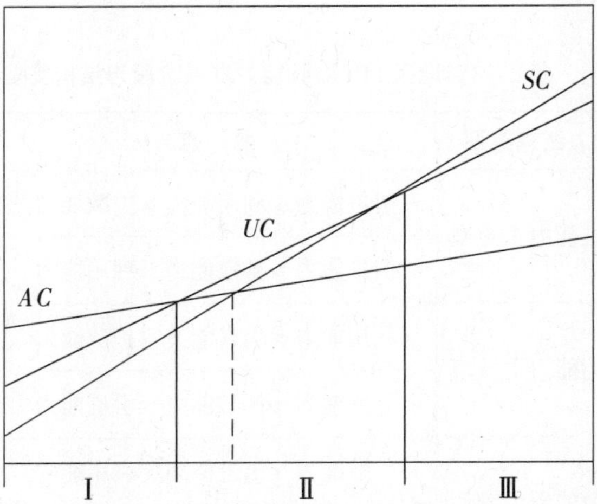

图 2－1　地区 FDI 吸收能力结构演化简化模式

处在较低水平地区的 FDI 吸收能力发展存在相互衔接的三个阶段。在第一阶段，通常引进较多的 FDI，由于地区内产业技术能力薄弱，人力资源不足，缺乏利用和扩散 FDI 的产业基础和微观基础，一般只能引进低质量的 FDI，如资源开发型、能源密集型 FDI；同时，由于地区研究开发能力比较弱，FDI 的利用效果不明显，扩散效率更差，地区要跨越技术吸收能力“门槛”的时间将是漫长的。在第二阶段，在已经积累的技术和人力资源基础之上，在继续积极吸收 FDI 的同时，逐步加大自主研究和开发的力量，技术引进形态也从水平引进转向水平和垂直引进并举方式，其对 FDI 利用能力上升至主导地位，地区的技术发展开始摆脱完全依赖于 FDI 技术的被动局面。在第三阶段，随着人力资源开发系统逐步完善，人力资本日益累积，开始进行基础科研，强化当地的技术研究和开发工作，吸收 FDI 微观基础得以加强。到此阶段，大致可以形成一个比较完备的 FDI 技术扩散体系，既有自主性的科学研究与开发能力，又有较强的对引进 FDI 技术吸收和改造的能力，还有一部分单纯的技术引进和简单模仿。

国际直接投资增长效应与吸收能力结构之间的关系表明，一个地区经济一定程度的发展，是获得 FDI 推动的初始条件。FDI 对地区的初始条件是比较敏感的，地区之间对 FDI 提供的不同初始条件会产生不同的集聚效应，导致不同发展态势。在理论上，一个地区引进国际直接投资、寻求国际直接投资收益之前，同时势必要有一个内生性的自我集聚和发展过程。这一阶段的存在和持续，有利于形成一个增长要素的累积过程。一般认为，跨国公司自身就能对地区的外资吸收能力结构有所贡献，但它们不可能全面推动低水平地区 FDI 吸收能力升级。跨国公司对地区发展的贡献是，建立在地区自身吸收能力升级基础之上，与地区 FDI 吸收能力相对应的则是增长要素的规模集聚与聚合质量提高过程。这个过程必须由低水平地区在研究与开发、产业结构改造、人力资本形成方面作出努力。

一般而言，技术吸收能力是地区 FDI 吸收能力的核心能力。技术吸收能力是与东道国经济发展阶段的结构特征相对应的（Chen，1990）。从跨国公司的角度看，其内容主要包括：①熟练劳动和管理人员的可得性；②可以得到的技能的范围；③要素价格的扭曲程度。前二者对于发展劳动密集型技术是完全必需的，而后者则必须保持一个最低程度。邓宁认为，技术的适应、扩散和应用需要有一种最低限度的技术能力（"门槛"）、基础设施和必要的物质和人力资本方面的禀赋。

需要指出的是，FDI 吸收能力与技术吸收能力有所不同，技术吸收能力在吸收跨国公司外部化技术中体现较为突出。对 FDI 而言，由 FDI 一体化和集成性质决定，地区 FDI 吸收能力体现的是资本、技术、管理等吸收的一个整体能力，同样具有引进、吸收和扩散能力一体化的特点。从技术角度看，地区对 FDI 技术的吸收与跨国公司技术溢出效应有关，跨国公司对不同形式对外直接投资的转移技术先进性不同，控制程度不同，对各种 FDI 技术的吸引能力也不同。总的来说，各地区 FDI 吸收能力结构也是随技术发展阶段推进而变化的。

五、FDI 吸收能力的资源观点

区域 FDI 吸收能力是一种以区域资源为导向的战略观点。在一定程度上，这一理论观点试图寻求区域对 FDI 的竞争优势源泉，并以区域 FDI 吸收能力来分析 FDI 对区域经济增长的影响程度。对 FDI 来说，FDI 吸收能力既与交易成本包括不确定性带来的风险和信息成本有关，它深刻地影响 FDI 进入区域方式、质量水平，又与技术资源、人力资本、社会资本有关（见图 2－2）。FDI 吸收能力揭示 FDI 参与区域发展的效率差异和如何解决 FDI 在西部发展的各种难题。实际上，FDI 吸收能力结构提升是一种区域发展的动力机制，区域竞争优势的形成、巩固、创新与 FDI 吸收能力的累积和结构升级密切相关。

任何一个地区都具有物质性和非物质性两类资源。在地区资源规模与其他基础设施等不变的情况下，地区的物质性资源优势随着进入企业（包括跨国公司）增加而消耗，逐步减少甚至消失，而非物质性资源，如地区的制度、知识资源、政策和服务效率等方面的软资源优势，它不随企业进入数量多少而递减。

在吸引 FDI 的初始阶段（Ⅰ），物质性资源优势对引进 FDI 起首要作用，制度、政策与文化等非物质性资源优势对 FDI 引进起推动作用。随着跨国公司与地区主体的结合，FDI 与物质性优势资源相互作用，地区的产业配套能力、企业之间的投入产出关系和要素供给弹性都在发生变化，于是集聚效应与地区的其他资源共同吸引跨国公司进入（Ⅱ），进而 FDI 集聚效应成为吸引 FDI 进入的主要因素（Ⅲ）。

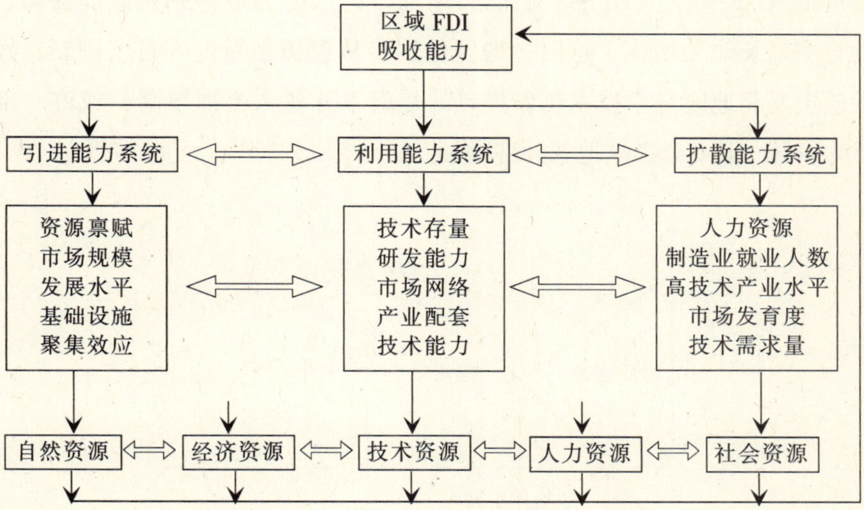

图 2－2　区域 FDI 吸收能力与资源的关系

地区 FDI 集聚效应是一种特殊的 FDI 吸收机制。由先进入的具有一定规模效应的 FDI 企业体系为后来的跨国公司创造和提供外部经济的功能，它为后来跨国公司有效相互利用资源，并与自身优势资源的结合提供了条件。地区 FDI 集聚效应意味着先进跨国公司提供规模化外部资源，节约了后进跨国公司大量的交易成本与信息成本，从而为后进的跨国公司提供一种生态环境。这样，FDI 集聚效应可以抵消地区物质要素成本上升，或资本、技术等配套能力的不足，使后进跨国公司综合成本趋向最小，规模收益和范围经济达到最大。一方面，由于先进跨国公司体系的示范作用、辐射带动作用和经验积累强烈地增强了地区 FDI 吸收能力；另一方面，先进跨国公司对当地的再投资或追加投资，以及人力资本形成也对地区 FDI 吸收能力产生重要影响。

然而，地区吸收 FDI 也是有限度的。当 FDI 集聚效应发挥到一定限度时，FDI 的外部成本会上升，集聚效应将会递减；同时，由于人口密集导致的居住、交通、生产成本和管理成本的增加，跨国公司内外运作环境的恶化等，这时，地区对 FDI 引进能力逐步下降，有时由于跨国公司之间的激烈竞争会对即将进入的跨国公司产生排斥作用，同时对弱势的跨国公司产生挤出效应。这种 FDI 的负集聚效应或过度集聚反而使地区对 FDI 的引进能力下降（Ⅳ）（见图 2－3）。但是，经过 FDI 集聚效应后，地区技术水平已有较大提升，人力资本形成加快，对 FDI 的利用能力增加，扩散能力也得到相应的提高，经济的自主增长能力增强。这时，地区已逐步从模仿创新进入自主创新，经济增长已主要靠地区自主技术创新推动。尽管 FDI 进入有所下降，或许一部分 FDI 被挤出，但不会影响地区经济增长。

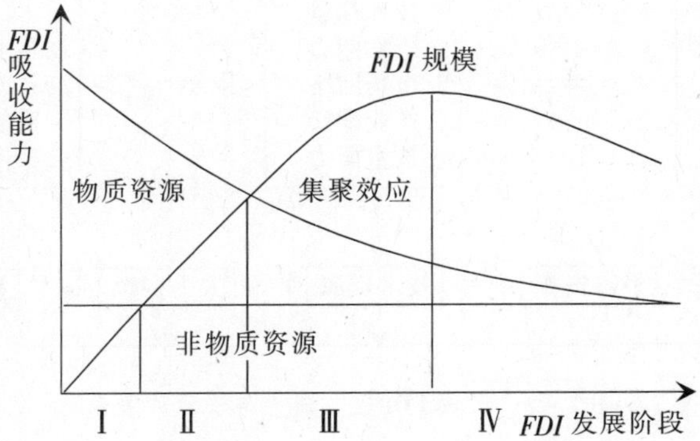

图 2－3　地区 FDI 吸收能力与 FDI 发展阶段

地区间的要素不均衡分布和集聚效应的差异，也导致地区对 FDI 吸收能力不同。较发达地区可以为跨国公司提供良好的基础设施条件，较完善的生产、金融、信息、技术服务，集中的规模化市场，并且由于企业集聚和人口的集中，有利于在技术、知识、信息传递、人力资本贡献等方面形成溢出效应，使在此投资的跨国公司受益。人力资源、基础设施、相关产业等物质要素优势以及在空间集中的规模，构成地区 FDI 引进能力的基础。物质要素数量与集聚程度不同，对地区 FDI 吸收能力的影响程度也不一样。当然，技术和人力资源是活性的。地区对 FDI 技术的利用和扩散，自然要以一定存量的技术和人力资源为前提。尤其是，对 FDI 技术的利用和扩散，地区健全的研究与开发系统和较强的创新能力是必要的。如果地区研究与开发系统较弱，将阻隔 FDI 企业系统与当地企业系统的相互作用、相互渗透，两者成为独立的系统。这样，FDI 技术的溢出效应将受到严重影响，也不利于地区技术水平和人力资源质量的提高。

通过上述理论假说，区域 FDI 吸收能力有三层含义：

第一，以“吸收能力”为核心的区域 FDI 概念认识，区域在本质上是一个多层次、多要素合成的能力系统。

第二，FDI 吸收能力是区域 FDI 长期竞争优势的决定因素，引进、利用和扩散 FDI 能力必须协调发展。在吸收能力系统中，FDI 的引进、利用和扩散能力是个连续的统一体，但三种能力之间往往存在较大的差异。如果由于受政策、资源、市场、政治稳定性等因素的作用，区域吸收 FDI 可能会有较大的规模。然而，由于受地区内部的人力物力资源、技术水平和技术存量的影响，不能完全利用 FDI 技术，同时，由于受产业配套能力和当地企业的模仿以及学习能力的影响，对地区技术进步和经济增长的作用不大。因此，这三种能力之间的匹配性和均衡性，是 FDI 吸收能力的一个关键问题。

第三，区域 FDI 吸收能力累积、结构升级是决定 FDI 参与区域经济范围，特别是区域技术发展水平和知识应用能力。

第三节　FDI 吸收能力系统复杂性机制

FDI 的发生是作为 FDI 的主体跨国公司和作为区域主体的政府、企业和人相互作用的结果。不仅这些主体的能力是复杂的，而且主体之间又相互联系、相互作用；有时相互促进，有时又相互制约。因而，地区 FDI 吸收能力系统是复杂性系统。

一、AUS 的非线性机制

“非线性”是相对于“线性”的一个数学名词。线性就是每个时刻两个变量之间存在的比例关系。若在直角坐标中画出来，两个变量的关系是一条直线。非线性是指两个变量之间的关系呈现出非比例关系，在直角坐标中两个变量的关系是一条曲线。

线性与非线性是系统发展的可能存在的两种完全不同的机制。对于线性系统只可能存在三种完全不同的发展前途，即水平、直线增长和直线下降。

非线性系统的发展不像线性系统那样具有单调性，它具有多样性和多种可能结局。系统究竟沿着哪种路途发展，一是取决于内部变量之间的非线性机制，二是受外部干预和随机波动（涨落力）因素的影响。在一个线性系统中，变量作用的结构是各变量单独作用结果的简单叠加，涨落力回归；然而在非线性系统中，叠加原理失效，取而代之的是相干性，系统对一些因素的微小变化比较敏感，会产生放大机制。

地区 RAC 水平受人力资源、自然资源、技术资源、社会资源、经济资源、FDI 集聚等多种因素的影响，这些因素并不是相互独立的，而是相互联系、相互作用的。这种复杂性体现了地区 FDI 吸收能力因素之间的非线性作用机制。也就是说，区域 FDI 吸收能力形成过程是一个很复杂的现象，它是多个变量共同作用产生的整体力，而不是各变量单独作用的结果。FDI 吸收能力不是把各个因素当成不相干的和不相互作用的分力合成，而是各种吸收能力分量交互作用涌现出的整体力。这种交互作用就是非线性机制，它体现的是一种 FDI 吸收能力的结构效应。

FDI 的吸收效果最终是由现实的 FDI 吸收能力决定的。*RAC* 是一个函数，而且是一个非线性函数，即 $RAC = f(AC, UC, SC)$。对于地区 FDI 吸收能力系统，FDI 引进能力、利用能力和扩散能力中较小者对 FDI 吸收能力起“拖后腿”作用。如果引进能力、利用能力和扩散能力三者都大于1，这种非线性机制表现为扩大机制，整体大于部分之和；当引进能力、利用能力和扩散能力中有一者、二者或三者都小于1，那么这种非线性机制不同程度地表现为缩小机制，尤其当三者都小于 1 时，这是一种强缩小机制，整体远小于部分之和。一个极端的情况是，当引进能力、利用能力和扩散能力中有一个很弱，甚至接近 0 时，地区 FDI 吸收能力则很微弱，几乎不能吸收 FDI。由于非线性机制假设的存在，客观上要求 AC、UC 和 SC 全面、协调发展，产生协同作用，发挥“1 +1 +1 >3”的整体效果。

二、AUS 的超循环机制

地区 FDI 吸收能力是一个自我适应和自我调节的超循环系统。这里的超循环是指由两个或两个以上循环组成的循环。RAC 系统有三种循环：一是地区 FDI 引进能力、利用能力和扩散能力的自我循环，它们在开放的环境中不断演化。二是引进能力、利用能力和扩散能力的两两相互作用循环，如利用能力和扩散能力的相互作用。三是引进能力、利用能力和扩散能力相互作用的大循环（见图 2－4）。

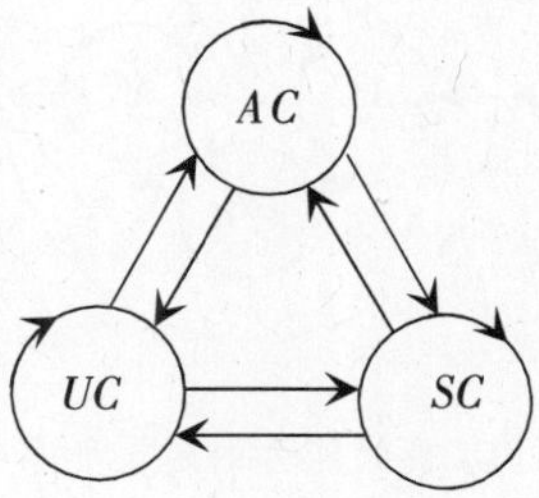

图 2－4　RAC 系统的超循环模式

地区 FDI 吸收能力的发展存在两种催化力量。一种是地区之间对 FDI 的竞争而产生的竞争催化。由于地区之间存在对吸收 FDI 的竞争，各地区不仅纷纷出台更加优惠的政策，增加基础设施的投入，改善投资环境，以进一步增加对跨国公司的吸引力。另一种是跨国公司对地区 FDI 吸收能力的催化，它是地区经济发展的催化剂。FDI 催化地区资本包括人力资本形成，提高当地的配套能力，通过加速（催化）地区资本形成、人力资本形成以提高技术能力，加快地区经济发展，这本身就是对地区 FDI 吸收能力的自催化过程。由于 FDI 作为多能力要素聚合成的流体，在地区 FDI 引进能力、利用能力和扩散能力循环穿梭，使 FDI、*AC*、*UC*、*SC* 四个子循环构成了 M. 艾根所说的超循环圈。其中 *AC*、*UC*、*SC* 三个子系统联合起来创造出地区 FDI 吸收能力，这种能力的涌现过程叫会聚（convergence）。

韩国学者金泳镐（1987）提出的“双重技术差距”理论表明，“技术转移差距”和“技术积累差距”是同时存在的，越是不发达地区，差距越明显。这意味着，利用能力具有承前启后的作用，它对 FDI 引进能力和扩散能力都有重要影响。利用能力对 FDI 吸收能力至关重要。研究表明，当利用能力低于“门槛”时，FDI 不足；FDI 引进能力越过地区 FDI 利用能力极限时，FDI 过度。在竞争催化下，地区产生自动调节其 FDI 利用能力的机制。当 UC 不足时，增大 UC，变成 UC_1，而当 UC 过剩时，减小 UC，变成 UC_2，进而达到一种新的 FDI 吸收能力结构，以保持与 FDI 能力结构相适应的水平（见图 2－5）。实际上，UC_1 和 UC_2 之间也形成一种循环，是 AUC 循环的一个调节体。

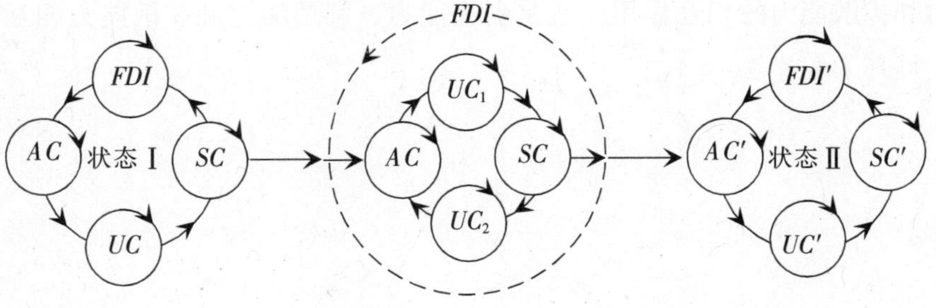

图 2－5　区域 FDI 吸收能力的超循环系统（AUS）模型

FDI 吸收能力的超循环是一种动态和开放的循环。FDI 引进能力、利用能力与扩散能力之间自催化和交叉催化，四者成为一个有机的整体，以超循环方式整体提升地区 FDI 吸收能力。这里体现了一种能力协调和结构相适应的动态调节过程。各因素之间的协同作用不仅有利于地区吸收能力的提高，这其中有 FDI 贡献，而且也有利于跨国公司获得整体利益，可以进一步发挥集聚效应。因此，FDI 引进能力、利用能力与扩散能力之间的良性循环运动可以推动跨国公司与地区获得双赢。很明显，超循环圈维持着地区 FDI 吸收能力走势。良性循环的方向是向上的，它指向增加 FDI 引进能力、利用能力与扩散能力的发展方向；相反，恶性循环的方向是向下的，它指向 FDI 引进能力、利用能力与扩散能力的衰退方向。

三、AUS 的主体复杂适应机制

区域是一个复杂适应系统（complex adaptive system，CAS）。区域的复杂适应性主要是由区域主体的适应性造成的。区域主体是人。人具有主动性，是具有活力的主体，具有生命力和适应性，能通过外界信息的激励，通过学习自主调节自己的行为。因此，人是区域活力的主体。围绕“主体”这个核心，区域复杂适应性的特点和机制主要有以下方面：①集聚。在区域中，人可以在一定的条件下集聚而成各种主体，如家庭、学校、企业（产业）、政府。非“主体”如资本、物质、能量和信息等资源也向区域集聚。集聚形成为区域 FDI 吸收能力的主要因素。②非线性。区域中，主体与主体、主体与资源的相互作用过程不是线性关系，而是非线性关系。集聚不是主体和资源的堆集，而是具有整体非加和性，具有新能力的突现机制。区域 FDI 吸收能力也正是区域对 FDI 的吸收能力要素非线性集聚而成的。③流。在理论上，FDI 也是一种流体，FDI 流是吸收能力的结果。区域主体（企业）与跨国公司之间产生人流、资金流、能流、信息流、物质流的双向流动。这是由区域吸收能力结构决定的。④多样性。区域主体与 FDI 主体都具有多样性。区域主体的多样性越明显，差异协同作用就越明显，聚合质量也越高，当然，对 FDI 适应性也就越强。

影响 FDI 主体微观区位决策的两个重要因素是区域主体和资源。FDI 能否进入区域首先取决于区域主体 FDI 引进能力，一是看政府对 FDI 主体的态度、提供的服务和优惠政策；二是区域企业竞争力，如果企业的竞争力强、市场份额大，FDI 主体与区域企业双方目标匹配时，FDI 以兼并当地企业的方式进入区域。其次是看区域能力资源（技术、人力资源）。如果区域有足够的优势资源，FDI 主体目标与区域资源结构匹配时，FDI 主体就会进入区域；反之，区域优势资源消失，区域资源结构与 FDI 主体目标不匹配时，FDI 主体就会退出区域。这就是 FDI 主体与区域相互作用的回声模型（见图 2－6）。回声模型揭示了 FDI 主体与区域主体选择的一种相机决策机制，也反映出 FDI 流量与区域吸收能力的超循环关系。同时，也可对 FDI 进入区域的方式，FDI 主体与区域主体（企业）对资源的竞争关系进行分析。

跨国公司可以直接获取和加工地区资源库中的资源，也可以通过与地区主体（人、企业、政府）相互结合，通过交换过程形成新的更强的主体，以更有效的方式获得资源。地区是一个拥有资源的空间位置（霍兰，2000）。这里的资源可以理解为不断激活的、有适应能力的地区主体（人、企业）提供所需要的物质、能量和信息。地区资源不仅是地区主体生存的条件，而且是生存质量的标志。地区作为具有一定环境条件与资源条件的“空间”，可以容纳若干主体。地区资源减少到一定程度，主体就会出走；资源丰富到一定程度时，会有新主体产生，有新的主体进入。跨国公司作为 FDI 的适应性主体，总是根据其投资战略的不同指向，如市场指向、资源指向、研究开发指向等

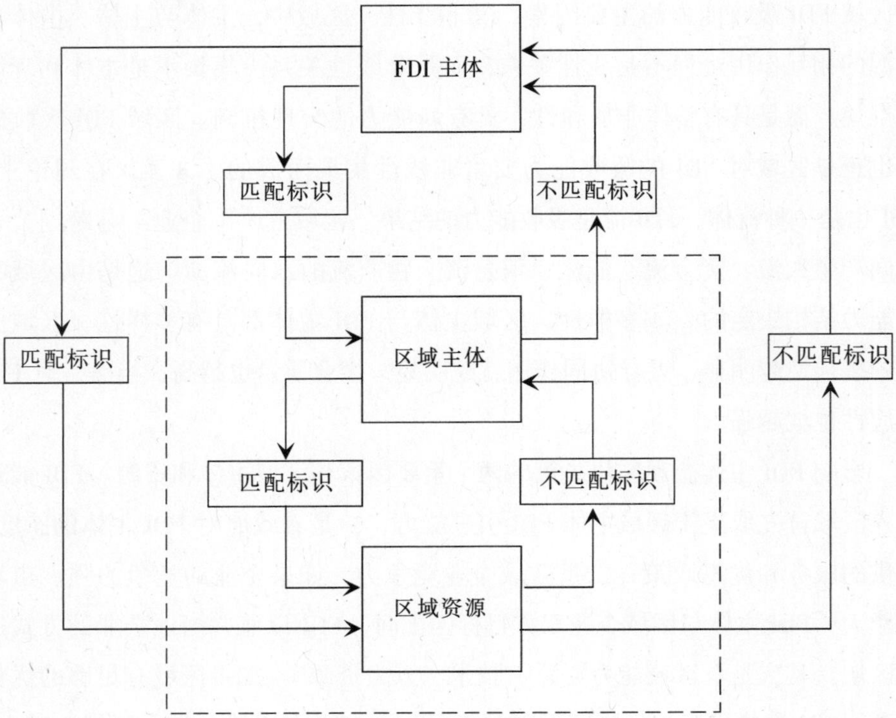

图 2－6　FDI 主体与区域相互作用的回声模型

在不同的地区之间进行选择。由于投资类型多元化，在地区选择中各种区位因素权重不同，但是，为了保证直接投资的各种资源一揽子转移，跨国公司在地区选择上必然趋向于综合成本最小化。总之，地区主体与 FDI 主体相互适应决定地区与 FDI 的地区适应性，对一个地区适宜的 FDI 可能对另一地区不适宜，越是资源贫乏的地区越不适宜跨国公司的生存和发展，自然可供选择的 FDI 就相应较少。

在 CAS 中，集聚是简化复杂性系统的一种标准方法。在区位决策中，跨国公司与区域主体的识别与选择机制起着重要作用，非线性则是跨国公司与区域主体之间共生、集聚、竞争等动态关系的分析工具。跨国公司是以对外直接投资为导向、以寻求利润为目标，不断向优势区位集聚、标识，以流体为载体，以非线性为手段，构建内部模型，多样性地向区域进行直接投资。在地区 FDI 能力研究中，把区域 FDI 吸收能力分成 FDI 引进能力、利用能力和扩散能力，探索地区 FDI 吸收能力的来源，以非线性集聚机制建立内部模型评价和分析地区 FDI 吸收能力结构。

第四节 FDI 吸收能力与欠发达区域发展

欠发达地区由于资本、外汇、技术等方面的不足，难以形成自主发展的良性机制。其中最重要的是技术上的不足。对发展来说，资本是一个快变量，而技术进步却是一个慢变量，对经济发展起支配作用。欠发达地区由于技术基础差，技术相对落后，技术创新能力很弱，技术进步比较缓慢，致使大多数落后地区的经济在低水平上缓慢发展。

就世界范围看，发展的两极分化加剧，关于不发达国家的发展理论不断出现，如，纳克斯（R. Nurkse）提出了“贫困恶性循环”理论，钱纳里（Chenery，H.）和斯特劳（Strout，A. M.）的“双缺口模型”，库兹涅茨的“倒 U 形”理论，纳尔逊的“低水平陷阱”理论等。这些理论的共同点是，认为资本缺乏是不发达国家发展的基本障碍，引进外资是一条有效的发展途径。

在众多不发达理论中，1955 年美国经济学家纳克斯（R. Nurkse）提出了“贫困恶性循环”理论，比较深刻地揭示了落后的实质。纳克斯认为，发展中国家之所以存在长期的贫困，不是因为这些国家国内自然资源不足，而是因为这些国家经济中存在若干个相互作用的“恶性循环系列”，正是这些恶性循环，使发展中国家长期在持续的贫困圈中徘徊，无法实现经济发展。这是一种恶性循环（见图 2－7）。

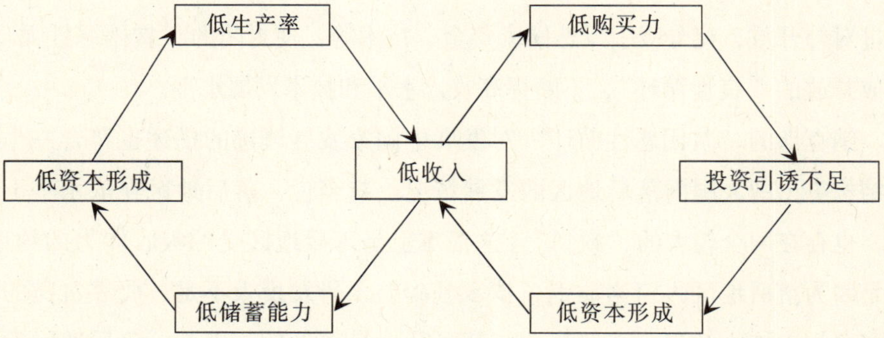

图 2－7 发展中国家经济的恶性循环

图 2－7 包括两个交互作用的循环。从供给方面看，发展中国家由于经济不发达，人均收入水平过低，人们将绝大部分的收入用于生活消费，从而导致储蓄水平低下，低储蓄导致资本形成不足；资本形成不足使生产规模难以扩大，效益和生产率难以提高；低生产率又引起低经济增长率，低增长率进一步造成新一轮的低收入，这样周而复始形成恶性循环。从需求方面看，发展中国家由于经济落后，人均收入低，生活贫困，消费处于很低水平，从而导致市场购买力不足；市场购买力不足导致投资引诱不足；投资引诱不足导致资本形成不足；资本形成不足造成生产规模小，生产率难以提高；低生产率又引起低产出和低收入，这样周而复始形成恶性循环。

纳克斯的“贫困恶性循环”与钱纳里的“双缺口模型”有异曲同工之妙。发展中国家要打破纳克斯的“贫困恶性循环”或填平钱纳里的“双缺口”，实现经济较快速度的增长，这是很难的。这是因为发展中国家人均收入过低，其原因是资本不足，存在缺口；而资本不足又源于人均收入低。低收入导致低储蓄，低储蓄难以转变成经济发展所需的资本，外汇也自然不足，其结果又导致了低收入，“双缺口”不断扩大。这正是纳克斯得出的一个著名命题：“一国穷是因为它穷。”

无论是纳克斯的“贫困恶性循环”，还是钱纳里的“双缺口模型”，它们都是相对封闭的模型。“贫困恶性循环”模型描绘的是封闭条件下的在低水平上的自我循环，“两缺口模型”也是在封闭条件下的自我平衡。的确，在封闭条件下，发展中国家既难打破“贫困恶性循环”而进入一种经济发展的良性循环，也难调平经济发展的“双缺口”。然而，在积极的态度上，发展中国家通过对外开放，充分吸引发达国家资金、技术等，使封闭的“贫困恶性循环”变成开放的“良性循环”，不断提高收入水平和技术发展水平。

纳克斯的“贫困恶性循环”对发展中国家发展轨迹的描述也符合一个二元结构突出的大国内落后地区的发展情况。应当说，落后地区在低水平上循环，也存在两个较大的“缺口”，这根本上是落后地区受的吸收能力的约束。这是因为落后地区人口素质低，技术基础差，研发投入不足，要靠自身的力量彻底解决技术缺口，实践证明，其可行性是较低的。因而，落后地区的根本任务自然是引进技术，缩小技术差距。

吸收能力包括对外来资本、技术、文化的吸收能力，当然也包括 FDI 吸收能力。FDI 的多资源一体化特征更能全面反映地区吸收能力状况。从 FDI 吸收能力看，落后地区吸收能力低是因为在落后地区 FDI 引进能力、利用能力和扩散能力低，且存在严重的自身难以克服的缺陷。也就是说，在吸收 FDI 时，三种能力是不协调的，其中必有一种或两种能力较弱，存在能力缺口。这进一步说明，落后地区经济发展的吸收能力约束是因为对资本、技术和知识吸收的难易程度不一样，对其吸收能力存在差异，弱小能力制约了整体吸收能力，导致吸收能力低，造成经济发展中技术进步不足，知识贫乏。

利用 FDI 可以一揽子解决落后地区经济发展的难题。发展经济学家将人力资源、自然资源、资本形成和技术包括组织管理技术作为经济发展的四大要素。而跨国公司是投资资本、技术、发明能力、组织管理技能的创造者。FDI 恰恰是投资资本、技术、发明能力、组织管理技能的集成体，且具有投入产出功能。与单纯的技术或资本引进不同，吸收 FDI 是引进一个高效率、先进的生产函数，以改造落后地区的生产函数，实现经济发展的连续飞跃。

其一，从人力资源要素看，跨国公司具有丰富的高品质的人力资源，而落后地区由于人均收入水平低，低成本的劳动力比较丰富，两者具有极强的互补性。通过跨国公司对当地人员的培训，加速落后地区人力资源形成和累积，不仅在人员流动中产生技术和知识溢出，而且还提高了当地劳动力的素质；同时，劳动力型 FDI 企业不仅创造了就业岗位，同时，让部分当地人员在“干中学”，不断累积知识。这作为吸收能力的微观基础，对落后地区的技术水平和技术吸收能力的提高是极为重要的。

其二，从资本形成看，落后地区在低水平上“贫困恶性循环”，是因为收入水平低，储蓄率低，资本形成率低。尽管可以向外国借款，引进间接资本，一方面，由于受吸收能力制约，落后地区资本运营效率低，获利能力低；另一方面，加大了外债，经济发展负担沉重，可能发生债务危机，难以使经济进入良性的发展循环。相反，落后地区引进 FDI 这种没有“利息”的资本，不但可以弥补国内资本的不足，还可加速国内资本积累，这方面以独资企业和合作企业方式利用 FDI 较佳。以合资企业方式利用 FDI，可以用 FDI 带动当地资本；同时，以发行股票等形式吸收当地资本，有利于落后地区的资本形成，增加资本供应，缓解资本缺口。

其三，从技术要素看，落后地区之所以不能自我发展，关键是技术发展水平低，技术缺口大。技术发展水平低，意味着落后地区经济增长主要靠资本和劳动力的投入，技术进步对经济增长的贡献较低，经济增长方式粗放，生产效率低。落后地区以FDI方式增进技术进步，充分利用FDI技术的溢出效应，增强对技术的消化、吸引能力，加快技术结构的升级，这对落后地区来说是最重要的。只有利用FDI技术溢出，增强对先进技术的扩散，在有了雄厚的技术基础和自我创新能力时，落后地区就会逐步进入自主创新的技术发展阶段，缩小技术差距。这可以说是落后地区利用FDI成功的显著性标志。

显然，落后地区不可能在某个环节，如购买技术、利用外国间接资本等打破纳克斯的“贫困恶性循环”，只有FDI这种特殊的创造性资本在技术、资本等多个环节上整体突破，才有可能超越“贫困恶性循环”，获得良性、健康的经济发展。然而，引进FDI则与东道国吸收能力有关，而且具有“门槛”效应。在东亚起飞前，东亚曾被人们称为最没有希望的地区，东亚新兴工业化国家的崛起证明了这一点。

落后地区增强FDI吸收能力的神奇功效在于，跨国公司FDI的组合资源催化落后地区的资本、技术与知识形成，以FDI加速地区吸收能力循环，以一种自催化循环与FDI交叉循环形成的超循环打破“贫困恶性循环”，开放的超循环打破封闭的贫困死循环，以先进的超循环带动落后的循环。落后地区只有在良性循环中提高吸收能力，增强自主增长能力，才能实现经济的起飞。

第三章　区域FDI吸收能力评价

地区FDI吸收能力是可以定量评估的。对FDI吸收能力进行评价，是认识地区FDI吸收能力及其结构的基本手段。综合评价是识别FDI吸收能力的基本方法，计量经济方法可以对评价结果进行检验，并找出地区FDI吸收能力的分布规律，进一步对区域FDI吸收能力水平进行分类。同时，应用计量模型分析西部FDI吸收能力结构，按偏差系数分析地区吸收能力的实现程度，以此对政策等因素作用进行估计，最后，找出决定地区FDI的吸收能力因素。

第一节　区域FDI吸收能力的综合评价指标体系

设计地区FDI吸收能力的评价指标体系是地区FDI吸收能力研究的重要内容。然而，在地区FDI吸收能力研究中，指标分类是比较困难的。由于地区FDI吸收能力系统是复杂的，而且所涉及的FDI引进能力、利用能力和扩散能力具有多维度的性质，其特征也必须从多种角度来理解和把握。由于各指标之间存在一个交互作用的“共同域”，有的指标将难以归入哪一种能力的评价中。因此，只有通过建立比较合理的FDI吸收能力指标体系，才能利用综合评价方法对FDI吸收能力进行测评和研究。

一、地区FDI吸收能力的评价指标选择

如何构造地区FDI吸收能力指标体系？这是地区FDI吸收能力研究中的一个重要问题。建立地区FDI吸收能力的指标评价体系自然是以FDI吸收能力理论为基础的。FDI吸收能力指标体系由FDI的引进能力、利用能力和扩散能力子系统的指标体系构成，是“三位一体”的指标体系。这对地区FDI吸收能力研究来说，是一项开创性的工作。当然，由于FDI吸收能力的复杂性

决定，这一体系也并不是完美的。

变量的选择主要基于几方面的考虑：一是系统性；二是数据的可得性；三是能够基本实现研究目的。地区 FDI 吸收能力状态变量用向量 X 表示，其中每一个变量都从不同角度反映了地区 FDI 吸收能力的状态，故以 X 表示 FDI 吸收能力的状态分向量，它是评价地区 FDI 吸收能力指标体系中的变量。基于本书的理论假说和文献研究，评价地区 FDI 吸收能力涉及中的变量有 21 个，其中，评价 FDI 引进能力、利用能力、扩散能力的只有 18 个指标。这三大指标体系构成了地区 FDI 吸收能力评价指标体系（见表 3－1）。

显然，FDI 吸收能力评价是一个多指标综合评价，只能通过一定的数学模型将多个评价指标值“集成”为一个整体性的综合值。当然，这种评价是一个主观和客观交互作用的过程，是主观和客观信息的综合集成过程，它与对地区 FDI 吸收的认识和理论假说有密切关系。

表 3－1　区域 FDI 吸收能力评价指标体系

评价要素	评价指标	指标度量	单位	变量	权重
吸引能力	自然资源	能源资源禀赋	万吨	x_1	α_1
	经济实力	GDP	亿元	x_2	α_2
	发展水平	人均 GDP	元/人	x_3	α_3
	技术能力	专利数	项	x_4	α_4
	集聚效应	每平方米创造 GDP	万元/平方米	x_5	α_5
	市场规模	社会商品零售总额	亿元	x_6	α_6
	劳动力成本	平均工资	元/人	x_7	α_7
利用能力	技术创新投入水平	R&D/GDP	%	x_8	β_1
	技术创新能力	工程与研究人员	人	x_9	β_2
	地区资本配套能力	地区注册资本	万美元	x_{10}	β_3
	技术存量	市场交易额	万元	x_{11}	β_4
	市场网络	进出口依存度	%	x_{12}	β_5
		国际互联网络用户	户	x_{13}	β_6
	产业配套能力	工业比较优势指数	%	x_{14}	β_7

续 表

评价要素	评价指标	指标度量	单位	变量	权重
扩散能力	扩散源强度	制造业市场规模	亿元	x_{15}	γ_1
		高技术出口规模	亿美元	x_{16}	γ_2
		制造业专业技术人员数	万人	x_{17}	γ_5
	市场发育程度	非国有企业比重	%	x_{18}	γ_4
	扩散媒介	人均邮电费用	（元/人）	x_{19}	γ_5
	扩散渠道	制造业就业比重	%	x_{20}	γ_6
	扩散资源	大专以上学历占人口比重	人/100	x_{21}	γ_7

二、指标选择的主要研究基础

（一）引进能力

对地区FDI吸收能力来说，引进能力、利用能力和扩散能力缺一不可。但是，FDI引进能力是地区利用和扩散FDI能力的基础。没有FDI的引进，就谈不上利用，更谈不上扩散。FDI引进能力是地区FDI竞争力的内在决定因素，而FDI的世界市场是全球的，它的特点是竞争，也被竞争所驱动（UNCTAD，1999）。在这种意义上，地区对FDI引进能力是重要的。一般来说，反映地区宏观变量市场规模、集聚效应等都对FDI引进能力产生着重要影响。

1. 市场规模

跨国公司在选择子公司的区位时，一般把市场规模看成一个十分重要的因素。跨国子公司在市场规模较大的地区，可以接近消费市场和要素市场，从而减少运输成本。更重要的是，跨国子公司可以利用地区规模经济和范围经济的益处，获得外部化资源，节约交易成本，了解市场变化。斯韦登伯格（Swedenborg，1979）、邓宁（Dunning，1980）的研究表明，跨国公司活动与东道国市场规模之间存在着正相关关系。据伍德沃德（Woodward，1992）对日本跨国公司在美国制造投资的研究也表明，一个州的市场规模以及相对其他州的市场位置与该州的国际直接投资成正相关。在中国，接近市场程度也部分解释了外商在外直接投资的城际差异（Gong，1995）。一般而言，一个地区的市场规模大小可以用 GDP、社会商品消费总额等进行衡量，还与人口规模、收入水平有关。其中，GDP 反映一个地区的潜在需求，并为衡量市场规模大小提供了良好指标（Broadman and Sun，1997）。国家计委投资研究所 1998 年对欧盟在华直接投资进行了一次大型调查，共发放问卷 4500 余份，回收 807 份，其结果显示，影响欧盟在华直接投资企业区位选择的主要因素，首先是产品市场，占 47%；其次是政府政策，占 16%。这说明，寻找市场是跨国公司的主要目标，开发利用当地市场，产品在当地市场销售，以满足市场需要。这种“市场导向型”FDI 占主导。可以看出，以技术换市场是跨国公司普遍推行的战略。除 GDP 外，社会商品零售总额也可以表示地区市场规模大小，当然，人均 GDP、工资水平和集聚效应也与市场容量有关。

2. 集聚效应

国内外学者研究表明，集聚效应对我国 FDI 的区位分布有着显著影响。惠勒和莫迪（Wheeler & Mody，1990）将集聚经济定义为基础设施、工业化水平和利用外资水平等的函数，并发现集聚经济和市场规模决定了美国公司在发展中国家的区位选择。魏和刘等（Wei & Liu，1999）以单位面积的人口数代表集聚效应，以 1984—1996 年我国合同和实际外商直接投资的时间序列数据和 27 个省的横截面数据，对集聚效应进行计量检验，结果表明，集聚效应是影响 FDI 区域分布的决定因素，集聚速度快的省份吸引的 FDI 较多。龚（Gong，1995）、黑德和里斯（Head & Rirs，1996）认为，集聚效应的存在与大小，构成了中国地区对跨国公司投资产生吸引力的重要基础。吴丰（2001）也认为集聚效应成为影响 FDI 区位选择的重要因素，而集聚效应的大小与地区城市化水平和地区城市结构有直接关系。魏后凯等（2002）以 1995—1996 年数据，对我国地区工业企业数、商业服务水平、基础设施和地区人口密度四个集聚变量进行计量检验，结果也表明，发达的基础设施、大规模的经济活动、完善的服务设施和稠密的人口增强了地区的集聚效应，增强了对 FDI 的吸引力。此外，魏后凯等（2002）的人均 FDI 作为利用 FDI 水平来测量 FDI 集聚效应水平，在 1986—1991 年、1992—1997 年这两个阶段中，外商直接投资都具有空间自我集聚机制。理论上，FDI 的空间集聚效应可以降低 FDI 进入的信息成本和交易成本。

3. 发展水平

按邓宁理论，地区企业垄断优势、内部化优势和区位优势都是发展阶段的函数。对于地区来说，想要成功引进 FDI，不仅具有宏观上的区位优势、投资环境，而且需要当地企业相对于其他地区具有一定垄断优势和内部化优势。当这些微观能力与跨国公司垄断能力和内部化能力相匹配、互补，也就是说当两者产业级差比较小时，很可能会引进相应 FDI。若地区发展水平比较低，与跨国公司产业级差较大时，那么地区能引进的 FDI 数量较小，而且质量较低。当然，地区发展阶段高意味着经济集聚效应比较高，消费水平高，市场规模大，地区对 FDI 的引进能力也高，然而，也会产生劳动力成本高等一些不利影响。

（二）利用能力

1. 研究与开发能力

跨国公司与地区的资源是相互利用的，两者利用能力的匹配性比较重要。生产知识的创造和扩散对增长和发展极为重要（Mytelka，1987；Dunning，1997；Word Bank，1998）。跨国公司是生产知识创造和扩散的主要承担者。理论和实践都表明，跨国公司把技术和创新活动引入东道国会促进东道国的技术发展和增长要素累积，促进东道国经济增长。但这种贡献程度取决于东道国自身的技术发展水平。对于地区而言，有效利用 FDI 技术是地区引进 FDI 的一个主要目标。技术发展水平高的地区，技术能力也越高，有利于掌握 FDI 技术并使之当地化（国产化）；同时，地区 R&D 能力也是 FDI 技术消化、吸收和再创新的重要环节（见图 3－1）。因此，地区 R&D 能力是利用跨国公司转移技术的坚实基础。地区自身的技术吸收能力越强，当地企业便愈具有学习、模仿、创新的能力，从而越有利于利用 FDI 技术。

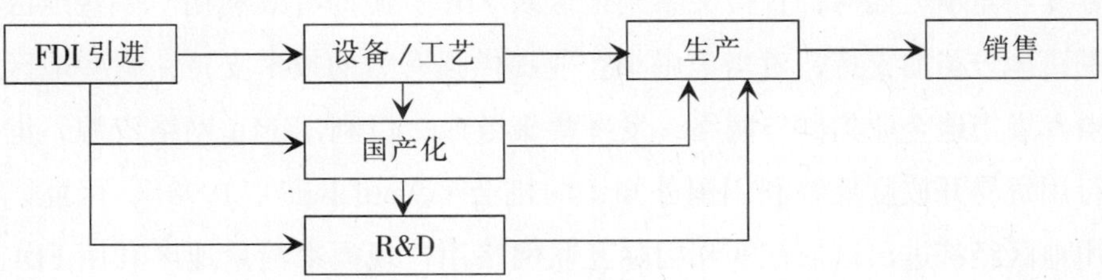

图 3－1　FDI 技术利用过程

有效利用FDI技术，离不开地区R&D努力。正式R&D意义的创新是技术创新活动的重要基础，对于利用更复杂的FDI技术，R&D变得更加重要。一些研究表明，东道国R&D的规模是决定跨国公司选择R&D活动区位的重要因素（UNCTAD，1999）。地区R&D的相当部分用于利用FDI技术，越是发达的地区，越有R&D投入能力；地区R&D体系不发达，R&D能力越低，有效利用的FDI技术能力就越小。对地区来说，地区R&D占GDP比重是地区FDI利用能力的重要标志。

技术发展的核心是人才成长过程。无论是自己搞研究与开发，还是利用FDI技术，说到底是创造知识和引进"知识"，而人才是创造知识、吸引知识的重要载体。韩国有些学者认为，高水平的教育是使韩国拥有利用国外先进技术的突出能力。地区利用FDI技术的关键取决于已有的技术能力，成效则取决于地区技术人员的技术水平。经验表明，拥有大量训练有素而相对廉价的研究人员的地区是引进和利用跨国公司直接投资的重要地区。工程与研究人员的规模是地区利用FDI能力的另一个显著性标志。

2. 网络资源

当地FDI吸收能力的提高和深化，关键取决于获得新技术和为掌握这些技术所必需的学习，高技术带来更大的挑战并总是提供更大的学习潜力。在网络程度高的集群中学习和创新也趋于更强烈（Porter，1990，1998；Ernst，1999），在目前的技术革命中，网络与协同效应的重要性大大提高了（UNCTAD，1999）。在技术发展中企业与供应商、企业与用户的合作与联系更加紧密，全球制造网络与营销网络正在形成。网络资源是跨国公司尤其是大型跨国公司最重要的资源。地区经济能否融入这个全球的分工体中，对其依存度和竞争力如何，直接关系到地区对FDI资源的有效利用。一些地区将借助跨国公司的支持，对当地中小企业提供强有力的技术支持，有些地区则重点发展当地企业集群与网络，发挥集聚效应，以利用FDI网络资源。世界银行用贸易开放度反映利用国外知识的机会（Word Bank，1998）。因此，可以用地区经济进出口依存度和国际互联网络用户规模来衡量地区利用FDI网络资源方面的能力。

3. 配套能力

配套能力包括资金配套能力和产业配套能力等。当跨国公司的直接投资引起其他国外企业或地区企业尤其是上游或下游生产进行投资，由外国投资者所建立的与当地企业的前向或后向联系是决定东道国资本形成全部影响的关键因素（UNCTAD，1999）。研究表明：FDI 净流入量增加 1 美元则使东道国投资总额增加 1 美元以上，估计投资总额的增加大约为 FDI 流量增加的 1.5～2.5倍（Borenstein，et al，1995）。我国地区金融市场发育程度不同，资本形成规模不同，为跨国公司筹措资本的能力也不同。如高技术型或 R&D 型跨国公司寻求风险投资，而许多地区没有健全的风险投资机制；又如在不确定性和交易成本较高的地区，跨国公司要寻找合资伙伴，要求资金配套。显然，一方面，如果地区资金配套能力较弱时，能利用 FDI 类型与数量仍是很有限的，地区 FDI 企业中地区注册资本反映了地区利用 FDI 的资本配套能力。另一方面，跨国公司在选择地区时，总希望选择与其配套较强的重合产业（FDI similar industry），有前向与后向产业配套力较强的地区。由于地区产业结构不同，竞争能力差别较大，跨国公司选择以兼并、合资、合作方式利用地区资源，因此，工业部门竞争能力较强的地区，利用 FDI 能力也强，工业专业化指数或区位商间接地反映着产业配套能力。

（三）扩散能力

技术溢出（spillover），是指在跨国直接投资过程中，通过技术的非自愿扩散，促进了东道国技术和生产力水平的提高。地区 FDI 扩散能力就是有效利用这种 FDI 溢出效应的能力，它是 FDI 对地区经济正外部性的一种表现。

国际直接投资是资本化技术的主要携带者，它成为实施跨国公司技术转移的主要形式。FDI 是“一揽子创造性投资”。随着 FDI 的转移，观念、技术、管理、营销、市场网络也随之而来。在有效的竞争机制下，FDI 企业进入会对地区的当地企业产生示范效应。当地企业可以通过模仿和改进，实现“干中学”式的技术进步，进而实现技术创新。

首先，FDI 技术溢出效应与 FDI 进入产业有直接关系，一方面是取决于 FDI 进入产业的关联效应。在我国经济系统中，不同产业的关联效应存在明显的差异。从2000年我国国民经济系统投入、产出的直接消耗系数计算，前向关联效应较强的5个产业依次是机械设备制造业、化学工业、采掘业、农业、金属产品制造业，后向关联效应较强的5个产业依次是金属产品制造业、机械设备制造业、化学工业、炼焦煤气及石油加工业、纺织缝纫及皮革产品制造业（见表3－2）。综合前后向关联效应，关联效应较强的5个产业是机械设备制造业、化学工业、金属产品制造业、炼焦煤气及石油加工业、纺织缝纫及皮革产品制造业，它们都属于制造业。总体上，工业部门的关联效应较高，农业次之，第三产业的关联效应较小。

表3－2　2000年我国产业部门的前向、后向关联系数及排序

产业部门	前向关联效应		后向关联效应		产业部门	前向关联效应		后向关联效应	
	系数	序数	系数	序数		系数	序数	系数	序数
农业	0.8138	4	0.4217	14	建筑材料	0.3353	13	0.7043	7
采掘业	0.9193	3	0.4211	15	金属产品制造业	0.8018	5	0.8004	1
食品制造业	0.3058	14	0.6853	8	机械设备制造业	1.3376	1	0.7603	2
纺织缝纫及皮革产品制造业	0.6287	8	0.7370	5	建筑业	0.1132	17	0.7318	6
其他制造业	0.5925	11	0.6643	9	运输邮电业	0.5966	10	0.4848	13
电力及蒸汽热水生产供应业	0.6007	9	0.5939	10	商业饮食业	0.7258	6	0.5658	11
炼焦煤气及石油加工业	0.6714	7	0.7510	4	公用事业及居民服务	0.4523	12	0.5417	12
化学工业	1.0872	2	0.7582	3	金融保险业	0.3023	15	0.2560	16
建筑材料	0.3353	13	0.7043	7	其他服务业	0.1151	16	0.2560	17

资料来源：根据《2003中国统计年鉴》相关数据计算。

另外，FDI进入我国产业所产生的集聚效应同样有较大差异。自改革开放以来，第二产业一直是我国利用FDI最多的产业，近几年一直保持在70%以上，其次是第三产业，第一产业的FDI很小。从近三年看，进入制造业的FDI高达67%，其次是房地产业，进入农业的FDI比较小，前5个产业部门的FDI集聚度高达90%（见表3－3）。

表 3－3　2000—2002 年我国行业利用 FDI 份额

产业部门	FDI 份额	产业部门	FDI 份额
制造业	66.6629	建筑业	1.7251
房地产业	11.0142	采掘业	1.4076
社会服务业	5.5038	科学研究和综合技术服务业	0.2672
电力、煤气及水的生产和供应业	4.1971	卫生体育和社会福利业	0.2512
其他行业	2.7255	金融保险业	0.1555
批发和零售贸易、餐饮业	2.1087	教育文化艺术和广播、电影、电视业	0.0914
交通运输、仓储及邮电通信业	2.0196	地质勘察业、水利管理业	0.0159
农、林、牧、渔业	1.8544		

资料来源：根据《2003 中国统计年鉴》相关数据计算。

显然，由于进入我国的 FDI 大量集聚于制造业，制造业关联效应又是最强的，因此，各地制造业的差异对地区 FDI 扩散能力产生重要影响。理论上，关联强度基准（赫希曼，1958）是选择主导产业的首要准则。一般认为，关联强度较大的产业首先获得发展后，通过前向和后向波及效应，可以影响其他产业发展。制造业作为我国现阶段的主导产业，其扩散效应是其回顾效应、旁侧效应和前项效应的组合效应，具有较强的扩散能力。尤其是，制造业中的高技术产业，如电子信息产业等担负着国民经济信息化的任务，对传统产业改造和产业结构升级有着重要影响，其 R&D 强度（R&D/产值）是制造业平均水平的两倍以上，同时 FDI 对电子信息产业贡献已高达 50% 以上。高技术产业是扩散能力最强的产业，各地在利用 FDI 进入高技术产业上的能力存在较大差异。因此，地区制造业、高技术产业出口可以代表地区对 FDI 的扩散能力。具体地讲，制造业市场、就业人数和技术人员规模可以用来衡量地区对 FDI 的扩散能力。

此外，还有一些因素影响地区 FDI 扩散能力。跨国公司对垂直和水平联系企业的技术扩散也在很大程度上取决于这些企业的接受能力和竞争环境（UNCTAD，1999）。一般来说，在一个市场发育程度高、竞争较激烈的环境中，跨国公司之间、跨国公司与当地企业竞争主要是通过示范效应溢出其部分技术。溢出程度取决于一般要素市场条件和经济发展水平，市场与能力普遍发达，溢出越多（UNCTAD，1999）。跨国公司比较适应市场经济的环境，可以粗略地用非国有工业产值占全部工业产值反映一个地区市场的经济发育程度（鲁明泓，1997）。拥有技术和知识的劳动力和人力资源是对FDI资源进行扩散的基础。世界银行用受教育程度表示人利用知识的能力（Word Bank，1998），大专以上人口占总人口比重可以代表地区人口素质及利用知识的能力。有效扩散FDI资源，离不开知识交流能力。知识交流能力反映地区人口传播知识的能力，决定了该地区人口在其需要信息时是否有获得信息的途径，以及通过这种途径传播知识的效率（胡鞍钢等，2000），人均邮电费用表示地区人口交流知识的能力。

第二节　区域FDI吸收能力评价与检验

对地区FDI吸收能力的综合评价，首先是要建立评价模型，用最大元素法对变量进行无量纲化处理，再用变异系数给变量赋权，还要进一步对评价结果进行等级相关检验，以证实模型和指标的可靠性。

一、评价模型

地区FDI吸引能力综合评价函数：

$$RAC = f(x_1, x_2, x_3, \cdots, x_m, \lambda_1, \lambda_2, \lambda_3, \cdots, \lambda_m) \quad （式3.2-1）$$

式3.2-1中，RAC为地区FDI吸收能力的评价值，$X = (x_1, x_2, x_3, \cdots, x_m)^T$为FDI吸收能力状态向量，$\lambda = (\lambda_1, \lambda_2, \lambda_3, \cdots, \lambda_m)^T$为指标的权重向量，$0 < \lambda_j < 1$，$\lambda_1 + \lambda_2 + \cdots + \lambda_m = 1$。

从本质上看，FDI吸收能力是一种集聚力。FDI在我国大陆的分布呈现出空间集聚特征。从集聚区域看，我国吸收的FDI绝大部分集聚在城市化水平较高的东部，西部吸收FDI最少。从集聚规模看，1999年，我国FDI的94%向城市集聚，我国城市吸引FDI平均值为6666.38万美元，其中，超大城市的为11.49亿美元，特大城市为2.10亿美元，大城市为2.25亿美元，中等城市为5755.26万美元，小城市为269.61万美元，我国13个超大城市占FDI的

36%。这个现象表明，我国资源空间集聚规模对 FDI 的吸收能力有直接影响。

地区 FDI 吸收能力强弱取决于独立变量的作用，更重要的是取决于由各种吸收能力变量的聚合效应。这种聚合作用体现的不是一种独立变量的累加作用，而是变量非线性作用机制产生整体力，为此，构造的集聚吸引力的函数为：

$$RAC_i = \psi x_{i_1}^{\lambda_1} \times x_{i_2}^{\lambda_2} \times x_{i_3}^{\lambda_3} \times \cdots \times x_{i_j}^{\lambda_j} \qquad （式 3.2-2）$$

其中，ψ 为环境因子或集聚因子，它实际上是地区实际吸收 FDI 与 FDI 吸收能力的差距，用以估计吸收能力不能解释的那部分 FDI 的来源，可以理解为国家或外部因素对区域 FDI 吸收能力增长的作用，它实质上是非物质资源如文化、政策、区位等因素对区域 FDI 吸收能力的贡献。如 $\psi>1$，表示 RAC 发挥充分，如 $\psi<1$，则表示 RAC 发挥不足，一部分作为潜在能力存在。按地区 AUC 结构，采用生产函数式的非线性评价法对上式进行改造，为：

$$\hat{RAC_i} = AC_i^{\alpha} UC_i^{\beta} SC_i^{\beta} \qquad （式 3.2-3）$$

式 3.2-3 中，α、β、γ 分别表示引进能力、利用能力和扩散能力对地区 FDI 吸收能力的重要性，为偏弹性系数，也就是它们对 FDI 吸收能力增长的贡献。对于式 3.2-3，FDI 引进能力、利用能力和扩散能力最小者对 FDI 吸收能力的“拖后腿”作用最大。很明显，这种方法体现的是地区 FDI 吸收能力变量之间的非线性聚合机制，强调地区 FDI 引进能力、利用能力和扩散能力协调发展的重要性。

要说明的是，只有当以下几个条件成立时，此模型才能用于评价区域 FDI 吸收能力的水平。

条件 1：AC、UC、SC 必须为严格非零正数。因为，地区没有完备的 FDI 吸引能力结构，不可能有实现 FDI 吸收能力存在。如果地区 AC、UC、SC 的其中之一趋于零，则地区 FDI 吸收能力也趋于零。这意味着地区 AC、UC、SC 中有一个极小值存在，结构严重失衡，则对地区 FDI 吸收能力发育是极为不利的。

条件 2：对式 3.2-3 求偏导，则：

$$\frac{\partial RAC}{\partial AC} = \alpha \frac{RAC}{AC},\ \frac{\partial RAC}{\partial UC} = \beta \frac{RAC}{UC},\ \frac{\partial RAC}{\partial SC} = \gamma \frac{RAC}{SC}$$

由于假定 $\alpha+\beta+\gamma=1$，因此，在非线性机制中，FDI 吸收能力要求 AC、UC、SC 同时存在，同时工作。只通过其中的一个或两个分能力增长来吸收 FDI，那么，总的效果不理想，最理想的状态是三个分能力相当。

条件 3：对式 3.2－3 求全微分，有：

$$dRAC=\alpha\frac{dAC}{AC}+\beta\frac{dUC}{UC}+\gamma\frac{dSC}{SC}$$

这表明，地区 FDI 吸收能力增长是由各个分能力增长率及权重结构共同决定。在权重结构一定的条件下，分能力增长越快，那么对地区 FDI 吸收能力增量贡献就越大。

条件 4：如果三个分能力的增长速度相同，均为 K，则：

$$\frac{dRAC}{RAC}=K(\alpha+\beta+\gamma)$$

当假定 $\alpha+\beta+\gamma=1$ 时，地区 FDI 吸收能力增长与分能力增长同步。但事实上，地区 FDI 吸收能力总是滞后于分能力增长速度。这与 FDI 滞后效应与集聚效应有关。

由于 FDI 吸收能力评价指标的含义不同，计算方法各异，造成各指标的量纲（单位）差异较大，不能用各指标直接评价 FDI 吸收能力，因此，必须进行无量纲处理。具体处理方法是以每个变量中的最好指标遍除 31 个地区指标，将地区实际指标值转化参照最好地区的相对优势指标，故称这种方法为最大元素基准法，即：

$$Y_{ij}=X_{ij}\Big|\underset{1\leqslant i\leqslant 31}{\overset{1\leqslant j\leqslant 21}{Max}}[X_{ij}]\times 100 \qquad（式 3.2－4）$$

将经处理后的相对指标代入区域 FDI 吸收能力综合评价模型为：

$$R\hat{A}C_i=\prod_{j=1}^{7}Y_{i_j}^{\alpha_j}\cdot\prod_{j=8}^{14}Y_{i_j}^{\beta_j}\cdot\prod_{j=15}^{21}Y_{i_j}^{\gamma_j} \qquad（式 3.2－5）$$

这种非线性组合评价法具有以下特点：①可用于 FDI 吸收能力变量间有较强相关性（共线性）的情况；②突出评价变量中较弱变量的作用；③变量权重的作用不如线性评价法明显；④对变量变动比线性评价法更敏感；⑤计算方法比较复杂。“木桶原理”形象地解释了评价模型非线性机制。地区 FDI 吸收能力就像 21 块长短不同的木板组成的木桶，木桶的容量取决于长度最短的那块木板。因此，若要增大木桶的容量，首先必须加高最短的那块木板的高度，解决短边约束的问题。这就是说，此评价模型对取值较小的评价指标比较敏感，只要有一个指标非常小，那么总体评价值将迅速趋于零。这对制定相关战略，有力地促进西部地区 FDI 吸收能力系统全面、协调发展是至关重要的。

二、变量赋权

给变量赋权是比较重要的，因为它关系到 FDI 吸收能力的评价效果。客观上，某个变量离差越大，则该指标分辨的信息越多，其权重也应该大；反之，离差越小，信息越小，指标的权重也应越小。这种基于“差异驱动”的赋权方法以变量差异程度来反映重要程度，利用变量数据本身提供的信息来确定权重值。这使得对地区 FDI 吸收能力评价具有客观性，不具有任何主观色彩；评价过程具有透明性和再现性；权重有短期的继承性和保序性。

一般衡量数据差异的指标有均方差、极差和熵值等。在地区 FDI 吸收能力变量赋权中，选用变异系数。因为，用最大元素基准法对数据进行无量纲化处理，不影响变量数列的变异系数。变量数列的变异系数是它的标准差除以均值，记：

$$\overline{x_j} = \sum_{i=1}^{31} x_{ij}/31 (j = 1,2,\cdots,21)$$

$s_j = \sqrt{\frac{1}{30}\sum_{i=1}^{31}(x_{ij} - \bar{x}_j)^2} (j = 1,2,\cdots,21)$，则变量数列的变异系数为：

$$v_j = s_j/\overline{x_j}$$

因此，集聚变量数列的影响度即权重为：

$$\lambda_j = v_j/\sum_{j=1}^{21} v_j \qquad (式 3.2-6)$$

以 2002 年 31 个地区 FDI 吸收能力变量的原始数据（见附表 2）进行计算，得表 3－4。根据权重值大小，可以把地区 FDI 吸收能力变量分成四类：第一类为高技术出口规模、每平方千米创造 GDP，它们对地区 FDI 吸收能力的重要性分别在 10% 以上；第二类为地区注册资本、进出口依存度、专利数、R&D/GDP、能源资源禀赋，它们对地区 FDI 吸收力的重要性分别在 5% ~ 10% 之间；第三类为制造业市场规模、国际互联网络用户、GDP、社会商品零售总额、人均 GDP、人均邮电费用、大专以上学历人口比重、制造业专业技术人员数、制造业就业人数比重、工程与研究人员，它们对地区 FDI 吸收能力的重要性分别在 2% ~5% 之间；第四类为非国有企业比重、平均工资、工业比较优势指数，它们对地区 FDI 吸收能力的重要性分别在 2% 以下。同时，对地区 FDI 吸收能力构成来说，引进能力是最重要的，扩散能力和利用能力的重要性大体相当，但引进能力与扩散能力、利用能力差别并不大。这总体上体现了三者对 FDI 吸收能力影响程度的均衡性。

表 3－4　地区 FDI 吸收能力变量的变异系数和权重

变量 (x_j)	变异系数 (s_j)	权重 (α_j)	变量 (x_j)	变异系数 (s_j)	权重 (β_j)	变量 (x_j)	变异系数 (s_j)	权重 (γ_j)
x_1	1. 2130	0. 0565	x_8	1. 2315	0. 0574	x_{15}	0. 9567	0. 0446
x_2	0. 8077	0. 0377	x_9	0. 5892	0. 0275	x_{16}	2. 7044	0. 1261
x_3	0. 7634	0. 0356	x_{10}	1. 4100	0. 0657	x_{17}	0. 6647	0. 0310
x_4	1. 3722	0. 0640	x_{11}	1. 1047	0. 0515	x_{18}	0. 4041	0. 0188
x_5	2. 5329	0. 1181	x_{12}	1. 3839	0. 0645	x_{19}	0. 7457	0. 0348
x_6	0. 7964	0. 0371	x_{13}	0. 8232	0. 0384	x_{20}	0. 6229	0. 0290
x_7	0. 3425	0. 0160	x_{14}	0. 2584	0. 0120	x_{21}	0. 7249	0. 0338
合计	$\alpha = 0.3649$		合计	$\beta = 0.3170$		合计	$\gamma = 0.3181$	

资料来源：根据附表 2 数据计算。

三、评价及检验

进一步按式 3. 2－5 计算，我国 31 个地区的 FDI 吸收能力评价指数及排序情况如表 3－5 所示。

表3－5 2002年我国31个地区FDI吸收能力指数与实际FDI份额

地区	吸收能力指数（RAC_i）	实际份额（%）	地区	吸收能力指数（RAC_i）	实际份额（%）	地区	吸收能力指数（RAC_i）	实际份额（%）	地区	吸收能力指数（RAC_i）	实际份额（%）
广东	58.5767	21.6004	福建	18.8646	7.3152	湖南	12.2727	1.7156	甘肃	5.1125	0.1167
山东	40.7668	9.0222	四川	17.8926	1.0593	山西	12.0820	0.4033	贵州	5.0163	0.0728
江苏	37.4652	19.4194	黑龙江	17.0792	0.6768	云南	9.6425	0.2129	江西	3.6865	2.0620
辽宁	35.4144	6.5020	河北	16.2728	1.4917	重庆	8.4782	0.3731	宁夏	2.3522	0.0419
北京	27.4266	3.2868	河南	14.0088	0.7711	吉林	8.3650	0.4663	青海	1.4241	0.0901
湖北	22.9761	2.7189	陕西	13.9366	0.6862	内蒙古	6.0463	0.3373	海南	1.2862	0.9757
天津	20.8175	3.0149	浙江	13.2378	5.8624	新疆	5.8803	0.0362	西藏	1.0351	0.0000
上海	18.9318	8.1422	安徽	12.6043	0.7314	广西	5.7338	0.7952			

资料来源：根据附表2数据计算。

究竟地区FDI吸收能力评价指数与地区实际吸收FDI有多大差异，或者说能否用FDI吸收能力指数解说地区FDI分布？这需要对地区FDI吸收能力评价指数与实际吸收的FDI进行检验，以进一步证实理论假说和模型的可靠性。这里所使用的方法是等级相关系数检验法，斯皮尔曼（Spearman）等级相关系数计算公式：

$$R = 1 - 6\frac{\sum_{k+1}^{31} d_i^2}{31^3 - 31} \qquad \text{（式3.2－7）}$$

其中，d_i 为地区实际FDI的排序数和按RAC的排序数之差（见表3－6）。以表3－6中数据计算出，$R = 0.8048$。

提出零假设与备择假设：

$H_0: \rho = 0$

$H_1: \rho \neq 0$

由于：

$$R \sim N(0, \frac{1}{30})$$

构造统计量：

$$Z = \sqrt{30}R$$

给定显著性水平 $\alpha = 0.05$，查正态分布表得临界值，$Z_{\alpha/2} = 1.96$。由于 $Z = 4.408 > 1.96$，接受厅 H_0，拒绝 H_1，这表明，FDI 吸收能力与实际吸收 FDI 等级显著相关。此外，我国地区实际吸收 FDI 的份额与吸收能力指数之间的线性相关系数为 0.849。因此，所采用的 FDI 吸收能力的综合评价方法是可行的，可以用地区 FDI 吸收能力指数体系评估地区 FDI 吸收能力强弱。

d_i 为地区 FDI 吸收能力理论位次与实际吸收 FDI 位次的差值，它是环境因子 ψ 值的一种衡量。东部广东、江苏、山东和河北的理论位次与实际位次是比较吻合的。西部的甘肃、西藏理论位次与实际位次也比较匹配。其他地区的 FDI 吸收能力位次与实际吸收 FDI 位次都有不同程度的差异，其中江西和海南省的差异较大。中部江西吸收 FDI 比较突出，大大超过其理论上应有的水平；海南属侨乡，还是大特区，不仅具有政策上的优势，还有地理、文化等方面的优势，与海外华人的文化联系在外资引进中起到了十分重要的作用，使其实际位次大大超过理论位次。从总体看，广西、内蒙古、青海的实际位次高于理论位次，其他地区非物质资源都普遍不足，西部地区位次波动不大。

表 3-6　地区 FDI 吸收能力与实际吸收 FDI 等级

地区	能力等级	实际等级	级差（d）	地区	能力等级	实际等级	级差（d）	地区	能力等级	实际等级	级差（d）	地区	能力等级	实际等级	级差（d）
广东	1	1	0	福建	9	5	4	湖南	17	12	5	甘肃	25	26	-1
山东	2	3	-1	四川	10	14	-4	山西	18	22	-4	贵州	26	28	-2
江苏	3	2	1	黑龙江	11	20	-9	云南	19	25	-6	江西	27	11	16
辽宁	4	6	-2	河北	12	13	-1	重庆	20	23	-3	宁夏	28	29	-1
北京	5	8	-3	河南	13	17	-4	吉林	21	21	0	青海	29	27	2
湖北	6	10	-4	陕西	14	19	-5	内蒙古	22	24	-2	海南	30	15	15
天津	7	9	-2	浙江	15	7	8	新疆	23	30	-7	西藏	31	31	0
上海	8	4	4	安徽	16	18	-2	广西	24	16	8				

资料来源：根据表 3-5 数据计算。

第三节　我国地区 FDI 吸收能力分布规律与分级

我国地区 FDI 吸收能力指数在［0，5］和［15，20］之间的地区各有 5 个，［5，10］之间的地区有 8 个，［15，20］的高新区仅有 5 个，其他 4 个区间各有 1 或 2 个地区（见表 3 – 7）。若地区吸收能力呈正态分布，那么分布密度应是两头小、中间大的橄榄形曲线。从图 3 – 2 看出，没有出现两头大、中间小的特征。由于我国地区 FDI 吸收能力分布的不对称，偏度大于零，向左偏倚；峰度大于 3，两侧尾部较厚。正态分布检验统计量，*JB*（Jarque – Bera）$=17.76>\chi^2_{0.05(2)}=5.99$，这表明，我国地区 FDI 吸收能力不服从正态分布。

表 3 – 7　地区 FDI 吸收能力统计区间分布

吸收能力区间	平均值	最大值	最小值	地区数
（0，5）	1.9568	3.6865	1.0351	5
（5，10）	6.7844	9.6425	5.0163	8
（10，15）	13.0237	14.0088	12.0820	6
（15，20）	17.8082	18.9318	16.2728	5
（20，25）	21.8968	22.9761	20.8175	2
（25，30）	27.4266	27.4266	27.4266	1
（35，40）	36.4398	37.4652	35.4144	2
（40，45）	40.7668	40.7668	40.7668	1
（55，60）	58.5767	58.5767	58.5767	1

资料来源：根据表 3 – 5 数据计算。

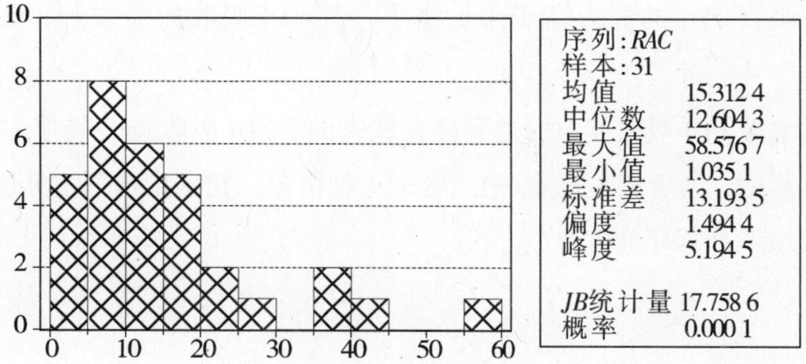

图 3 – 2　2001 年地区 FDI 吸收能力的正态分布检验

我国31个地区的FDI吸收能力既然不服从正态分布，那么，地区FDI吸收能力可能服从其他分布函数。把地区按FDI吸收能力指数从大到小排列，设x为31个地区中FDI吸收能力指数大于等于自身的地区数，实际上地区FDI吸收能力的排序数（见表3－5）。$R\hat{A}C_i$为地区FDI吸收能力指数的非线性幂函数拟合值。建立如下回归方程：

$$\mathrm{Ln}R\hat{A}C_i = 4.8987 - 1.0211\mathrm{Ln}x \qquad （式3.3－1）$$

$$(16.3345)(-9.0406)$$

$$\mathrm{Adj.}\ R^2 = 0.7291, F = 81.7334$$

把式3.3－1改写成为：

$$A\hat{R}C_i = 134.1154x^{-1.0211} \qquad （式3.3－2）$$

式3.3－2为负幂分布的一种表达式，调节及$R^2=0.784$，拟合效果比较理想。

以$R_i = RAC_i - R\hat{A}C_i$，即实际值与模型理论值的差。如果，$R_i>0$，表示地区对FDI的实际吸收能力高于理论吸收能力，而$R_i<0$，表示地区FDI理论吸收能力低于实际吸收能力。

从图3－2中看出，理论吸收能力与实际吸收FDI差距变化呈现出明显的规律性，位于两头地区的FDI理论吸收能力高于实际吸收能力，而处在中间位置地区的理论吸收能力低于实际吸收能力。广东、山东、江苏是我国FDI吸收能力最高的三个地区，然而，其FDI实际吸收能力低于理论吸收能力，仍有吸收FDI潜在能力。江西、宁夏、青海、海南和西藏实际吸收FDI能力低于理论吸收能力，其中绝大部分是属西部地区。这些地区由于受政策等因素的制约，吸收的FDI没有达到理论水平，仍有吸收FDI的潜力。中间19个地区实际吸收FDI的能力高于理论水平，其FDI吸收能力得到了较充分的发挥。

我国地区FDI吸收能力的差异是比较大的。FDI吸收能力最强的是广东，最弱的是西藏，两者相差近60倍。鉴于这种情况，初步把地区FDI吸收能力分为三级水平，其计量模型：

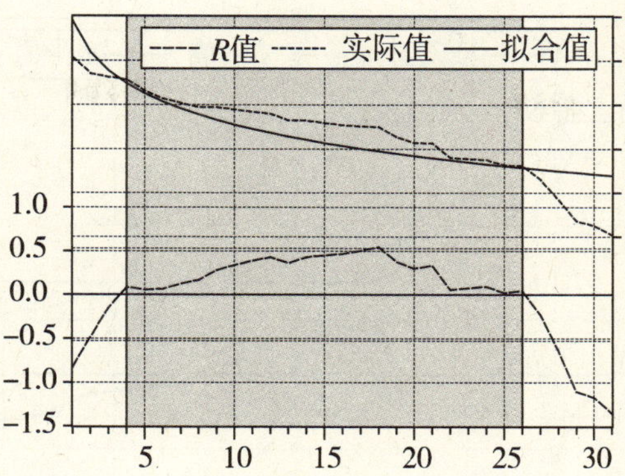

图 3－3 地区 FDI 吸收能力指数负幂分布

$$\hat{RAC_i} = 39.9299A_i + 18.9764B_i + 7.4842C_i \quad （式 3.3－3）$$

$$(15.4625)\ (8.6947)\ (5.6496)$$

$$Adj.\ R^2 = 0.8084$$

式 3.3－3 中，括号内为 t 值，表示在 5% 水平上显著（下同），$\hat{RAC_i}$ 为地区 FDI 吸收能力指数拟合值，A_i、B_i 和 C_i 分别为高、中、低级水平分级变量。当 $RAC_i > 25$ 时，$A_i = 1$，其他 $A_i = 0$；当 $15 < RAC_i \leqslant 25$ 时，$B_i = 1$，其他 $B_i = 0$；当 $RAC_i \leqslant 15$ 时，$C_i = 1$，其他 $C_i = 0$。这种分级结果基本反映出我国 31 个地区 FDI 吸收能力的三个梯级水平（见图 3－4）。

然而，处于低级水平的地区有 19 个，其 FDI 吸收能力仍存在较大差距，再进一步细分成三级，计量模型：

$$\hat{RAC_i} = 13.0237C_{1i} + 6.7844C_{2i} + 1.9568C_{3i} \quad （式 3.3－4）$$

$$(23.2468)\ (13.9832)\ (3.1885)$$

$$Adj.\ R^2 = 0.9086$$

式 3.3－4 中，$\hat{RAC_i}$ 为低水平地区 FDI 吸收能力指数的拟合值，C_{1i}、C_{2i}、C_{3i} 分别为低、较低和最低水平分级变量。当 $10 < RAC_i < 15$ 时，$C_{1i} = 1$，其他 $C_{1i} = 0$；当 $5 < RAC_i \leqslant 10$ 时，$C_{2i} = 1$，其他 $C_{2i} = 0$；当 $RAC_i \leqslant 5$ 时，$C_{3i} = 1$。其他 $C_{3i} = 0$。这种分类结果较详细地反映出我国 19 个低水平地区的 FDI 吸收能力状况（见图 3－5）。

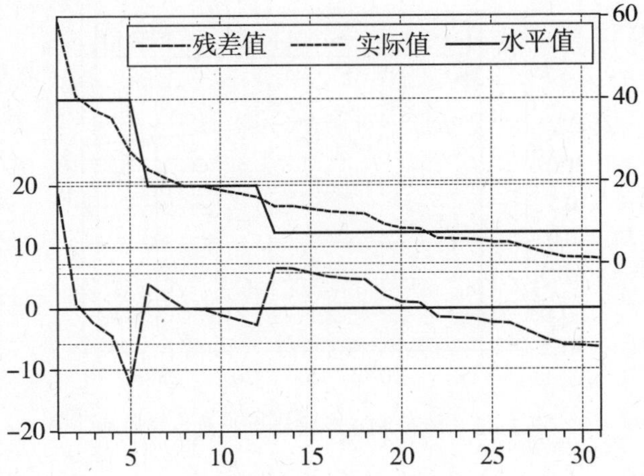

图 3－4 我国地区 FDI 吸收能力水平分级

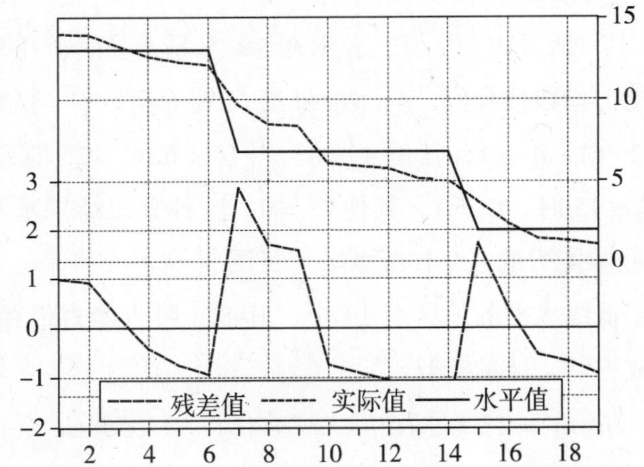

图 3－5 FDI 吸收能力低水平地区水平分级

综合上述两种分级结果，把我国 31 个地区 FDI 吸收能力分成 6 个梯级水平（见表 3－8）。这种划分结果表明我国地区 FDI 吸收能力差异比较大，两极分化比较明显。其一，东部地区 FDI 吸收能力普遍较高。FDI 吸收能力居 A 级水平的 5 个地区都是东部地区；FDI 吸收能力居 B 级水平的 7 个地区中，天津、福建、上海、河北仍是东部地区。其二，西部地区 FDI 吸收能力普遍较低。在西部地区中，除四川居于 B 级水平外，其余地区的 FDI 吸收能力均处于低水平。造成我国地区 FDI 吸收能力水平差距很大的原因是多方面的。一方面西部地区由于在物质资源方面的不足，集聚效应较弱；另一方面还由于制度、政策和知识发展方面还没有比较优势，极易制约集聚效应的形成与发挥。另外，西部地区研究经费和教育经费投入能力低，地区的技术创新能力较弱，人力资源的素质低和聚合质量差，也是西部地区 FDI 吸收能力低的一个重要原因。东部地区发达的基础设施和集中的产业配套能力有利于跨国公司充分利用当地的各种资源，以降低综合成本；同时，东部人才集聚，技术水平高，FDI 规模集聚效应较强，区位条件优越，政策积累效应较强，投资软硬环境好，这些都极大地增加了东部 FDI 的吸收能力。

表 3－8　我国地区 FDI 吸收能力的分类标准与结果

地区 FDI 吸收能力水平		FDI 吸收能力指数	理论值	地区
A		>25	39.9299	广东、山东、江苏、辽宁、北京
B		（15～25）	18.9764	湖北、天津、上海、福建、四川、黑龙江、河北
C	C_1	（10～15）	13.0237	河南、陕西、浙江、安徽、湖南、山西
	C_2	（5～10）	6.7844	云南、重庆、吉林、内蒙古、新疆、广西、甘肃、贵州
	C_3	<5	1.9568	江西、宁夏、青海、海南、西藏

我国西部实施的大开发战略，除提供了大量的投资机会外，客观上为跨国公司进入西部地区创造了有利条件。随着东部地区经济的进一步发展，要素成本优势将会递减，东部地区出现一些局部的 FDI 集聚不经济也是必然趋势。因此，一定程度缩小东部与西部 FDI 吸收能力的因素是存在的。

第四节　FDI 吸收能力结构分析

我国地区 FDI 吸收能力结构呈现出不同的格局。北京、天津、上海、浙江、海南的 FDI 吸收能力结构为 UC∶SC∶AC 型，江苏、福建、广东为 AC∶SC∶UC 型，江西为 UC∶AC∶SC 型，其他地区的 FDI 吸收能力结构均为 AC∶UC∶SC（见表 3－9）。可以看出，东部地区的福建、广东的 FDI 吸收能力结构接近为 1∶1∶1

的均衡结构。FDI 吸收能力的结构水平较高地区也都在东部地区，中部和西部地区 FDI 吸收能力的结构水平相对是较低的。

表 3－9　我国 31 个地区 FDI 吸收能力结构

地区	吸引能力	利用能力	扩散能力	吸收能力结构	地区	吸引能力	利用能力	扩散能力	吸收能力结构
北京	2.4045	3.7076	3.0765	1.000:1.542:1.280	河南	4.7336	1.9326	1.5313	3.091:1.262:1.000
天津	2.6349	2.8605	2.7620	1.000:1.086:1.048	湖北	5.1823	2.3852	1.8588	2.788:1.283:1.000
河北	4.0389	2.3096	1.7445	2.315:1.324:1.000	湖南	3.5610	2.1621	1.5941	2.234:1.356:1.000
辽宁	4.3193	3.1092	2.6370	1.638:1.179:1.000	内蒙古	3.5910	1.7920	0.9396	3.822:1.907:1.000
上海	1.6402	3.5506	3.2509	1.000:2.165:1.982	广西	2.2038	1.9991	1.3015	1.693:1.536:1.000
江苏	3.6829	3.1381	3.2417	1.174:1.000:1.033	重庆	2.8490	2.0781	1.4320	1.990:1.451:1.000
浙江	1.8474	2.8495	2.5147	1.000:1.542:1.361	四川	4.0204	2.2955	1.9387	2.074:1.184:1.000
福建	2.7547	2.5761	2.6583	1.069:1.000:1.032	贵州	3.0046	1.6129	1.0352	2.903:1.558:1.000
山东	5.5872	2.8972	2.5184	2.219:1.150:1.000	云南	3.2901	2.0466	1.4321	2.297:1.429:1.000
广东	4.0278	3.7345	3.8943	1.079:1.000:1.043	西藏	1.2836	1.0499	0.7681	1.671:1.367:1.000
海南	0.6679	1.6795	1.1466	1.000:2.514:1.717	陕西	3.6029	2.3411	1.6523	2.180:1.417:1.000
山西	5.0679	2.0808	1.1457	4.423:1.816:1.000	甘肃	2.3787	1.8345	1.1716	2.030:1.566:1.000
吉林	2.9082	2.2110	1.3009	2.236:1.700:1.000	青海	1.4471	1.2735	0.7727	1.873:1.648:1.000
黑龙江	4.6690	2.1643	1.6902	2.762:1.280:1.000	宁夏	1.8226	1.5732	0.8204	2.222:1.918:1.000
安徽	3.6767	2.1343	1.6062	2.289:1.329:1.000	新疆	3.1773	1.7557	1.0541	3.014:1.666:1.000
江西	1.4405	1.9010	1.3463	1.070:1.412:1.000					

资料来源：根据表 3－5 数据计算。

不难发现，除河北外，东部地区 FDI 吸收能力结构是比较均衡的，中部和西部地区的 FDI 吸收能力结构失衡比较严重。主要表现在，引进能力和扩散能力差距较大，有的地区两者差距高达 4 倍，差距较小的地区也悬殊 1.5 倍以上。从 AC 看，在 FDI 引进能力指数中只有海南的 FDI 引进能力指数小于 1，其他全国 30 个地区的 FDI 引进能力指数都大于 1，这表明我国地区都具有引进 FDI 的能力。从 UC 看，全国 31 个地区 FDI 利用能力指数均大于 1，FDI 利用能力较强。然而，地区 FDI 扩散能力却有较大差距，东部和中部地区的

FDI扩散能力指数都大于1，而西部地区中，内蒙古、西藏、青海和宁夏的FDI扩散能力指数小于1，这意味着扩散能力在FDI吸收能力的非线性生成机制中起了缩小作用。

地区对FDI的吸收不仅与整体的吸收能力有关，而且还与吸收能力结构有直接关系。地区吸收FDI与地区FDI扩散能力的相关性较高，与利用能力的相关次之，与引进能力相关性最小（见表3－10）。它表明，地区吸收FDI与其扩散能力关系最密切，FDI扩散能力较强的地区，吸收的FDI越多；相反，扩散能力越弱的地区，往往也是吸收FDI较少的地区。因此，FDI吸收与吸收能力结构的相关性较高。

表3－10　我国地区吸收FDI比重与引进能力、利用能力、扩散能力的相关系数矩阵

	FDI比重	引进能力	利用能力	扩散能力
FDI比重	1.0000	0.1889	0.7315	0.8317
引进能力	0.1889	1.0000	0.2672	0.2140
利用能力	0.7315	0.2672	1.0000	0.9591
扩散能力	0.8317	0.2140	0.9591	1.0000

资料来源：根据表3－5和附表2相关数据计算。

总体上，我国地区FDI吸收能力结构呈AC∶UC∶SC型，地区FDI引进能力高于利用能力，扩散能力最弱。从FDI吸收能力总指数来看，我国东部、中部和西部的FDI引进能力的差距较小，在FDI利用能力上的差距较大，而FDI扩散能力差距却很大。同时，西部的FDI利用能力和扩散能力分别高于中部，但由于资源结构和集聚原因，中部的FDI吸收能力低于西部（见表3－11）。中部FDI利用能力较低，扩散能力更低，这是中部FDI吸收能力低的主要原因。这说明，地区FDI利用能力指数份额等于30，是一个“门槛”水平。如果区域FDI利用能力指数低于30，不但FDI利用能力低，进而影响FDI扩散能力，因为FDI进入又与地区扩散能力有较高的相关性。西部FDI利用能力和扩散能力比较低，是西部地区FDI规模在低水平上徘徊的主要原因。

表 3－11　我国地区 FDI 吸收能力指数

区域	吸收能力	引进能力	利用能力	扩散能力
东部	289.0605	33.61	32.41	29.44
中部	82.5506	31.24	16.97	12.07
西部	103.0745	32.67	21.65	14.32
全国	474.6865	97.52	71.04	55.84

资料来源：根据表 3－5 和表 3－9 相关数据计算。

第五节　地区 FDI 与 FDI 吸收能力的计量分析

地区在实际吸收 FDI 过程中，FDI 吸收能力的发挥还受到政策、区位、文化等非物质资源（隐性资源）的影响，随机因素对地区 FDI 吸收能力发挥的影响也不可忽视。即使 FDI 吸收能力与实际吸收 FDI 存在较强的相关性，但是 FDI 吸收能力对 FDI 地区分布的解释力总是有限的，不可能完全解释 FDI 分布，因而，对另一些 FDI 吸收能力因素对地区吸收 FDI 作用作估计也是有明显价值的。

一、地区 FDI 与 FDI 吸收能力计量关系

从实际情况看，2002 年我国东部、中部和西部吸收能力份额分别为 60.90%、17.39% 和 21.71%，而东部、中部和西部实际 FDI 份额为 86.63%、9.55% 和 3.82%，中部 FDI 缺口为 45.1%，西部 FDI 缺口为 82.4%。显然，东部处在超能力吸收 FDI 的较佳状态，中部尤其是西部受其他因素制约，吸收能力发挥不足。中西部 FDI 吸收能力中仍有大部分是潜在能力，其实现条件存在较大不足。

邓宁也认为，一国吸引外国直接投资和对外直接投资的数量不能仅仅用经济指标衡量，它还取决于一国的政治经济制度、法律体系、市场机制和政策等等。但是这些因素却难以定量化，估价其对 FDI 的作用也就成为一个难点。在计量模型中，可以把 RAC 以外的因素进行归并，用模型的残值来估计

其作用大小。这样，通过计量经济方法就可以把地区 FDI 序列进行分解。

其一，估算 FDI 吸收能力的显性作用。计量模型：

$$\hat{FDI_i} = \hat{\beta}_0 + \hat{\beta}_i RAC_i \qquad (式 3.5-1)$$

其中，$\hat{FDI_i}$ 为吸收能力决定的 FDI 估计量，$\hat{\beta}_0$ 为常数项的估计量，$\hat{\beta}_i$ 为回归系数的估计量，RAC_i 为地区 FDI 吸收能力指数。

其二，计算 u_i 值：

$$u_i = FDI_i - \hat{FDI_i} \qquad (式 3.5-2)$$

u_i 代表不能为 FDI 吸收能力所解释的那部分 FDI，它也是环境因子 ψ 值的一种衡量，它是随机因素、不可计量的吸收能力因素对地区 FDI 的贡献量。如果 $u_i>0$，表示地区实际吸收 FDI 超过了地区 RAC 决定的 FDI 水平；相反，如果 $u_i<0$，表示地区实际吸收 FDI 没有达到由地区 RAC 决定的 FDI 水平。

其三，为了进一步明确 FDI 吸收能力实现的充分性，引入充足度指数：

$E_i = u_i/\hat{FDI_i} \times 100$

该指数表示地区 FDI 吸收能力向 FDI 竞争力转化的促进因素作用，它有两个含义：一是测量地区 FDI 吸收能力发挥是过度或不足，进而可以预测地区吸收 FDI 的潜力；二是地区非物质资源（政府外资政策）效果，或跨国公司对地区的直接投资偏好。根据充足性指数把地区划分成四类（见表 3-12）。

表 3-12　我国地区吸收 FDI 充足性分类标准

	D_i 值范围	实际吸收 FDI 充足度
第 1 类地区	$D_i>50$	过度充足
第 2 类地区	$0<D_i\leqslant 50$	充足
第 3 类地区	$-50<D_i\leqslant 0$	不足
第 4 类地区	$D_i\leqslant -50$	严重不足

2002 年我国地区实际吸收 FDI 与其 FDI 吸收能力指数的计量模型：

$$FDI_i = 13914.51 RAC_i + u_i \qquad (式 3.5-3)$$

$$\text{Adj. } R^2 = 0.6607 \quad t = 9.6096$$

式 3.5－3 中，调节及 R^2 为 66%，其表明，RAC 指数对地区实际吸收 FDI 的解释力在 65% 以上，地区之间的 RAC 指数相差 1 个单位，则地区 FDI 相差 1.4 亿美元。换言之，地区 RAC 每增加 1 个单位，地区 FDI 增加 1.4 亿美元。

然而，由于受其他 FDI 吸收能力因素的影响，地区实际吸收 FDI 与 RAC 决定的 FDI 水平的偏差也比较明显，但总体上呈现出一定的规律性（见图 3－6）。其一，我国 31 个地区中充足度大于零的为少数，大部分处在吸收能力发挥不足的状态。在 31 个地区中，只有 7 个地区吸收 FDI 充足，占地区数的 22.58%，在 24 个吸收 FDI 不足的地区中，又有 15 个地区吸收 FDI 严重不足，接近地区总数的一半。其二，从东到西，吸收 FDI 充足性呈递减态势。东部、中部和西部吸收 FDI 的充足度为 5.91%、－53.20% 和－75.22%。中部只有江西的 FDI 吸收能力发挥充足，其他地区吸收 FDI 不足。西部 12 个地区全部处在吸收 FDI 不足的状态，其中大部分吸收 FDI 严重不足（见表 3－13）。

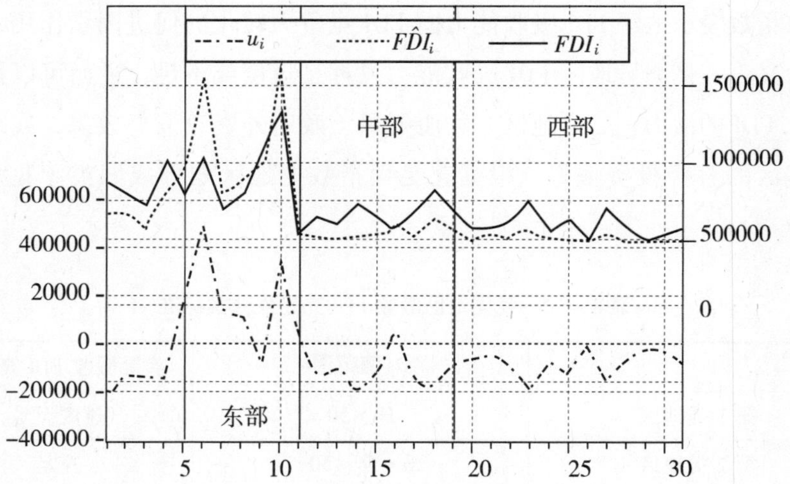

图 3－6　地区 FDI 与 FDI 吸收能力关系

不难看出，由于西部地区受远离国际市场、资本市场发育程度低、政策不力等因素影响，使西部 FDI 吸收能力不能充分发挥。因此，建立并完善西部 FDI 吸收能力发挥的系统条件，仍是一个现实而迫切的问题。

表 3-13　2002 年我国地区吸收 FDI 的充足度　　单位:%

地区	充分度	地区	充分度	地区	充分度	地区	充分度
北京	-54.8083	山东	-16.544	河南	-79.2418	云南	-91.6755
天津	-45.3870	广东	39.0562	湖北	-55.3758	西藏	-100.0000
河北	-65.4323	海南	186.0616	湖南	-47.2842	陕西	-81.4332
辽宁	-30.7658	山西	-87.4110	内蒙古	-78.9603	甘肃	-91.3956
上海	62.1813	吉林	-78.9785	广西	-47.7007	青海	-76.1502
江苏	95.4615	黑龙江	-85.0574	重庆	-83.406	宁夏	-93.2783
浙江	67.0001	安徽	-78.1193	四川	-77.6745	新疆	-97.6791
福建	46.2283	江西	110.9274	贵州	-94.5257		

二、地区 FDI 决定因素的实证分析

地区 FDI 吸收能力是由众多吸收能力因素聚合而成的，尽管变量权重在一定程度上反映了变量对整体吸收能力作用的大小，但这不足以全面衡量变量对地区 FDI 吸收能力形成过程中的作用。实际上，每个因素对整体吸收能力的贡献是明显不同的，另外，由于多变量之间很可能存在一定的共线性，发现 FDI 吸收能力的决定因素仍具有重要价值。由于实际 FDI 与 FDI 吸收能力指数之间具有较高的线性相关性，因此，寻找 FDI 吸收能力的决定因素转化为对地区 FDI 决定因素的识别。

地区 FDI 与其吸收能力因素之间的相关性有较大的差异。地区 FDI 与 FDI 企业的中资配套规模、独资企业数、地区专利批准数、高技术出口、社会消费品零售总额和 GDP 的相关系数在 0.8 以上，它们是 FDI 吸收能力的重要因素；非 FDI 工业规模等 9 个因素的相关系数在 0.5～0.8 之间，它们也是比较重要的；FDI 与其他因素相关性比较小（见表 3-14）。

表 3-14 实际 FDI 与吸收能力因素的相关系数

因素	相关系数	因素	相关系数	因素	相关系数
x_{10}	0.8766	x_{17}	0.7001	x_3	0.4493
x_4	0.8624	x_{12}	0.6817	x_{14}	0.4315
x_{16}	0.8544	x_{11}	0.5795	x_7	0.3427
x_6	0.8428	x_{20}	0.5710	x_5	0.2980
x_2	0.8386	x_{15}	0.5652	x_{21}	0.1345
x_{13}	0.8063	x_9	0.5236	x_8	0.1072
x_{18}	0.7174	x_{19}	0.4531	x_1	-0.0940

根据表 3-5 及附表 2 相关数据计算。

值得一提的是，地区 FDI 与地区自然资源禀赋为负相关，也就是说，自然资源越丰富，FDI 进入得越少。这与传统 FDI 理论是相悖的，称其为“自然资源悖论”。从我国自然资源禀赋和 FDI 区域分布看，外商直接投资与自然资源禀赋之间大体呈负相关关系（魏后凯等，2002）。这起码说明，进入我国的 FDI 中，自然资源导向型 FDI 不是主流。

统计上，地区 FDI 吸收能力决定因素的差异对 FDI 的分布起着至关重要的作用。地区区位优势使跨国公司当地生产的利润高于国内生产再出口到海外市场所赚取的利润。这种区位优势不仅包括资源禀赋，还包括经济和社会因素，如市场规模和结构，市场发展的前景和潜力，文化、法律、政治和制度环境、政府法制和政策等等。然而，在邓宁 OLI 范式中，代表一国 FDI 输出能力的是跨国公司的垄断优势和内部化优势，它们是微观变量，而东道国区位因素是宏观指标。目前，一般只能假设在跨国公司优势不变的条件下，在东道国的区位优势因素中来分析 FDI 的决定因素。同样地，在技术上，只有在假设跨国公司对我国地区直接投资能力不变的条件下，在地区层面上才可能用计量模型寻找对地区 FDI 的决定因素。

我国是一个发展极不平衡的大国，地区 FDI 吸收能力的差异较大。从总体看，我国地区 FDI 具有决定性因素的存在，然而从区域看，东部、中部和西部的 FDI 吸收能力差异可能导致不同的 FDI 吸收能力模式。是否存在不同区域 FDI 吸收能力模式，在计量经济方法中设定虚拟变量来实现。基于此，计量经济模型为：

$$FDL_i = \hat{\beta}_0 + \sum_{j=1}^{21} \hat{\beta}_j X_{ji} + \sum_{d}^{3} \hat{\beta} D_d \qquad \text{（式 3.5－4）}$$

其中，$\hat{\beta}_0$ 为常数项的估计量，$\hat{\beta}_j$ 为回归系数的估计量，X_{ji} 为决定因素，$\hat{\beta}_d$ 为区域虚拟变量回归系数的估计量；D_d 为虚拟变量，表示区域吸收 FDI 的模式，东部地区 $D_1 = 0$，其他 $D_1 = 0$；中部 $D_2 = 1$，其他 $D_2 = 0$；西部，$D_3 = 1$，其他 $D_3 = 0$。

我们把 2002 年地区的 21 个变量的 31 组数据分别代入式 3.5－4 进行回归分析，其回归方程：

$$FDI_i = 43.1468X_{i3} + 42.6191X_{i20} + 99322.36D_2 + 56876.68D_3 + u_i \qquad \text{（式 3.5－5）}$$

$$(8.0609) \quad (6.2011) \quad (-2.6185) \quad (-2.0362)$$

$$\text{Adj. } R^2 = 0.8907, \; F = 59.877$$

式 3.5－5 的调节 R^2 达 89%，对地区吸收 FDI 有较高的解释能力。一方面，x_3 与 x_{20} 的相关系数为 0.6234，小于经验临界值 0.8 水平；另一方面，变量的容忍度（Tolerance）最小值为 0.436，方差膨胀因子（VIF）全部小于 10；此外，没有多维度的特征根（Eigenvalue）约等于 0。因此，变量之间的共线性不严重，模型对地区 FDI 分布具有解释力（见表 3－15）。

表 3－15　模型（式 3.5－5）的共线性检验

变量	Tolerance	*VIF*	Eigenvalue
x_3	0.436	2.291	1.131
x_{20}	0.453	2.207	5.791×10^{-2}
D_2	0.568	1.761	0.998
D_3	0.622	1.607	0.237

式 3.5－5 表明，地区 GDP 和地区高技术出口是地区吸收 FDI 的决定性因素，同时，中西部与东部具有不同的吸收 FDI 模式。

第一，GDP 对 FDI 有较强的吸收能力。GDP 是一个地区经济实力的象征，既反映地区经济规模，又反映地区市场规模。式 3.5－4 显示，地区 GDP 增加 43 亿元，地区 FDI 增加 1 万美元。换言之，地区 GDP 相差 43 亿元，则地区吸收 FDI 相差 1 万美元。研究表明，GDP 每增长 1，相应的 FDI 流入量增长 1.246%。人均 GDP 也对 FDI 有一定的作用，但影响远不及 GDP（鲁明泓，1997）。GDP 总量规模越大，不仅反映地区消费市场的容量较大，而且反映了地区经济基础较雄厚，工业和第三产业配套条件比较好，外商可以获取集聚规模产生的外部资源。

GDP 作为我国地区 FDI 的决定因素，对地区 FDI 吸收能力有重要意义。其一，GDP 代表市场规模和潜在市场。这对市场导向型投资有很大影响，GDP 越大，该区位越有吸引力（Broadman and Sun，1997）。以 GDP 为市场变量，我地区市场规模每增加 1%，分别在 1987—1991 年、1992—1996 年带来 0.61% 和 1.07% 的外商直接投资的增加（魏后凯等，2002）。这个结果与布罗德曼和孙（Broadman and Sun，1997）的研究结果是一致的。这表明，地区 GDP 越大，地区"以市场换 FDI"的能力就越强。其二，GDP 代表一个地区的经济规模，经济规模越大意味着其中的经济主体越多，从而投资机会越多，合作伙伴也容易获得（贺灿飞、陈颖，1997）。跨国公司容易获取由地区集聚效应配置的外部资源，有利于减少综合成本。因而，地区 GDP 规模越大，吸收 FDI 容量就越大，大市场吸收大资本。

第二，高技术发展对 FDI 技术有较强的利用和扩散能力。高技术是一个相对的概念，是指建立在现代科学知识和前沿研究的基础上，对社会经济发展和进步起主导作用，并能促使人们的生产和生活方式发生重大转变的技术群。经济合作发展组织第一次出现时标志在 1988 年为高技术下的定义为：高技术是指那些需要以充分的活力和持续进步的研究和开发为基础的迅速发展和高度综合的经济部门。

高技术产业改变了地区竞争的模式。地区与地区的竞争是综合实力的竞争，归根到底是高技术产业的竞争。高技术产业不仅成为推动地区经济全面发展的主要动力，而且还改变了产业的地区竞争模式。高技术出口竞争力比较强的地区，也是高技术产业比较发达的地区，同时也是吸收 FDI 比较强的地区。

地区高技术出口由当地企业贡献决定，但与 FDI 大量进入高技术产业有直接关系。2002 年，FDI 工业对我国工业增加值贡献率为 19.75%，FDI 企业对电子及通信设备制造业高达 54.81%，居首位，对医药制造业的贡献率为 17.75%。同年，FDI 企业高技术出口占全国高技术出口总额的 82%（江小涓，2002），我国 31 个高技术出口额与 FDI 企业出口额的相关系数高达 0.987。这说明，FDI 企业出口能力较强的地区也是高技术出口能力较强的地区。然而，高技术产业对地区发展的作用不局限于对出口竞争力的提升，更主要的还在于对产业结构升级和增长方式转变方面的影响。高技术产业具有较强的扩散效应、带动效应和辐射作用，可以有力地提升地区技术创新能力，这对地区 FDI 的利用能力和扩散作用起着决定性作用。

第三，中西部吸收 FDI 的独具模式。由于中部和西部的虚拟变量在 5% 的水平上显著，这表明，相对东部来说，中部和西部都具有独特吸收 FDI 的模式；同时，由于虚拟变量的系数为负值，表示中部和西部吸收 FDI 能力发挥不足，仍有潜力，但这种潜力实现受其他吸收能力因素的制约，这方面中部比西部更突出。

因此，要充分发挥西部的 FDI 吸收能力，改善 FDI 吸收能力的实现条件是必须的。大的方面仍是要调节 GDP 和高技术发展的地区结构，如果西部 GDP 对 FDI 引进能力难以提高，高技术发展不加速，FDI 吸收能力结构就难以提升，在吸收 FDI 规模上难有突破性进展。

第四章　西部 FDI 引进能力

在地区引进能力结构中，西部 FDI 引进能力与东部和西部也不分上下。然而，在西部的 FDI 吸收能力结构中，FDI 引进能力大大超过 FDI 利用能力和扩散能力，尽管西部的发展水平较低，技术存量也相对不足，但西部在劳动力成本、自然资源等方面具有一定的比较优势。同时，由于西部受发展水平、自然资源、产业结构、周边环境影响，其实际 FDI 引进能力低于理论评价水平。本章就西部 FDI 引进能力中的几个方面进行深入分析。

第一节　西部发展阶段与 FDI 引进能力

FDI 吸收能力与发展阶段有明显的关系。在不同的发展阶段，产业结构、城市化水平、收入水平、集聚效应都有显著的不同。越是发展滞后的地区，其 FDI 引进能力受发展阶段的制约越明显。

一、西部地区发展阶段

地区 FDI 利用能力是一个地区所处的经济发展阶段的综合体现，它客观地反映一个地区引进国际直接投资并从中获利的能力。从这一意义上讲，发展阶段有不同于由人均 GDP 指标为标志的一种发展水平，它是由一系列各种结构性的能力指标所决定的，并具有质和量的规定性。与吸收 FDI 联系在一起，地区发展阶段更多的是指由不同地区体现出来差异很大的要素禀赋结构决定的 FDI 引进能力。处于较高发展阶段的地区，具有集中市场、较高技术水平和较丰富人力资源，有引进高质量 FDI 的能力；处于较低发展阶段的地区，尽管在要素成本、自然资源等方面也具有比较优势，但 FDI 引进能力受城市水平、人均收入、产业结构等因素制约比较突出。

在发展阶段的众多理论中，工业化阶段与发展阶段的内涵是一致的。由于工业化意味着传统的农业社会向现代社会转变的过程，这种过程既是生产方式、生产工具不断演变的过程，也是整个经济结构转换的过程。工业化水平不仅代表了一个地区经济发展的水平，而且也反映了一种经济增长方式。对工业化水平判断的重要意义在于它可以从总体上和结构上认识地区经济发展的水平与特征，为未来地区社会经济发展、发展模式和结构调整找到客观依据，也为提高地区FDI引进能力指明方向。

目前，世界很多国家采用H. 钱纳里和S. 库兹涅茨对工业化发展阶段的判断标准，此标准把工业化进程分成工业化前的准备阶段、工业化实现和高速经济增长阶段、工业化后的稳定增长阶段三个阶段。钱纳里等以人均GDP、资本平均增长率和劳动力平均增长率作为定量指标，库兹涅茨以人均GDP、三次产业的GDP结构、三次产业的就业结构和城市化率四个指标来划分工业化阶段。这里所以采用库兹涅茨的统计分析Ⅰ、Ⅱ的综合指标体系（见表4-1），原因在于：①库兹涅茨的综合指标体系比钱纳里的指标体系更加全面。虽然人均GDP指标反映了社会经济的发展，它并不能完全反映工业化水平的提高。对于经济结构极其单一的国家（例如石油输出国），人均GDP的提高并不意味着工业化程度的提高。②库兹涅茨的指标体系能反映产业结构演化与升级趋势。从理论和实践的情况看，经济发展是从“农业经济为主”向“工业经济为主”，最后向“服务业为主”的社会演进。库兹涅茨将三次产业的GDP结构和三次产业的就业结构纳入评价体系中正是反映了社会经济发展的演进过程，同时这些指标还具有纵向和横向的可比性。③库兹涅茨将城市化率纳入评价指标体系中，使其体系更加完整。城市化率的提高是社会经济发展的必然结果，城市赖以存在的经济、政治、文化和教育等可以综合反映城市人口生活的质量水平。

表4－1　库兹涅茨工业发展阶段的统计分析标准

工业化发展阶段		人均GDP（美元/人）	三次产业GDP结构 第一产业（%）	三次产业GDP结构 第二产业（%）	三次产业GDP结构 第三产业（%）	三次产业就业结构 第一产业（%）	三次产业就业结构 第二产业（%）	三次产业就业结构 第三产业（%）	城市化率（%）
工业化前的准备阶段		219以下（100以下）	49.8	22.8	27.4	80.5	9.6	9.9	22.9
		219～417（100～199）	32.7	28.6	38.7	63.3	17	19.7	32
工业化的实现和经济高速增长阶段	工业化初期	417～554（200～349）	33.7	29	37.7	46.1	26.8	27.1	36.0
	工业化中期	554～1476（350～574）	15.1	39.4	45.5	31.4	36.0	32.6	49.9
	工业化成熟期	1476～4536（575～999）	14	50.9	35.1	24.2	40.8	35.0	65.8
工业化后期的稳定增长阶段		5373以上（1000以上）	<14	<50	>36	<17	<45.6	>37.4	68.2

注：表中的人均GDP是修正值，修正模型见附录4－1，括号内为1958年人均GDP。

库兹涅茨的人均GDP是1958年的标准。1958以来，美元币值变化，世界经济发展格局也发生了较大变化，因此，库兹涅茨的原人均GDP标准已不符合现在的情况，仍需修正。如果只是单纯用汇率变化的情况推算出不同时期的可比标准以确定工业化水平，也不符合实际。因为，一方面在浮动汇率的体制下汇率经常发生波动，而另一方面工业化水平却是一个相对稳定的指标，更为重要的是各国实施的汇率政策存在较大的差异，用汇率变化直接换算的结果很难进行横向比较。这里，在对2000年62个国家城市化率和人均GDP关系的研究中发现它们之间的相关关系（见附录4－1），据此用推算出的2000年人均GDP来替换库兹涅茨1958年的人均GDP指标，与其他指标一起形成新的评价标准（见表4－1），作为我国和地区的工业化水平或经济发展阶段。

随着世界工业进程发展，一方面，传统工业化道路的缺陷日益明显，可持续发展提到了重要的发展日程上来；另一方面，技术发展尤其是高技术发展显示出技术对经济发展的决定作用，高技术发展同时改变着世界各国竞争的格局。这意味着工业化的后发国家可以走一条不同于传统工业化的发展道路。在世纪之交时，我国学者（甘智和等，2000年）提出了新型工业化概念，并提出了相应标准（见表4-2）。

表4-2 新型工业化的评价标准及评价值

项目	指标	标准	评价值
人均收入水平	人均GDP（美元）	2000~5000	3000*
产业结构	第一产业增加值比重（%）	≤10	10
	第二产业增加值比重（%）	≥40~50	45
	第三产业增加值比重（%）	≥40~50	45
	第一产业就业比重（%）	≤30	30
	第二产业就业比重（%）	≥30	30
	第三产业就业比重（%）	≥40	40
外贸对构	制成品占出口比重（%）	≥80	80
技术进步	技术进步贡献率（%）	≥50	50
消费结构	恩格尔系数	≤0.3	0.3

*人均GDP 3000美元为全面小康社会标准。

我国区域发展阶段存在较大差距，即使是西部地区之间发展水平也有较大差距。一个地区跨入工业经济时代后所表现出的产业结构特征是：①第二产业GDP份额上升，第一产业GDP份额下降；②工业化带动了城市化，农村人口工业化进程加速，第一产业就业份额有较大幅度下降。这种特征在西部地区反映程度不同，这意味着西部地区工业化进程离新型工业化标准有明显差距（见表4-3）。这主要表现在以下几方面：

第一，从人均GDP看，西部已进入工业化的中期阶段，与新型工业化差距仍大于全国水平。人均GDP是衡量工业化水平的重要指标，也是经济发展水平的重要指标。贵州、甘肃的人均GDP仍处于工业化初期的水平，其他西部各地区已达到工业化中期阶段的水平。然而，西部对小康标准的3000美元/人的实现程度仅为23.33%，低于全国33%平均水平约10个百分点。这表明，西部人均GDP水平距离新型工业化标准仍然存在较大差距，发展的任务还比较艰巨。

表 4－3　2002 年全国、西部工业化的综合实现程度

	人均GDP（美元）	三次产业 GDP 结构			三次产业就业结构			恩格尔指数（%）	新型工业化实现度（%）	工业化初期实现度（%）
		第一产业（%）	第二产业（%）	第三产业（%）	第一产业（%）	第二产业（%）	第三产业（%）			
全国	990	15.4	51.1	33.5	50.0	21.4	28.6	37.70	65.52	125.43
内蒙古	876	23.22	40.53	36.26	55.77	15.46	28.77	31.53	57.82	106.98
广西	617	25.21	35.49	39.30	61.21	10.24	28.55	40.67	49.71	92.77
重庆	767	16.75	41.59	41.67	52.19	17.17	30.64	38.03	60.54	116.43
四川	697	22.20	39.73	38.07	57.07	15.66	27.28	39.83	54.71	103.69
贵州	381	25.27	38.67	36.06	65.30	9.46	25.23	38.90	44.98	83.32
云南	626	21.72	42.49	35.80	73.28	8.82	17.90	41.58	46.13	85.81
西藏	737	27.01	23.20	49.79	69.57	6.21	24.22	40.81	43.90	81.90
陕西	668	15.57	44.26	40.16	53.53	16.48	29.99	34.08	61.59	114.33
甘肃	543	19.31	44.85	35.84	59.54	13.38	27.08	35.40	53.92	99.96
青海	777	14.22	43.92	41.86	56.37	13.79	29.84	36.70	60.66	115.00
宁夏	702	16.61	45.03	38.35	55.35	19.43	25.19	34.76	60.18	112.92
新疆	1014	19.40	42.44	38.17	55.85	13.66	30.48	33.94	59.69	112.56
西部	700	21.00	40.72	38.28	59.93	13.29	26.77	37.18	54.18	101.61

注：①为城市居民恩格尔指数。②美元汇率为 8.27。③第一产业 GDP 份额、第一产业就业份额和恩格尔指数为反向指标，其他为正向指标。④工业化初期实现度没用恩格尔指标。⑤指数评价方法为几何平均法。

第二，从产业结构看，西部三次产业的 GDP 结构已达工业化中期水平，但三次产业就业结构仍然在工业化初期水平上。西部第一产业的 GDP 比重高于全国水平，第二产业 GDP 比重低于全国水平约 10 个百分点。西部地区第一产业就业比重水平处在工业化准备阶段向工业化初期过渡的阶段上，云南的第一产业就业比重还处在工业化前的准备阶段。三次产业的 GDP 结构超前于三次产业就业结构，这表明西部地区的二元经济结构比较突出，工业化并没

有带动人口工业化和城市化，60%就业人口从事农业生产，其连锁问题则是市场需求低，经济集聚效应不显著，人力资源质量低，经济增长质量不高。显然，西部大部分人口还在工业化进程之外，农村人口工业化的任务还比较重。

第三，从消费结构看，西部恩格尔指数略好于全国水平。西部恩格尔指数低于全国水平，但相差不大，西部城镇居民和农村居民消费结构的差别却很大。西部城镇居民的恩格尔指数为37.18%，而农村恩格尔指数为50.69%，其中西藏农村恩格尔指数高达63.75%。这说明，西部农村居民还不够富裕，未能更多地分享工业化的好处。

综合各项指标，2002年西部已跨入工业化中期，新型工业化的实现程度为54.18%，还有近一半路途。由于各项指标实现程度不平衡，西部三次产业GDP结构取得了较大的进展，呈现“二三一”的发展趋势，人均GDP、农村人口工业化方面指标缺口较大，对西部工业化的挑战仍是巨大的。

不难看出，与全国水平相比，西部的工业化水平低于全国水平，处于较低的发展阶段上，但差距还不是太大。但与东部较发达地区相比，这种差距却很大。从人均GDP看，2002年东部人均GDP为2119美元，其中上海最高达4915美元，西部人均GDP分别为东部的33%，上海的14%，贵州人均GDP仅为上海的8%。从结构看，西部地区第一产业占GDP比重比东部地区高出10个百分点，第一产业劳动力比重比东部地区高出20个百分点。综合看，东部地区对新型工业实现率为87.21%，对工业化中期的实现程度达103.49%，已进入工业化成熟期。显然，我国东、西部在经济发展阶段上存在着明显的差距，东部超前西部一个发展阶段，东部有的发达地区超前西部某些地区两个阶段。总体上，大多数西部地区尚处于工业化的初级阶段。

二、直接投资发展阶段划分

邓宁的投资发展周期理论实质上是直接投资的发展阶段理论。与钱纳里和库兹涅茨对工业化阶段的划分有异曲同工之处。尽管两者存在一定的时间差距，划分的阶段也并非一一对应，但两者均揭示了经济发展的内在规律。直接投资是工业化的产物，一国净直接投资也随工业化进程的变化而呈现出周期变化。实际上，邓宁的国际直接投资发展阶段理论仍然是在他的国际生产折中理论的基础上，通过引入宏观经济变量，来说明随经济发展阶段变动而发生的国际直接投资演进程度及表现特征。邓宁在国际直接投资各阶段的分析中引入时间变量，就把国际生产折中理论从静态模型变为动态模型，进而深化了经济发展阶段与国际直接投资相互关系的理论分析。

但是，随着世界政治经济格局发生变化，世界经济一体化进程加快，该理论与当代国际直接投资的实际情况有许多不吻合之处。人均收入越高，人均净对外投资量就越大，这一结论难以经受住实践检验（邹昭晞，2002）。在过去二十多年里，一方面，人均 GNP 有了较大幅度的提高，而且发达国家与发展中国家发展差距扩大，以人均 GNP 确定一国直接投资阶段会出现与现实不符的情况。虽然可以用不同方法对人均 GNP 进行修正，但发现低水平国家和中等收入国家人均 GNP 过于偏高，与国际直接投资特点不符。我国学者仍采用邓宁原来的标准作理论分析（刘跃生，1999；鲁明泓，2000；李东阳，2002 等）。另一方面，人均 GNP 来源和构成比较复杂，人均 GNP 与其直接投资特征差异太大。因此，仍然存在对邓宁直接投资阶段的人均 GNP 标准作修正的必要，也有必要对直接投资阶段重新划分。

对世界 46 个样本国家数据研究表明，人均 GDP 和净引进 FDI 之间的关系并非线性关系，而是非线性关系（见图 4－1）。所建立的回归方程：

$$\Delta \hat{FDI}_i = 6.21 \times 10^{-9} GDPP_i^3 - 4.71 \times 10^{-4} GDPP_i^2 + 5.8796 GDPP_i \quad （式 4.1－1）$$

式 4.1－1 中，$\Delta FDI = FDI$ 流入 $- FDI$ 流出，$GDPP$ 为人均 GDP。式 4.1－1 有三个零解，$GDPP_0 = 0$，$GDPP_2 = 15757$，$GDPP_3 = 60089$，显然，第三个根是无意义的。4.1－1 式有一个最大值点即 $GDPP^* = 5056$。当 $GDPP < 5056$ 时，FDI 流入的增长率大于 FDI 流出的增长率，ΔFDI 由零不断增加；当 $GDPP =$ 5056时，$\Delta FDI = 0$，ΔFDI 达最大值；当 $5060 < GDPP < 15757$ 时，FDI 流出的增长率大于 FDI 流入的增长率，ΔFDI 不断下降；当 $GDPP > 15757$，ΔFDI 向负方向不断增加。根据这个规律，可以把直接投资发展阶段划分为三个阶段：

第一阶段：初期阶段，即强引进 FDI 阶段（$G_0 \sim G_1 = G^*$）。这个阶段的主要特点是以吸收 FDI 为主导，流入的 FDI 占绝对优势，FDI 流出较少，净吸收直接投资随经济发展阶段上升而不断增大，直到最大值。在此阶段包含了不发达国家和发展中国家（见表 4－4），FDI 的流入对东道国的工业化进程起着积极的促进作用，同时，随着东道国经济的发展，FDI 引进能力也逐步增强。

第二阶段：中期发展阶段即弱吸收 FDI 阶段（$G_1 \sim G_2$）。这个阶段对应后起工业化国家（见表 4－4），其主要特点是 FDI 流入的主导地位逐步下降，FDI 流出地位逐步上升，净吸收直接投资随经济发展不断减小，直到为零。

第三阶段：成熟阶段即为净对外直接投资阶段（$G_2 \sim G_3$）。这个阶段对应高收入国家（见表 4－4），主要特点是 FDI 流入的主导地位一步下降，FDI 流出地位逐步上升，居主导地位，净吸收直接投资小于零，并且随经济发展不断向负方向增加。

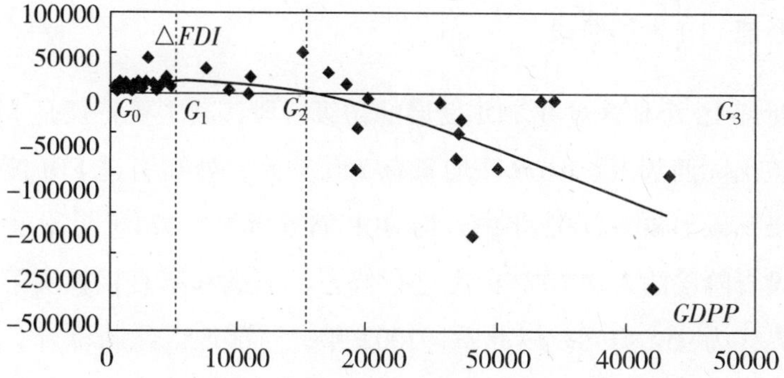

图 4－1　人均 GDP 与净吸收 FDI 的关系

表 4－4　世界各国在净引进直接投资发展阶段的分布

直接投资阶段	人均 GDP（美元）	国　家
第一阶段	0～5056	阿塞拜疆、吉尔吉斯、印度、巴基斯坦、玻利维亚、白俄罗斯、埃及、菲律宾、保加利亚、罗马尼亚、立陶宛、拉脱维亚、突尼斯、俄罗斯、爱沙尼亚、土耳其、泰国、墨西哥、波兰、委内瑞拉、克罗地亚、匈牙利、马来西亚、智利、捷克
第二阶段	5056～15757	阿根廷、斯洛文尼亚、葡萄牙、韩国、希腊、西班牙
第三阶段	＞15757	新西兰*、爱尔兰*、英国、意大利、加拿大、芬兰、荷兰、法国、瑞典、美国、德国、挪威、丹麦、日本、瑞士

注：＊表示异常国家。

对照表4－1和表4－4可看出，直接投资发展阶段与工业化阶段有吻合之处。如果把工业化成熟阶段与后工业化阶段过渡的人均GDP分界线定为4955美元（4536与5373的平均值，这也正是目前世界人均GDP的平均值），那么，FDI初期发展阶段涵盖了前工业化阶段和工业化进程三个阶段。也就是说，工业进程仍是一个强吸收FDI过程，只有当实现工业化后，对外直接投资能力逐步增加，引进FDI占FDI比重逐步下降。当然，这种直接投资阶段划分还比较粗，没能对工业化进程中的直接投资阶段作细分。尽管如此，这对我国西部地区FDI引进能力分析不失其意义。

三、西部FDI发展阶段

我国西部12个地区处在FDI发展的初级阶段，其主要特征是FDI流入远大于FDI流出。西部人均GDP平均只有700美元，处在引进FDI能力最弱的阶段。如果，以1980—2002年的人均GDP缩减指数2.374（见附录4－2）对邓宁直接投资阶段的人均GDP标准进行修正，那么邓宁直接投资第一、第二阶段的分界线为950美元。以此看，2002年，西部地区除新疆外，其他地区均处在邓宁直接投资的第一阶段。事实上，邓宁对第一、第二阶段的国际直接投资特征未作明确界定，从而暗含着这两个阶段之间质变并不明显，均属国际直接投资不活跃阶段。

处在FDI发展的初期阶段，西部通常选择引进技术含量较低的FDI，这是由发展初期西部地区FDI吸收能力水平所决定的。当然，由于西部地区的发展仍有较大的不平衡性，产业配套能力和技术创新能力也有较大差距。对于陕西、四川等地区具有对一些资本相对密集的中等技术FDI，如汽车制造业、机械设备制造业等引进能力，这些产业跨国公司容易进入，而且控制程度较高，其目的是占领市场。

第二节　西部FDI引进能力与自然资源悖论

任何地区的FDI吸收能力都是建立在地区资源环境基础上的，因而一个地区的资源禀赋对地区FDI吸收能力有着决定性影响，地区资源结构决定着地区 FDI 能力结构。这种资源结构主要体现在自然资源丰度和社会资源丰度的比例关系上。由于我国地区资源结构差异很大，东部地区社会资源具有比较优势，西部地区自然资源又具有比较优势。由于自然资源是一种非活性的初级资源，其对 FDI 吸收能力作用主要体现在引进能力的贡献上。即使我国地区自然资源丰度与我国地区实际吸收 FDI 的关系是负相关的，即产生自然资源“悖论”，但自然资源对地区 FDI 引进能力仍起着一定的作用。

一、我国地区自然资源分布与 FDI 分布的相关关系

随着世界人口增加、经济总量规模扩大，发达国家可利用的不可再生资源数量不断下降，争夺自然资源的竞争也日趋激烈。在世界范围内寻找自然资源，也成为许多跨国公司直接投资的动机之一。起初，发达工业化国家具有完备的工业体系，然而随着发达工业化国家产业结构升级，其产业价值链不断重组。在产业链再造过程中，跨国公司往往把中间产品尤其是初级产品生产向发展中国家转移，在发展中国家直接投资生产自然资源密集产品，以替代初级产品贸易进口。这方面日本跨国公司的表现更突出一些。

小岛清（1977）在《对外直接投资论》中，在传统的比较原理基础上，提出了日本式的直接投资理论。小岛清将对外直接投资的动机分为几种类型：

（1）自然资源导向型。这种对外直接投资的目的是为克服国内的自然资源瓶颈问题，增加国内已失去的比较优势，或在国内无法生产的产品的进口。这使 FDI 流入自然资源充足的国家和地区，从而形成最终产品生产国与初级产品生产国之间的垂直分工。由于初级产品附加值低，使得利润分配扭曲，资源国利润将被掠夺。

（2）劳动力导向型。发达国家劳动力成本不断上升，因而将国内传统劳动力密集型产业转移到劳动力成本较低的国家。这种国际直接投资重新调整了国际分工布局，使国际贸易增加。这种直接投资主要是转移劳动力密集型产品生产，使东道国成为投资国及第三国的生产基地。

（3）市场导向型。随着世界经济区域化、集团化进程加速，出口贸易越来越处于劣势地位，使投资输出国转而出口零部件、中间产品、机器设备，并在东道国设厂加工最终产品，从而保持市场份额。

小岛清认为，日本的对外直接投资是立足于国内资源匮乏、市场狭小的基本国情，其对外直接投资多为自然资源的开发与出口，进行了标准化的劳动力导向型的生产转移。东道国在自然资源、劳动力上具有明显的或潜在的比较优势，只是由于资金和技术等原因，使这些国家迟迟不能充分利用这些比较优势。日本直接投资输入，产品可在东道国、日本和第三国的市场上销售，同时，促进了东道国和日本产业结构的优化组合和发展。

我国地大物博，是世界上自然资源比较丰富的国家，然而人均自然资源拥有量却远低于全世界平均水平。FDI 进入我国是否看中我国地区自然资源?自然资源对 FDI 引进能力会起多大作用?

顾名思义，自然资源是来自大自然且对人类生活生产有用的物质要素。在对经济系统分析时，往往反映的是土地资源、林木资源、水能资源和矿产资源的分别统计。自然资源是地区经济发展的内在因素和自然物质基础，自然资源的分布特征和开发深度直接影响到地区经济的类型和产业结构。出于数据的限制和研究的目的，在此以地区的能源产量来近似地表达地区自然资源的丰度，并通过标准煤折算系数将原煤、石油、天然气折算成标准煤（见表 4－5）。

进一步统计表明，东部、中部和西部的能源份额为 28.55%、43.22% 和 28.23%。中部能源资源比较丰富，主要是山西的煤资源较丰富，东部与西部总能源生产能力相当。然而，目前，我国 FDI 的 85% 分布在东部，西部 FDI 份额不足 5%。很明显，我国地区自然资源分布与 FDI 分布存在较大差异性。2002 年，我国地区自然资源分布结构与地区 FDI 分布结构的相似系数仅为 0.2933，我国地区自然资源分布与 FDI 分布的相关系数为 －0.0975。这表明，在我国自然资源越丰富的地区，FDI 分布反而少，这与传统的理论分析是相悖的，为此称这种现象为“自然资源悖论”现象。

表4-5　2002年我国地区自然资源丰度　　　　单位：万吨标煤

地区	自然资源	地区	自然资源	地区	自然资源	地区	自然资源
北京	905.26	山东	17187.99	河南	11027.81	云南	1470.60
天津	1934.08	广东	2650.44	湖北	878.97	西藏	8.83
河北	6935.04	海南	24.56	湖南	2092.57	陕西	8058.80
辽宁	7413.95	山西	24451.84	内蒙古	9028.20	甘肃	2341.80
上海	128.79	吉林	2501.52	广西	741.59	青海	788.24
江苏	2847.64	黑龙江	13697.29	重庆	1274.17	宁夏	1709.99
浙江	222.99	安徽	6113.49	四川	4691.16	新疆	5264.16
福建	887.98	江西	1478.95	贵州	5290.80		

注：①以石油、原油、天然气、水电四项计算，数据来自《2003中国统计年鉴》。

②原煤折算系数为1，1万吨石油折算1.4925万吨标煤，1亿立方米天然气折算13.433万吨标煤，1亿千瓦时（度）折算1.2836万吨标煤，资料来自中国能源网。

同时，由于自然资源内在结构存在，地区FDI对于不同能源有不同的相关性。在四种能源中，FDI对原煤产量和水电生产量存在负相关关系，原煤产量和水电产量大的地区FD1分布反而小，就此情况而言，煤资源丰富的地方更为突出；FDI对原油和天然气产量是正相关，相比较，FDI对原油的相关性要大一点，但两者相关性都比较小（见表4-6）。

表4-6　2001—2002地区FDI与自然资源的相关矩阵

	FDI	原煤	原油	天然气	水电
FDI	1.0000	-0.1368	0.1333	0.0448	-0.0695
原煤		1.0000	0.1653	0.0399	-0.2298
原油			1.0000	0.2646	-0.2850
天然气				1.000	0.3198
水电					1.0000

我国地区 FDI 与其自然资源的负相关性至少说明，我国自然资源对跨国公司吸引力不大。诚然，原煤、原油、天然气和水电都是自然资源密集产品，无论从何种角度看，其技术吸收能力和创新能力是比较低的，水电生产尤其如此。FDI 在制造业尤其是高技术产业集聚，说明跨国公司的首选是那些制造能力强、技术和人力资源丰富的地区。自然资源密集产业投资周期长、成本高、回报低，与发达国家的产业极差大，转移产业比较困难，因而，许多跨国公司技术不适合进入这些产业。不言而喻，进入我国的跨国公司中，自然资源导向型 FDI 比较少，至少说不是主流。这是产生地区“自然资源悖论”的主要原因。

二、西部自然资源与 FDI 引进能力

纵然地区 FDI 分布与其 FDI 分布之间存在一种不太明显的负相关关系，但 FDI 吸收能力是有结构的，自然资源对地区 FDI 引进能力、利用能力和扩散能力的作用显然不同。自然资源导向型经济地区对 FDI 产业配套能力是差一些，同时，自然资源密集产业的关联效应比较弱，对 FDI 的地区扩散能力比较弱。但毕竟有部分 FDI 流向自然资源开发产业，自然资源对 FDI 引进能力同样产生重要影响。

从相关系数看，2002 年地区 FDI 利用能力、扩散能力与自然资源丰度（NR）是负相关的，其中以地区扩散能力与自然资源丰度的负相关更为突出；地区 FDI 引进能力与利用能力是正相关的，而且相关系数高达 0.716（见表 4 -7），计量模型。

表 4 -7　2002 地区 FDI 吸收能力与自然资源的相关矩阵

	NR	*AC*	*UC*	*SC*
FDI	1.0000	0.7160	-0.0133	-0.0981
原煤		1.0000	0.2672	0.2140
原油			1.0000	0.9591
天然气				1.0000

$$UC = 2.4019 + 0.00016NR \qquad (\text{式}4.2-1)$$

$$(5.5225)(11.4835)$$

$$\text{Adj. } R^2 = 0.4957 \quad F = 30.4986$$

式4.2－1表明，在其他条件不变的情况下，地区能源相差一吨标煤，地区FDI吸收能力指数相差万分之一点六。这就是说，“自然资源悖论”是因为地区自然资源密集产业对FDI利用和扩散能力较弱，导致了具有自然资源优势地区的FDI利用能力反而弱，因而只有少部分FDI分布。

进一步的问题是，由于地区自然资源结构不同，自然资源对西部各地区FDI引进能力也有明显差异。地区FDI引进能力与原煤产量的相关系数最高，为0.633，然而中部原煤产量份额为27.89%，西部明显低于中部，仅与东部相当；地区FDI引进能力与天然气产量的相关系数次之，为0.442，同样，西部的原油产量份额仅为20.16%，没有优势；相反，西部天然气和水电产量份额分别为64.23%和54.09%，具有较强的比较优势（见表4－8）。但是地区FDI引进能力指数与天然气、水电产量的相关系数次分别仅为0.275和0.108。显然，我国地区FDI份额结构与天然气、水电产量结构的相似性较小，相关性不高，这就是西部FDI利用能力小于中部的一个原因。

即使同是西部地区，不同地区之间的能源生产能力配置也有较大差别。相对而言，原煤和水电资源分布比较均匀，除西藏没有煤生产能力外，原煤和水电在西部各地都有生产能力分布，其中西北煤炭保有储量为770.81亿吨，占全国的12%，水电生产主要集中在广西和西南地区。西南地区西藏的水能资源就占全国能源资源的1/3，加上其他三省水能资源的理论蕴藏量为2.73亿千瓦，占全国总量的40.3%，西南地区可开发水能资源2.32亿千瓦，占全国的67.8%。西北地区水能资源的理论蕴藏量为8417.69亿千瓦，占全国总量的12.5%，西北地区可开发水能资源占全国9.9%。加上广西和内蒙古，西部占全国水能装机容量的76.9%。天然气产地主要集中在四川、陕西和新疆，原油生产力主要在西北（见表4－8）。仅以此看，西北地区FDI引进能力要比西南地区大一些。

表 4－8　2002 年我国区域及地区能源产品产量

地区	原煤（亿吨）	原油（万吨）	天然气（亿立方米）	水电（亿千瓦小时）	地区	原煤（亿吨）	原油（万吨）	天然气（亿立方米）	水电（亿千瓦小时）
东部	2.88	7221.25	71.75	465.24	云南	0.12	0	0.15	209.24
中部	5.16	6152.72	44.96	666.54	西藏	0	0	0	6.88
西部	3.11	3377.52	209.62	1333.41	陕西	0.59	1063.77	40.04	25.92
内蒙古	0.89	3.73	8.49	6.69	甘肃	0.21	63.24	0.87	105.74
广西	0.05	3.52	0	184.12	青海	0.02	214.02	11.51	88.97
重庆	0.12	0	1.94	37.48	宁夏	0.17	0	0	7.78
四川	0.28	14.05	100.06	409.85	新疆	0.16	2015.19	46.08	29.21
贵州	0.5	0	0.48	221.53					

资料来源：《2003 中国统计年鉴》。

三、西部资源导向经济对 FDI 引进能力的影响

西部地区的经济是在丰富的自然资源环境中进行的。在计划经济体制下，西部地区一直是东部的原材料基地，大部分工业是围绕自然资源的开发和粗加工而建立的。改革开放以来，市场机制对西部资源的配置格局发挥了较大作用，在地区竞争力和市场份额重组中，西部机械制造业因普遍竞争不力而逐步衰退，经济对自然资源的依附程度更加紧密。这种工业体系的特征以自然资源为导向，技术含量较低，经济质量较低。这可从以下两方面体现出来：

其一，能源消耗效益。西部地处边疆，幅员辽阔，人口密度低，经济集聚效应较差。西部的自然资源丰富，特别是能源储量十分丰富。但是，由于西部社会经济比较落后，技术水平低，工艺落后，市场发育迟缓，导致能源利用效率低，经济效益不高。西部地区的综合能耗产出率仅为 5 元/千克标煤，低于全国平均水平，其中内蒙古、贵州、西藏、甘肃、青海、宁夏的能源消耗产出率低于西部平均水平。这至少表明，西部工业多为高能耗工业，能源利用的技术水平低。

其二，资源综合利用率。除水能资源外，西部自然资源也比较丰富，西

部地区自然资源占全国比重：煤为38.5%，石油为15.7%，天然气71.28%，铬为80.4%，铁为25.1%，锰为69.3%，金为24.9%，银为30.6%，镍占89.4%，铅占43.3%，锌占47.1%，铜占52.3%，铝土矿36.8%，磷占53.4%（陈耀邦，1995）。2002年，西部GDP占全国19.2%，以此看，除石油外，其他所列资源都具有比较优势，其中煤、天然气、铬、锰、镍、铅、锌、铜、磷有较强的比较优势。然而，西部的资源综合利用率仅为40%，低于全国平均水平，其中，内蒙古、云南、贵州、甘肃、青海的资源浪费比较严重（见表4－9）。

表4－9　2002年全国及西部各地区自然资源利用效率

	综合能耗产出率（元/千克标煤）	资源综合利用指数（%）		综合能耗产出率（元/千克标煤）	资源综合利用指数（%）		综合能耗产出率（元/千克标煤）	资源综合利用指数（%）
全国	7.35	56.06	四川	7.18	47.42	甘肃	4.32	28.23
西部	5.04	40.06	贵州	3.04	36.33	青海	3.92	22.28
内蒙古	4.13	30.25	云南	7.1	30.25	宁夏	3.37	39.44
广西	9.19	56.16	西藏	0	56.16	新疆	5.28	50.13
重庆	6.49	67.85	陕西	6.4	67.85			

资料来源：科技部《2003年全国及各地区科技进步统计监测结果》。

西部的能源利用效益和资源利用率水平比较低，同时，西部采掘业和电力工业就业人数占工业就业比重的13.5%，高于全国相同指标9.26%的水平，这两个特点反映了建立在自然资源之上的工业体系技术创新能力低，关联效应差，而且对环境污染产生重要影响。

为了反映西部工业对环境的影响，需要定义“三废”即废水、废气和固体废物排放的密集性指数。地区（工业产业部门）i的污染物排放密集性指数L_{ij}定义为：

$$L_{ij} = (P_{ij}/P_{tj}) \div (V_i/V_t) \qquad \text{（式4.2－2）}$$

其中$j=1$、2、3分别表示废水、废气和固体废物。P_{ij}和P_{tj}分别表示i地区（工业部门）和全国（工业）j种排放量，V_i和V_t分别表示i地区（工业部门）的增加值和全国GDP（工业增加值）。如果L_{ij}指数等于1，表示此地区或工业部门的污染物排放密集性等于全国的平均值；如果，L_{ij}大于1，表示地区或工业部门属于污染物排放密集型；如果，L_{ij}小于1，表示地区或工业部门属于污染物排放非密集型。

从整体上看，我国从东至西，污染排放物的密集程度呈现出递增态势。2002年东部的污染排放物属于非密集型，其中废水密集性相对高一些，固体废物密集性较低，而中部和西部却相反，污染排放物是密集型，而且固体废物密集程度最高，废气、废水密集程度相对低一些（见表4－10）。

具体看，广西、重庆、四川、宁夏是废水密集型地区，说明这几个地区耗水工业相对西部其他地区要多一些；在废气方面，只有重庆和西藏的废气排放属于非密集型，其他西部的废气排放属于密集型；重庆、西藏和新疆的固体废物密集程度比较低，西部其他地区固体废物排放属于密集型，其中内蒙古、贵州、云南、甘肃比较突出，说明这些地区采掘业比较多。综合看，除西藏、新疆属污染物排放非密集型的地区，西部其他地区属于污染物排放密集型地区（见表4－10）。

当然，密集性指标是一个相对指标，就总量看，污染物排放总量仍是东部最多。2002年，东部废水、废气和固体废物排放所占份额分别为51.74%、50.83%和40.57%，西部废水、废气和固体废物排放所占份额分别为21.77%、22.61%和25.64%，显然，西部污染物排放总量约为东部的一半左右。同时，由于东部产业集聚程度较大，人口比较密集，地区面积小，东部的污染浓度远高于西部。但西部位于我国大江大河的源头，生态系统比较脆弱，其生态环境对全国有重要影响。

表4－10　2002年我国区域及西部各地区污染物排放密集性指数

地区	废水（L_{i1}）	废气（L_{i2}）	废物（L_{i3}）	地区	废水（L_{i1}）	废气（L_{i2}）	废物（L_{i3}）
东部	0.8942	0.8785	0.7011	云南	0.8598	1.1038	1.9204
中部	1.0546	1.0573	1.3451	西藏	0.3751	0.0584	0.0619
西部	1.2792	1.3287	1.5067	陕西	0.8532	1.1325	1.7707

续 表

地区	废水（L_{i1}）	废气（L_{i2}）	废物（L_{i3}）	地区	废水（L_{i1}）	废气（L_{i2}）	废物（L_{i3}）
内蒙古	0.7468	2.3290	2.1918	甘肃	0.9651	1.7232	1.8644
广西	2.2533	1.5614	1.2893	青海	0.5983	1.8498	1.1495
重庆	2.3080	0.6760	0.8539	宁夏	1.9953	3.3356	1.7672
四川	1.3745	1.0066	1.1714	新疆	0.5854	1.0584	0.7876
贵州	0.8228	1.9974	3.0338				

资料来源：《2003中国统计年鉴》。

西部地区的工业结构以自然资源开采加工业为主，这些工业部门一般都是污染物排放密集型工业。表4－11所列2000年西部12个重要工业部门占西部工业总产值的72.57%，其中，电力工业居西部工业之首，这是污染物排放物最密集的工业，当然这还与电力结构有关。黑色金属冶炼及压延加工业、化学原料及制品制造业、非金属矿物制品业、石油加工及炼焦业和纺织业都是污染物排放密集的工业。西部工业中的石油和天然气开采业、烟草加工业、电子及通信设备制造业也是非密集型的工业。从总体上看，由于西部工业主要是自然资源导向型工业，这对西部生态环境产生了比较严重的污染。

目前，西部生态环境污染状况令人担忧。西部工业所排放的二氧化硫（SO_2）、烟气和粉尘绝大部分来自城市工业企业排放。据国家环境保护总局数据显示，以宜宾、贵阳、重庆为代表是西南高硫煤地区城市，内蒙古、陕西部分地区的二氧化硫污染较为严重；西南地区酸雨区出现的频率大于70%，除重庆外，中心区降雨年均pH值低于5。西部工业废水达标量仅占工业废水排放总量的51%，工业废水处理达标量仅占工业废水排放总量的22%。由于大量的工业用水未经有效处理就直接排入水体，已造成1/3以上的河段受到污染，90%以上的城市水域受到严重污染如滇池流域，近50%的重要城市水源不符合饮用水标准。由于西部工业对矿产资源依赖程度较高，其矿产资源的利用率仅40%左右，因而固体废物生产量较大，加重了地表水域污染程度。

表 4－11　2000 年西部工业结构与工业部门污染物排放密集性指数

西部工业部门	产值份额（%）	废水（L_{i1}）	废气（L_{i2}）	废物（L_{i3}）
电力蒸汽热水生产供应业	8.28	11.59	33.58	19.40
黑色金属冶炼及压延加工业	7.46	10.54	16.71	16.27
交通运输设备制造业	7.43	1.36	1.06	0.39
石油和天然气开采业	7.28	0.51	0.48	0.18
化学原料及制品制造业	7.19	17.81	6.23	6.92
烟草加工业	6.51	0.24	0.19	0.05
有色金属冶炼及压延加工业	6.03	1.89	5.37	4.12
食品加工业	5.36	4.81	0.94	1.33
非金属矿物制品业	4.95	2.47	20.83	2.25
电子及通信设备制造业	4.31	0.94	0.46	0.09
石油加工及炼焦业	4.19	3.04	2.74	1.49
纺织业	3.58	7.33	1.16	0.58

资料来源：根据《2001 中国西部统计年鉴》部门产值，其中云南根据《云南统计年鉴 2011》和《2001 中国统计年鉴》相关数据计算。

西部高能耗、高污染、低附加值工业体系对 FDI 引进能力有两方面的有利影响。

其一，西部高污染产业投资环境和相对宽松政策对部分 FDI 有较强的引进能力。环境污染转移是外商直接投资的重要动机之一，通过对外直接投资将其国内已经禁止或严格限制生产的高污染产品转移到东道国进行生产，从而将环境污染转移给东道国（崔新建，2002）。我国引进了一些环境污染型 FDI，加重了我国产业的环境污染。1995 年第三次工业普查显示，外商投资于污染密集产业（PIIs）有 16998 家，工业总产值 4153 亿元，从业人员 295.5 万人，分别占我国工业企业相应指标的 0.23%、5.05% 和 2.01%，占三资企业数的 30% 左右。其中，外商投资于严重污染密集产业（MPIIs）有 7487 家，工业总产值 1984 亿元，从业人员 118.6 万人，分别占我国工业企业相应指标的 0.10%、2.41% 和 0.81%，占三资企业数的 13% 左右，但占 MPIIs 相应指标的40%以上。尽管这些企业的分布不详，但西部发展相对落后，产业体系的转型与协调能力低，为支持西部发展，国家在某些产业上对环境保护政策会适当放宽，相对而言，对一些环境污染型FDI有较强的引进能力。

其二，西部自然资源比较优势对部分自然资源导向型FDI也有引进能力。历史地看，跨国公司对外直接投资最原始的动机是寻找自然资源。在19世纪，欧洲、美国企业的对外直接投资大多数是为了保证初级产品供应的可靠性（邓宁，1993）。直到第二次世界大战前夕，FDI存量的60%用于自然资源行业。二次世界大战之后，尤其是20世纪60、70年代以来，就主要投资国而言，初级产品部门的FDI份额从1970年的25%下降为1990的11%（UCTAD，1993a）。20世纪90年代前半期，德国、日本、英国、美国对初级部门对外直接投资仅占本国对外直接投资的5%。发达国家自然资源导向型FDI下降对以自然资源引进FDI的地区是不利的，但毕竟还有5%左右份额存在。同时，也应看到新兴工业化国家在产业升级时，必定将其初级产品产业向发展中国家转移，我国西部对新兴工业化国家的直接投资也有一定的引进能力，再加上发达国家跨国公司的自然资源型FDI也不能忽略。因此，西部自然资源作为现实FDI引进能力和较大FDI潜在引进能力将是长期存在的。

第三节　周边国家对西部FDI引进能力的影响

大部分西部地区与近距离周边国家之间有广泛的民族、文化和商贸联系，为双边直接投资建立了良好的基础。国际直接投资一般都呈现出由近及远的地区性特点。因而，周边国家的对外直接投资能力对西部FDI引进能力产生着重要影响。

一、周边国家发展水平与对外直接投资能力

国际直接投资在世界范围内的区域性特点是比较明显的。世界上，美国、欧盟和日本构成国际直接投资的“大三角”。据联合国有关机构统计，在20世纪80年代末90年代初，仅美、日、德、法、英五国就占世界对外直接投资的70%左右。1999年、2000年这五国对外直接投资分别占世界对外直接投

资的59.8%和55.91%。这三个集团对外直接投资是周边国家技术、资本的主要来源。在“大三角”的每一极周围都集聚着一连串发展中国家，它们的经济增长取决于该地区“大三角”成员的投资（UNCTAD，1992）。

日本、韩国和新加坡是对华直接投资的重要来源。1997—2002年，在累计对华直接投资上百亿美元的5个国家中，有3个国家是我国的周边国家，日本、新加坡和韩国排序仅次于美国和维尔京群岛后分别居第3、4、5位，这三个周边国家6年累计对华直接投资为490亿美元，占我国吸引FDI（扣除港澳台资）的33.7%。而同比口径，22个周边国家对华直接投资为我国FDI的37.12%，占1/3以上。

然而，我国周边国家发展水平差距较大，对华直接投资能力差距也比较大。1997—2002年日本对华直接投资占了22个周边国家的41%，新加坡和韩国分别占28%和21%，仅此三国就占了周边国家对华直接投资的91%。此外，印度尼西亚、菲律宾、泰国、马来西亚等国对华直接投资份额在1%～4%之间。其他周边国家对华直接投资比较小，尼泊尔、吉尔吉斯斯坦对华直接投资几乎可以忽略不计（见表4－12）。

表4－12　1997—2002年周边国家对华直接投资额及比重

周边国家	投资额（万美元）	比重（%）	周边国家	投资额（万美元）	比重（%）	周边国家	投资额（万美元）	比重（%）
尼泊尔	30	0.00	蒙古	1461	0.03	菲律宾	95870	1.77
吉尔吉斯斯坦	31	0.00	越南	2043	0.04	泰国	113140	2.09
乌兹别克斯坦	102	0.00	朝鲜	3551	0.07	马来西亚	179375	3.32
阿富汗	262	0.00	柬埔寨	3581	0.07	韩国	1158244	21.44
哈萨克斯坦	402	0.01	缅甸	4012	0.07	新加坡	1530582	28.34
孟加拉国	410	0.01	印度	5942	0.11	日本	2215427	41.02
巴基斯坦	858	0.02	俄罗斯	14154	0.26	合计	5401196	100
老挝	1075	0.02	印度尼西亚	67834	1.3022			

资料来源：1997—2002年的《中国统计年鉴》。

若以人均GDP表示对外直接投资能力，把15个周边国家对华直接投资额与其人均GDP进行回归分析，数据来自2001—2002年Panel数据，样本容量为45，周边国家对华直接投资（FDIcit）数据来自2001—2002年《中国统计年鉴》，人均GDP来自世界银行2002—2003年《世界发展指标》，其回归方程：

$$\hat{FDIC}_{ti} = 10.9155GDPP_{ti} \qquad (式4.3-1)$$

$$Adj.\ R^2 = 0.9341, t = 22.4556$$

式4.3-1的调节R^2高达93%，对周边国家的对华直接投资能力有较高的解释能力。人均GDP是衡量一个国家直接投资发展阶段的关键性指标。西部发展水平处在一个周边国家发展水平的中间状态上（见表4-13）。周边国家对华直接投资的绝大部分来自人均GDP高于西部的9个国家，它们占了周边国家对华直接投资总额的98.79%，而其他周边国家对华直接投资能力都比较小。

从直接投资的发展阶段看，韩国处在FDI发展的中期阶段，具有一定的对外直接投资能力；新加坡和日本处在净对外直接投资阶段，日本对外直接投资能力最强；其他周边国家都处在FDI初级阶段，即邓宁直接投资阶段的第一、第二阶段，对外直接投资能力较弱；那些发展水平还低于西部的周边国家的对外直接投资能力更弱。

表4-13　2001年我国西部及周边国家人均GDP　　**单位：美元/人**

国家	人均GDP	国家	人均GDP	国家	人均GDP	国家	人均GDP
尼泊尔	250	越南	410	菲律宾	1050	马来西亚	3640
柬埔寨	270	印度	460	哈萨克斯坦	1360	韩国	9400
孟加拉国	370	中国西部	638	俄罗斯	1750	新加坡	24740
蒙古	400	印度尼西亚	680	泰国	1970	日本	35990

资料来源：世界银行《2002年世界发展报告》，中国财政经济出版社2003年版。

从理论上，坎特维尔和托伦悌诺主要从技术累积论出发，试图解释发展中国家的国际直接投资活动，从而把对外直接投资过程动态化和阶段化了。

其研究表明，发展中国家跨国公司的海外直接投资可以分为三个阶段：

第一阶段：在周边国家进行直接投资。这一阶段的特征是充分利用种族联系、运输距离和心理距离等因素降低成本。经验表明，在东道国的生产过程与管理方式同母国一致或相近，也是构成成本低的因素。

第二阶段：直接投资空间扩展阶段。随着海外投资经验的积累，种族因素重要性下降，逐步从周边国家向其他发展中国家扩展直接投资。

第三阶段：向发达国家直接投资阶段。在经验积累的基础之上，为获得更先进的复杂制造业技术，开始向发达国家投资。

总之，发展中国家直接投资阶段发展模式是以地域扩展为基础的，与此同时，国际直接投资形式也从资源依赖型向制造业投资转移。

然而，离西部较近的发展水平高于周边国家的是哈萨克斯坦、泰国、俄罗斯等，它们具有一定的对外直接投资能力，对华直接投资也有1%～4%的份额，但其对西部的直接投资仍是很有限的。那些比西部发展水平还低的周边国家对华直接投资却很弱。西部离韩国、新加坡、日本比较远，难以发挥西部地缘优势，引进其较多的FDI。这就是说，周边国家发展水平的较大差异和地理上的分布未能给西部引进周边国家的直接投资创造出有利的条件，这在一定程度上削弱了西部的FDI引进能力。

二、周边国家对华直接投资的区域分布

周边国家对华直接投资的地区分布也与地区发展水平密切相关。区域发展水平不同，引进周边国家直接投资的能力也不同。我国东部、中部、西部地区在发展水平上的较明显差距导致周边发达国家日本、韩国、新加坡对华直接投资的地区分布也服从东高西低的分布规律。

韩国对华直接投资主要集中在渤海湾和东北地区，约占对华直接投资总额的70%；1993年，在韩国对华直接投资中，山东占41.0%，天津占15.2%，辽宁占9.6%，江苏占5.8%，上海占1.8%，北京占4.0%；1996年，山东占15.3%，江苏占11.6%，上海占17.9%，北京占11.0%。韩国直接投资在东部沿海地区转移和集中，中西部地区所占份额较低。

同样，新加坡的对华直接投资也集中于我国东部地区，其初期对华直接

投资的577个项目中，北京有106个，广东有71个，福建有60个，其次是江苏和上海；在新加坡对华最大的100个直接投资项目中，江苏有17个，上海有12个，山东有10个，四川有9个，广东有7个，辽宁有5个，福建有4个，海南有3个，天津有2个，其他地区20个（滕家国，2001）。

日本在华直接投资更明显地集中在东部，中部和西部分布比较少。以表4－14中的数据计算，截至1994年，日本在东部、中部、西部的直接投资份额分别为87.71%、4.83%、7.45%。尽管西部的日本投资份额高于中部份额，但从平均值看，中部地区日本直接投资平均值为8017万美元，西部地区平均8244万美元，两者相差不大。说明，1994年以前，日本直接投资对中部和西部的地区偏好相当。2001年8月，日本新闻界的一项调研结果表明，在东京证券交易所和纽约证券交易所上市的1143家日本企业，有一半的企业表示将在三年内把生产基地外迁；在打算外迁的企业中，有71%的企业把中国作为主要的目的地，长江三角洲的上海、苏州、昆山、宁波，珠江三角洲的深圳、东莞及西部地区的成都、西安等地成为首选的投资地（江小涓，2002）。东部地区制造业比较发达，人才集聚，综合利用直接投资的能力较强，适合日本边际产业在我国东部地区集聚。

表4－14　截至1994年，我国地区引进日本直接投资额　　单位：万美元

地区	金额	地区	金额	地区	金额	地区	金额	地区	金额	地区	金额
北京	183773	江苏	100752	海南	12617	江西	1205	四川	49197	青海	94
天津	74777	浙江	68410	山西	2633	河南	20901	贵州	1232	宁夏	306
河北	39081	福建	40010	吉林	17683	湖北	7392	云南	6572	新疆	1781
辽宁	44104	山东	95239	黑龙江	6720	湖南	2041	陕西	18138	内蒙古	4310
上海	374676	广东	130667	安徽	5558	广西	15682	甘肃	1612		

资料来源：王志乐《跨国分公司在华发展新趋势》，新华出版社2003年版，第206－207页。

其他发展水平高于西部的周边国家对华直接投资在西部的分布可能会高一些，但情况也不理想。如云南是离泰国最近的西部地区，2001年、2002年泰国对云南直接投资额分别为357万和127万美元，分别只占泰国对我国的直接投资额20357万和19421万美元的1.83%和0.62%，说明云南并不是泰国对华直接投资的主要目标地。即使除日本、韩国、新加坡以外的其他所有周边国家的对华直接投资都分布在西部地区，也并不能在较大幅度上改变周边国家在华直接投资的分布格局。因此，西部近邻周边国家对外直接投资能力不足严重减弱了西部的FDI引进能力。

第四节　西部FDI引进能力的结构特点

地区FDI引进能力主要取决于地区经济发展水平、区位和自然资源等方面对FDI的吸引和容纳能力。但由于发展水平、区位和自然资源的优势结构的差异，地区FDI引进能力也有结构上的差异。西部在自然资源、劳动力成本上有比较优势，在发展水平、集聚效应上却处于劣势。在FDI引进能力上，西部的FDI引进能力并不弱，但是西部远离发达国家，而近邻周边国家发展水平比西部还低，对外直接投资能力低，这大大削减了西部的FDI引进能力。

一、受发展阶段制约

在经济发展阶段上，西部落后于东部一个经济发展阶段，西藏等地区落后于上海两个发展阶段。由于西部发展水平低，产业结构水平低，城市集聚效应弱，技术发展不足，重合产业不发达，产业极差大，这些对西部FDI引进能力产生着较大制约。

一个地区经济发展所处的阶段是确定该地区经济发展的战略目标、产业发展先后次序和结构调整的重要因素，因而从总体上决定了在选择跨国公司作为合作对象时的偏好。由于西部收入水平低下，当地资金积累不足，往往对任何有直接投资能力的跨国公司给予优先权，从而解决资本、技术短缺问题。西部地区要在区域分工格局中重新找到位置，西部地区要通过国际直接投资获得技术进步、劳动生产率的改善以及在开拓国际市场方面的利益。西部地区只能引进与经济发展阶段FDI引进能力相适应的FDI。这就意味着，西部对FDI的选择只能从与经济发展阶段相适应的FDI引进能力出发。但跨国公司在我国选择地区时，一般选择与自己技术级差较小的地区，以寻求技术、人力等配套资源。这两方面的交互作用结果，使得地区资源结构以及建立在资源结构上的产业结构却显得十分重要。

发展阶段与产业结构是彼此对应的，产业结构的升级过程也是经济发展阶段的提升过程。随着地区产业结构的升级，传统产业、原材料产业等高能耗低效益产业向外转移，制造业尤其是高新技术比重越来越大。这方面，西部还没有实现这种产业转型，经济对自然资源的依赖性比较明显。在这种产业发展水平上，由于技术、人力资源缺乏，对发达国家的资本密集型、技术密集型（如R&D/产值大于8）引进能力却十分有限，许多发达国家尤其是大型跨国公司的FDI并不适应西部地区，或者它们不选择西部地区。唯有自然资源导向型的FDI选择西部的可能性较大，然而这种FDI占发达国家的对外直接投资的比重很小。仅从人均GDP看，东部人均GDP是西部人均GDP的3倍，差距不是太大，然而，东部吸收的FDI是西部的18倍。这说明，地区人均GDP的差距对其FDI引进能力的差距影响不大，人均GDP构成对FDI利用能力差距影响却很突出。

理论上，西部发展滞后会带来后起之益和后发优势。从目前的实际看，这种后发优势对国际直接投资效应并没有给西部带来后起之益。这样的现实迫使西部地区在对国际直接投资模式进行选择时，主要根据自身发展阶段特点，选择一种可充分获得国际直接投资长期增长效应的模式，把国际直接投资推动和自身优势资源结合在一起。

在发展阶段约束和东西差异较大的情况下，西部的国际直接投资模式选择应当是一种比较优势增强型的国际直接投资模式。但比较优势增强型的国际直接投资模式反而不利于西部FDI引进能力的增长。因为，西部在制造业尤其是高技术产业上不具优势，西部的主要优势是在自然资源和低级的普通要素成本上，西部引进劳动力密集型FDI和自然资源型FDI可以实现自身市场的可持续性、产业发展的可持续性、技术的可持续性，但与东部技术发展差距会越来越大。不言而喻，越是处于较低发展阶段的地区，对FDI可选择的范围越窄。因此，西部的FDI引进能力结构与FDI进入我国目标结构差异是很大的，这使得FDI较多的引进能力变得多余，成为潜在引进能力。

二、受自然资源制约

应当说，西部地区丰富的自然资源和廉价的要素成本（电力、土地）等是西部在FDI引进能力中具有比较优势的因素。的确，计量模型也表明，地区FDI引进能力与地区自然资源丰度之间存在正相关关系，这种相关性的解释力只有50%。但问题还不仅在于此，还在自然资源属性本身。

其一，自然资源是一种非活性资源，受地区条件和自身性能约束比较明显。电力不能储存，矿产资源一般只宜当地加工，一般此类资源开发区投资额大，沉没成本大，对FDI灵活性存在潜在的威胁，加上风险性和不确定性因素的影响，跨国公司一般是采用合作或合资方式进行直接投资。

其二，自然资源密集产品的附加值低，投资周期长。这对以利益最大化驱动的FDI来说吸引力不大。对这类初级产品，跨国公司宁可用贸易方式获取，也不愿进行直接投资，除非是出于一种战略的需要。

其三，自然资源属国家资源，有些是战略资源，有的是关系国计民生，因而在选择FDI上有较大局限性。这主要表现在股权分配上由国家垄断。一般是采用国家控股，中方股权在50%以上。由于这些因素制约，西部自然资源对FDI引进能力受较大限制，往往因合作条件约束、国家政策限制，难以达成协议。

鉴于一些自然资源开采的高风险性、高投入性和高利润性，专门产生了一种合作开发的直接投资方式。合作开发是指资源国利用外国投资开发本国资源的一种国际直接投资形式。通常由资源国政府（或政府经济机构、国有企业等）与外国投资者共同签订协议、合同，在资源国指定的范围内，在一定期限内共同勘探、开发自然资源，共同承担风险、分享利润。合作开发适用于大型自然资源（如石油、天然气、矿石、煤炭和森林等）开发和生产项目。这是目前国际上广泛采用的一种直接投资方式。在我国，中外合作开发主要是在石油开发上，合作开发在我国FDI中处于第四位，1998年，合作开发项目占FDI项目数的0.01%，占实际FDI的3%。

应当说，在自然资源开发领域，合作开发与合资企业、合作企业相比，东道国可以更有效地规避风险。这是西部利用FDI的一种有效方式。当然，这种方式西部在成功应用，需要政府放宽和支持。

自然资源对西部 FDI 引进能力的约束还主要体现在西部以自然资源为导向的产业结构与现代发达国家跨国公司投资结构的差异上。这种结构差异主要体现在，现代跨国公司主要较多地使用人力资源、先进技术、全球生产与营销体系，而西部产业则较多地利用土地、矿产等自然资源，从而导致两类资源的融合性差，也就是现代跨国公司对外直接投资能力与西部 FDI 引进能力之间的差异较大，相互适应性较低。这种资源属性的不匹配性导致西部找不到 FDI 主体，FDI 主体找不到西部合作主体。从回声模型看，这种 FDI 主体与西部主体的标识不匹配性是由两者资源不匹配性造成的。一个 R&D 型跨国公司走进西部大部分地区就如同一个人走进沙漠，会因没有“粮食资源”而饿死，自然它只会选择自身生存所需资源的区位。西部自然资源导向工业体系会抵消部分自然资源的 FDI 引进能力。

三、受周边国家不发达水平约束

假若西部与日本、新加坡和韩国直接接壤，那么西部引进 FDI 的能力肯定不一样。可惜，西部不仅受周边国家对外直接投资能力低的约束，而且还与邻国在引进 FDI 上存在竞争关系。

西部沿边国家与西部同是处在 FDI 发展的初期阶段，对外直接投资较少，吸收 FDI 比重较高。从 1996—2002 看，我国周边国家中只有日本是净对外直接投资国，其流入的 FDI 占其 FDI 比重仅为 18%；新加坡处在直接投资发展的中期阶段，但其仍是直接投资吸收国；韩国处在弱吸收直接投资阶段；马来西亚、印度尼西亚、菲律宾、俄罗斯流入 FDI 占 FDI 比重在 75% ~ 85% 之间，其中只有俄罗斯是西部的邻国。可见，西部的邻国都是 FDI 的引进国，其中相当部分国家的工业化发展阶段还低于西部，对外直接投资能力极低（见表 4 - 15）。这对西部引进其直接投资带来极大约束，西部从邻国引进一定规模的直接投资显然是没有可能的。

西部与邻国处在大致相同的发展阶段上，工业化发展阶段的差距不大，这就决定西部与周边邻国处在一种对 FDI 的竞争态势上。由于发展水平接近，工业结构也较相似，自然资源、劳动力和土地价格也接近，意味着以劳动力、自然资源引进 FDI 的竞争比较激烈。

从劳动力看，我国是世界上劳动力总量最大的国家。在我国和周边国家中，劳动力仍是吸引 FDI 的重要因素。在劳动力的数量方面，中国具有绝对优势。从 1998 年、1999 年平均水平看，世界劳动力人均 FDI 为 318.31 美元，中国及周边国家劳动力人均 FDI 为 43.92 美元。中国劳动力人均 FDI 为 27.73 美元，低于周边国家平均水平，离世界平均水平的差距更大，不足 10%（见表 4-15）。显然，我国引进的 FDI 与劳动力是不对称的，中国劳动力在吸引 FDI 方面还有较大空间，同时，孟加拉、印度、柬埔寨等周边国家潜力更大。

表 4-15　1996—2000 年中国与周边国家的 FDI 流入与流出存量

单位：100 万美元

国别	流入量	流出量	流入量比例（%）	国别	流入量	流出量	流入量比例（%）	国别	流入量	流出量	流入量比例（%）
巴基斯坦	547	-45	108.96	哈萨克斯坦	6446	17	99.74	菲律宾	2977	701	80.94
土库曼斯坦	632	-37	106.22	蒙古	115	4	96.64	吉尔吉斯斯坦	95	23	80.51
塔吉克斯坦	293	0	100.00	中国	210159	10410	95.28	印度尼西亚	3220	1044	75.52
柬埔寨	907	0	100.00	印度	13287	800	94.32	马来西亚	25583	11738	68.55
朝鲜	433	0	100.00	缅甸	1504	101	93.71	俄罗斯	17891	9392	65.58
老挝	448	0	100.00	乌兹别克斯坦	701	49	93.47	新加坡	43242	25029	63.34
尼泊尔	71	0	100.00	泰国	17051	1790	90.50	韩国	31365	20106	60.94
越南	11669	0	100.00	孟加拉	694	92	88.30	日本	27596	129282	17.59

资料来源：2001 *Word Investment Report*，New York and Geneva，2001.

西部劳动力资源相对充足，是吸引外资的一个有利条件。但是在对西部与周边国家的对比中发现，西部相对于周边一些国家并不具有劳动力价格比较优势。以云南为例，1998 年，云南工资 71.5 美元/月，泰国为 168～520 美元/月，印度尼西亚、老挝、印度分别为 13.7、24 和 50～75 美元/月。以此看，云南只比泰国等发展速度较快的国家在劳动成本上占有优势。同时，以美元计算的工资水平除泰国外，其他国家的工资水平都呈缓慢上升趋势，相反，云南的工资水平却呈快速上升趋势。不难看出，西部与周边国家以劳动力吸引 FDI 的竞争是存在的（见表 4－16）。

表 4－16　1998—1999 年中国及周边国家劳动力人均 FDI　　单位：美元

国家	FDI/劳动力	国家	FDI/劳动力	国家	FDI/劳动力	国家	FDI/劳动力
马来西亚	364.06	吉尔吉斯斯坦	54.5	越南	35.5	柬埔寨	20.58
泰国	177.76	老挝	46	中国	27.73	巴基斯坦	10.4
俄罗斯	38.93	蒙古	24.5	孟加拉	3.76	印度	5.47

资料来源：联合国贸发会议《2000 年世界投资报告》，中国财政经济出版社 2000 年版。

在自然资源方面，西部邻国的矿产资源十分丰富，锡、金、铜、镍、铬、铁、锰、云母等矿产资源储量大，有的已经是各国的主要出口产品，且有的仍大有开发的潜力。仅从印度看，印度矿产资源比较丰富（见表 4－17）。印度铁矿出口占世界铁矿石出口份额的 7.8%。1998 年，在中国从印度的进口额中，铁矿所占份额高达 21.4%，其他矿产品份额为 10.3%；同年，印度从中国进口额中，有色金属所占份额为 4.2%，钢铁占 1.87%。2000 年，中印钢铁及制品的交易量为 2892 万美元，铜、铝有色金属及制品的交易量为 3134 万美元。可见，周边八国，尤其是印度与云南、重庆等西南地区在有色金属和钢铁产业对引进 FDI 方面存在较大的竞争。

表 4－17　截至 1997 年印度几种有色金属和铁矿产保有储量及开采年限

	铝矿	铬矿	铜矿	锌矿	铅矿	铁矿
储藏量（百万吨）	2253	215	124	5.89	1.36	9754
开采年限（年）	281	294	51	38	14	135

资料来源：Tata Service. *STATISTICAL OUTLINE OF INDIA* 1999－2000.

水力资源也是西部周边国家的一笔重要的优势资源，尤其是老挝、缅甸、尼泊尔等国家蕴藏着极为丰富的水力资源。目前，水能资源的开发程度低，正等待外国资本投入开发。从印度方面看，印度可开发的总水电资源为8400万千瓦，目前只开发利用了25%。印度电力供应一直严重不足。目前，印度火电占总发电量的79.1%，水电占17.7%，核电占2.4%。由于印度煤资源比较丰富，印度能源中的67%来自煤。焦煤和非焦煤开采年限分别为213年和219年，电力结构自然以火电为主。可是，由于运输成本的上升，煤质量的下降，以及资源的过于集中，水能资源变得更具吸引力。1998年的水电生产能力为2189.1万千瓦。由于受资本和技术因素影响，近10年来，印度每年新增水电生产能力只有40万千瓦。周边邻国与西部水电对引进FDI竞争也将长期存在。

总之，西部离发达国家距离较远，同时由于西部发展阶段低、产业级差大，对其FDI的引进能力较弱，同于邻国发展阶段低，对外直接投资能力极弱，而且在自然资源、要素成本等方面与西部展开引进FDI的竞争，西部像是处于“U”字形谷底。

附录4-1：工业化阶段人均GDP的修正模型

2001年，世界62个人均GDP与城市化率的计量关系为：

$$y = 43.562e^{0.0760x}$$

$$R^2 = 0.8411$$

其中，y代表人均GDP，x代表城市化率。资料来源：《2002年世界发展报告》。

附录4-2：邓宁直接投资发展阶段人均GDP的修正模型

2001年世界85个国家人均GDP与1980年人均GDP的计量关系为：

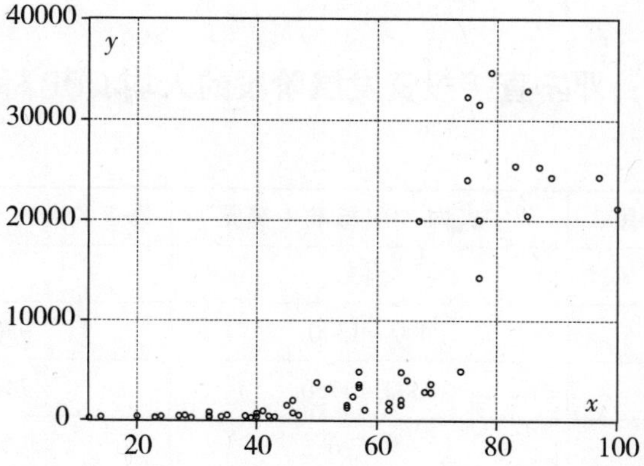

附图 4－1　2001 年世界城市化率与人均 GDP 相关图

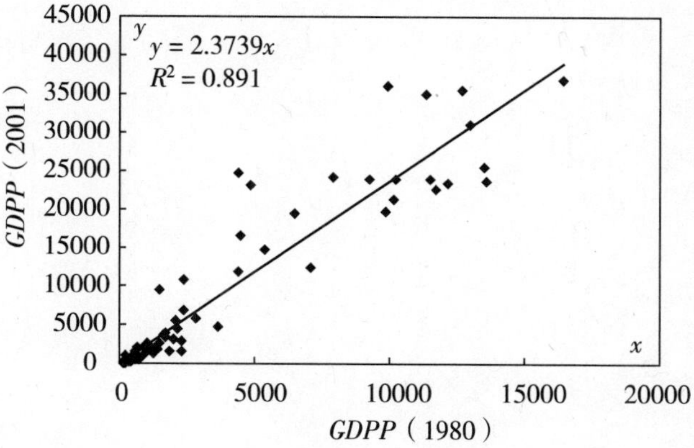

附图 4－2　1980 年与 2001 年人均 GDP 相关图

$y = 2.3739x$

$R^2 = 0.8909$

其中，y 代表 2001 年人均 GDP，x 代表 1980 年人均 GDP。资料来源：《1981 年世界发展报告》和《2002 年世界发展报告》。

原标准与修正标准为：

附录4－3：邓宁直接投资发展阶段的人均GDP标准修正表

直接投资发展阶段	邓宁人均GDP标准（美元）	修正的人均GDP标准（美元）
第一阶段	<400	950
第二阶段	400～1500	950～3561
第三阶段	2000～4750	4748～11276
第四阶段	>4570	>11276

第五章　西部 FDI 利用能力

西部利用 FDI 与跨国公司利用西部资源是一个互动的相互利用过程，有些 FDI 并不适应西部，同样，西部的有些资源也并不适合跨国公司。FDI 的区域适应性表明，FDI 的进入与西部 FDI 利用能力有较大关系，只有双方能力相互匹配，达到双赢时，才有 FDI 进入西部。西部技术研发能力、产业配套能力、资源配套能力和人力资本形成能力等比较弱，导致有效 FDI 利用能力不足。

第一节　西部技术发展阶段与 FDI 利用能力

要有效利用 FDI，地区拥有一定技术水平的技术存量是不可缺少的。在利用 FDI 提高地区技术发展水平时，地区现有技术水平和存量有一个“门槛”存在。只有跨越“门槛”后，地区才有较强的利用 FDI 的能力。然而，对西部地区来说，“门槛”约束比较明显，对 FDI 技术只具一般性利用能力，对高质量 FDI 的创新利用能力极弱。

一、地区经济技术水平与利用 FDI 能力

在文献中，一般把跨国公司转移的技术分为两类：“内在的”（internalized），“外在的”（extenalized）（UNCTC，1987）。“内在的”指跨国公司内部一体化过程中对外直接投资建立控股公司或独资公司，转移这类技术的跨国公司不仅使用其技术资产，而且控制所有权，具有较强的技术资产优势和内部协作优势，控制国外子公司的研究与开发活动。“外在的”是指通过许可证形式转让技术，它属于技术贸易的范畴。跨国公司在转移这类技术时不进行股权控制，仅出售技术，而且是标准化技术。两个方式选择的决定因素是多

方面的，它由技术自身性质和复杂程度、跨国公司的战略、东道国的技术能力、东道国政府政策共同决定（见图 5－1）。

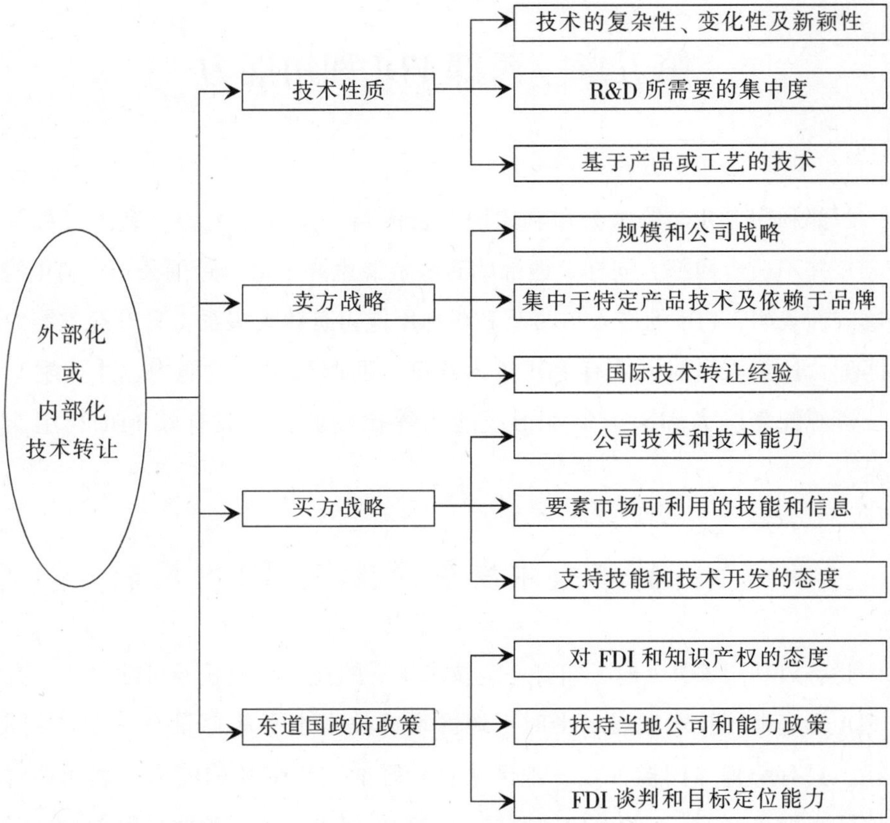

图 5－1　技术转让模式的决定因素

资料来源：《1999 年世界投资报告》，第 230 页。

理论上，若不考虑公司战略与东道国政府政策因素，那么，技术转移越复杂，速度越快；跨国公司的规模越大，水平越高，专业化越强；东道国技术能力越弱，则跨国公司越倾向内部化转移技术。技术越稳定、越简单，跨国公司的规模越小，越缺乏国际经验，技术多样化程度越高，跨国公司越倾向于向外部化转移技术。

一般而论，FDI 与非 FDI（国际贸易）都是国际技术转移中的重要渠道。赫亚兹（Hejazi）和萨福里安（Safarian，1996）考察了美国对国家技术扩散的渠道，结果显示，FDI 与国际贸易的确是国际技术扩散的渠道，但两者的重要性是有区别的。将对外直接投资作为技术转移的渠道之一时，总的技术转移效果提高了 30%，对外贸易的技术转移效果的重要性则大大下降。对外贸易对技术转移的贡献率约为 1/3，FDI 对技术转移的贡献率约为 2/3，明显优于国际贸易的贡献率。对发展中国家来说，FDI 对技术转移的贡献率更优于国际贸易的贡献率。FDI 与非 FDI 对技术转移贡献率的明显差异，说明了 FDI 已成为国际技术转移的主渠道。

对于地区外源式技术进步，跨国公司是主要的技术来源。然而，一方面，跨国公司来自不同的国家，FDI 技术差距很大，即使是来自一个国家的跨国公司，其技术也有明显的差别；另一方面，我国是一个发展中大国，地区之间技术存量、技术水平的差距很大，对 FDI 的利用能力存在较大差异。因此，东部有能力利用的 FDI，未必西部地区也有能力利用。在选择 FDI 方面，由于东部地区与跨国公司的技术极差相对较小，利用 FDI 的能力较强，可以利用的 FDI 范围较广，对一些技术含量较高的 FDI，如 R&D 型 FDI，东部地区也能很好地利用。自然，大部分发达国家的 FDI，尤其是大型跨国公司的 FDI 对西部地区来说很不适宜，难以利用。

所谓适宜性 FDI，是指在一定支持条件之下的地区可能获得最佳利用的 FDI。这就是基于各地区 FDI 利用能力水平，在不同技术水平的 FDI、不同规模的 FDI 之间找到自己能充分利用的 FDI。这种利用能力的充分性是指技术能力的发挥既不吃力，也不过量，使地区易于 FDI 消化吸收技术。

对工业化阶段较低的西部地区，自然资源和劳动力具有比较优势，但技术相对不发达，在资本和技术资源方面缺口比较大，产业技术水平低，因此 FDI 的理想作用是通过资本形成机制充分利用劳动力资源，把更多的资源和人口吸引到工业化过程之中，加快技术发展的速度。但由于技术缺口大，技术利用能力较弱，因而，这个阶段不宜引进太先进的技术，否则消化不良。此阶段引进传统技术尤其是劳动力密集型的低技术产业如纺织业、食品加工业和家电组装企业等比较适宜，而且适宜采用合资企业方式，加快技术的溢出效应。这种 FDI 更多地来自中等技术水平的国家。尽管还谈不上创新，但对西部劳动人员和经营人员的技术补充和技术素质的提高是极为有益的。

东部地区资本密集型技术与日俱增，但对劳动力密集型的低技术依赖度仍很大。FDI 对东部技术结构升级和推动出口增长方面起到了十分重要的作用。同时，跨国公司为了有利于东部研究和开发能力，FDI 进入技术密集的某些制造业，使东部技术密集产业比重快速上升，规模趋于大型化。当然，随着东部企业人力资源开发系统逐步完善，人力资本日益累积，开始进行基础科研，强化当地的技术研究和开发，初步形成一个比较完备的技术发展体系，既有自主性的科学研究与开发，又有较强的对引进技术吸收和改造的能力，还有一部分单纯的技术引进和简单模仿。这样，东部地区技术发展开始逐步摆脱完全依赖于技术引进的被动局面。

这说明，在我国，地区的技术极差较大，地区技术发展的不平衡决定了 FDI 分布的不平衡性，FDI 的作用也有较大的不同，从而会加剧区域技术极化效应。

二、世界技术发展阶段划分及其特点

在现代经济中，研究和开发是大多数技术被开发出来的过程和标志。R&D 投入占 GDP 比重（R&D 强度），不仅与一国技术发展水平有关系，而且与一国经济发展水平也有关系。目前，发达国家的 R&D 占 GDP 比重在 2% ~ 3% 之间，不发达国家一般在 0.5% 以下，有的甚至只有 0.1%。从这个角度出发，国内外学者对技术创新阶段作了划分。

国际经济表明，产业发展的技术结构决定着国家的经济发展水平与所处的发展阶段。阿利克（1999）研究认为：人均 GDP 在 1000 美元以下时，一般处于技术引进、仿制为主的技术发展阶段，其研究与开发经费占 GDP 的比率不足 1%；而人均 GDP 在 1000 美元以上时，一般处于技术消化、吸引、改进为主的技术发展阶段，其研究与开发经费占 GDP 的比率超过 1%；以创新技术为主阶段，其研究与开发经费占 GDP 的比率一般超过 2%。

我国学者（高健，1998）对技术创新的阶段也有类似的划分（见表 5 - 1）。这个方法以 1%、2% 的 R&D 强度为分界线，这一点与阿利克划分是一致的，所以不把工业化阶段和技术创新阶段对应起来，但对工业化的第二与第三阶段没有对应的技术创新阶段划分。

表 5-1　工业化与技术创新的阶段

工业化阶段	工业化前	第一阶段	第二阶段	第三阶段
经济标志（人均 GNP）	300 美元以下	300～2000 美元	2000～4750 美元	4750 美元以上
技术性标志（R&D/GNP）	1% 以下	1%～2%	2% 以上	2% 以上
技术创新阶段	使用技术阶段	改进技术阶段	创造技术阶段	创造技术阶段

1986 年，F. C. 罗和 B. N. 宋作出对亚太国家（或地区）目前和未来工业发展阶段差异的判断（见表 5-2），从他们的观点看，一个国家实现工业化后期将进入高技术发展阶段（杨先明，2000），这意味着工业化前期是低技术阶段，工业化中期和后期仍处在中技术阶段。

表 5-2　1986—2000 年亚太国家目前的工业发展阶段

国　家	1986 年	2000 年
印度尼西亚	早期至中期	中期至后期
菲律宾	中期	后期
中国	早期、中期和后期	后期至高技术
泰国	中期	后期至高技术
马来西亚	中期至后期	后期至高技术
南韩朝鲜（韩国）	后期至高技术	高技术
新加坡	后期至高技术	高技术
日本	高技术	高技术

资料来源：杨先明《发展阶段与国际直接投资》，商务印书馆 2000 年版，第 194 页。

一国技术水平取决于其产业技术水平。产业技术有低技术、中技术和高技术之分，与此对应，产业有高技术产业、中技术产业和低技术产业。1994 年，经合组织（OECD）对 10 个成员国的 22 个产业部门的研究与开发经费占销售额的比例作出研究，凡是研究开发经费占销售额的比例超过 7.1% 为高技术产业，超过 2.7% 为中技术产业，2.7% 以下为低技术产业。按此定义，高新技术产业有四个，它们是计算机和办公机械、电子和通信设备、航空航天和制药。它们以高速度增长，推动 OECD 各国经济增长。1992—1999 年高技术产业增长速度达 8% 以上，其他制造产业的增长率只有 2.4%。这四个高技术产业占世界制造业的比重为 12%，其中 1995 年美国占 32%，日本占 23%，中国约占 6%。

一个不断成长、以技术发展为基础的经济必须具备强大的本土 R&D 能力，这是因为：①技术的内部化转移，通常要比外部转移有效得多，一个公司将从内部 R&D 获得巨大收益；②研究表明，为了有效地吸收外部技术转移，公司必须进行内部的溢出；③尽管技术往往被泄漏（溢出），或被外国竞争者常常被许可使用，R&D 者仍能创造经济竞争优势，又能不断加大 R&D 投入维持技术领先的优势。国家技术水平的微观基础是企业 R&D。目前，跨国公司占全球研究与开发的 80% ~90%，我国企业 R&D 占全国的 60% 以上。由若干公司集聚成产业，进而又由产业集聚成国民经济。因此，R&D 占 GDP 比重反映了一国技术创新能力和技术所达阶段。R&D 强度越高，高技术产业比重越大，一国技术发展阶段越高。

既然一个国家产业技术状态取决于 R&D 强度，那么，在国家水平上可以采用 R&D 强度作为一国技术发展阶段的指数。以世界 54 个国家 1987—1997 年技术发展指数的平均值为样本，数据来自《世界发展指标》，进行回归得：

$$r_i = 2.898A_{1i} + 2.238A_{2i} + 1.710B_{1i} + 1.155B_{2i} + 0.731C_{l_i} + 0.339C_{2i}$$

（37.567）（23.680）（25.593）（14.970）（14.467）（7.1702）

（式 5.1 - 1）

Adj. $R^2 = 0.953$

其中，r 为技术发展指数（R&D 强度），A_1 为高技术 1 阶段水平的分级变量，当 $r>2.5$ 时，$A_1=1$，其他 $A_1=0$；A_2 为高技术 2 阶段水平的分级变量，当 $2<r\leqslant 2.5$ 时，$A_2=1$，其他 $A_2=0$；B_1 为中技术 1 阶段水平时，$A_2=1$，其他 $A_2=0$；B_1 为中技术 1 阶段水平的分级变量，当 $1.5<r\leqslant 2$ 时，$B_1=1$，其他 $B_1=0$；B_2 为中技术 2 阶段水平的分级变量，当 $1<r\leqslant 1.5$ 时，$B_2=1$，其他 $B_2=0$；C_1 为低技术 1 阶段水平的分级变量，当 $0.5<r\leqslant 1$ 时，$C_1=1$，其他 $C_1=0$，C_2 为低技术 2 阶段水平的分级变量，当 $r\leqslant 0.5$ 时，$C_2=1$，其他

$C_2=0$。

模型调节 R^2 为0.953，模型对世界技术阶段的划分具有较高的解释力，说明世界具有6个梯级的技术发展水平（见图5-2）。在世界技术发展的格局中，处在低技术阶段的国家占大多数，中技术阶段国家次之，高技术阶段国家占少数（见表5-3）。同时，世界各国的技术极差大，两极分化是比较明显的，大多数低技术国家的技术缺口较大，技术赶超的任务比较艰巨。因此，通过有效吸收FDI、增强发展中国家技术发展能力，已是必然的选择。

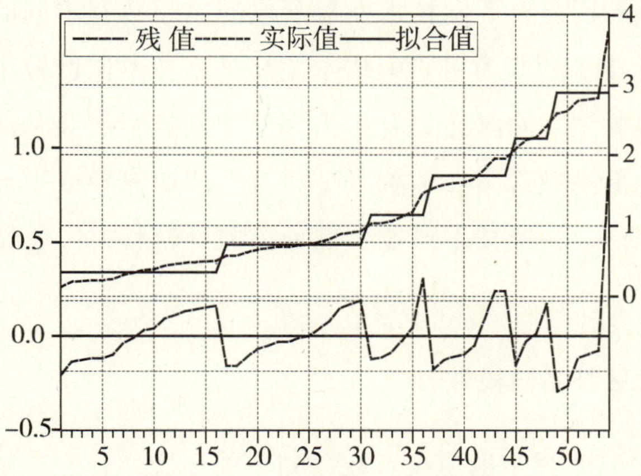

图5-2 世界各国技术发展水平分级

表5-3 世界各国技术发展水平阶段划分

技术发展阶段	分阶段	技术发展指数	理论值	国 家
高技术阶段（A）	A_1	>2.50	2.90	瑞典、韩国、日本、芬兰、美国、瑞士
	A_2	（2.00~2.5）	2.24	德国、法国、意大利、荷兰
中技术阶段（B）	B_1	（1.50~2）	1.71	丹麦、英国、澳大利亚、加拿大、爱尔兰、比利时、挪威、奥地利
	B_2	（1.00~1.5）	1.16	斯洛文尼亚、捷克、新加坡、白俄罗斯、新西兰、克罗地亚
低技术阶段（C）	C_1	（0.50~1）	0.73	巴基斯坦、西班牙、俄罗斯、巴西、波兰、印度、罗马尼亚、立陶宛、智利、中国、葡萄牙、保加利亚、爱沙尼亚
	C_2	（0~0.5）	0.34	玻利维亚、委内瑞拉、伊朗、希腊、土耳其、拉脱维亚、阿根廷、匈牙利、墨西哥、突尼斯、马来西亚、埃及、菲律宾、阿塞拜疆、吉尔吉斯斯坦、泰国

可以看到，一方面，越是处于技术阶段低的国家，其开发与研究支出在国民生产总值中所占比例越低，从而决定了不可能依靠自身的力量缩小技术差距。另一方面，在发达国家中，跨国公司在其母国的研究与开发占了研究与开发支出的大部分，成为全球技术创新的领头羊。因此，高技术阶段与低技术阶段国家之间的技术差距，在很大程度上是发展中国家企业和大型跨国公司之间的技术差距的一种反映。

一般而言，一国的低技术、中技术和高技术产业是同时并存的，只不过是三者的比例不同而已，不同技术发展阶段的国家具有不同的技术结构。低技术阶段是以低技术产业为主，中技术尤其是高技术比例较小；中技术阶段是以中技术产业为主，同时还具有相当部分的低技术产业和高技术产业，产业技术结构为中低高型；高技术阶段是高技术产业先导或主导，同时还具有相当部分中技术产业，低技术产业大部分已向外转移，产业技术结构为中高低或高中低型。

三、我国地区技术阶段性

R&D 活动是技术进步的源泉。在以知识的生产、分配、使用和转移为基本内容的知识经济中，R&D 将成为决定技术创业和技术发展的决定性因素。技术创新 R&D 是一项高投入、高风险、高收益的事业，高技术产业的研究与开发尤其如此。据计算，引进技术每花费 1 美元时，如果改为自行研究开发，在美国要花费 62 美元，在英国要花费 31 美元，在法国约为 16 美元，在日本约 16 美元（曹宪志，1987）。各国对 R&D 都提供大量的补贴，投入相当多的人力、物力和财力资源。在发达国家，R&D 将成为一个独立的产业。R&D 对经济增长产生巨大影响，原因在于一个 R&D 密集产业的技术溢出到其他产业，就会带动国民经济的技术进步，并以此推进国民经济增长。

2002 年，我国科学研究与试验发展（R&D）经费总支出比 2001 年实际增长 16.4%，总量为 1042.5 亿元，首次跨上 1000 亿元台阶，R&D 经费总支出与国内生产总值（GDP）的比例为 1.1%，达到历史最高水平。以此看，我国技术发展的总体水平已上升到中下技术发展阶段。

但是，由于我国地区之间发展极不平衡，技术水平差距很大（见图 5 -

3)。2002年，我国东部、中部和西部的R&D强度分别为1.35%、0.61%和0.68%，东部R&D强度是中部、西部的2倍左右。北京R&D强度最高，达6.02%，其次是陕西，为2.8%，以世界水平看，北京、陕西已达世界最高技术发展水平阶段。上海、天津、四川、广东、辽宁5个地区R&D强度大于1%，其他占总数74%的23个地区的R&D强度小于1，北京的R&D强度是西藏的43倍。

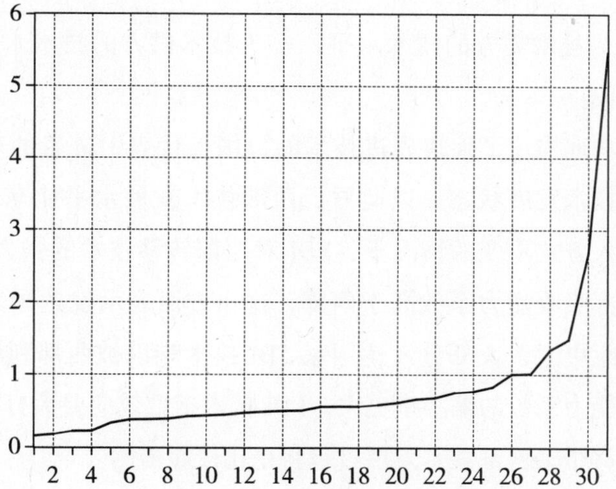

图5-3　2002年我国地区R&D强度曲线

同时，就西部地区看，技术发展也照样不平衡。从国际技术发展阶段看，陕西已处在高技术阶段，四川处在中技术阶段，西部其他地区处在低技术阶段，尤其是内蒙古、广西、贵州、西藏、青海和新疆6个地区仍处在技术最不发达阶段（见表5-4）。不难看出，我国西部地区对FDI的利用能力普遍还很低。

表5-4　2002年我国西部地区R&D强度　　单位:%

地区	R&D强度	地区	R&D强度	地区	R&D强度	地区	R&D强度
内蒙古	0.25	四川	1.3	西藏	0.14	青海	0.39
广西	0.36	贵州	0.49	陕西	2.80	宁夏	0.51
重庆	0.57	云南	0.37	甘肃	0.78	新疆	0.22

资料来源：根据《2003中国统计年鉴》相关数据计算。

四、西部地区技术发展阶段与 FDI 选择

美国学者 Raz Baruch 提出了一个技术扩散的新模型。技术扩散过程需求方的技术发展速度受两个因素的影响：一是需求方的吸收能力；二是供方与需方的技术水平差距。其模型为：

$$\frac{dx_P}{dt} = k(x_L - x_P) \qquad (式 5.1-2)$$

式中，x_P 为技术需方的技术水平，x_L 为技术供方的技术水平，k 为需方的吸收能力系数。

该模型成功地描述了代表先进技术的母国与代表引进者的东道国在技术扩散过程中的技术发展状态。以此看，西部技术发展水平比东部低，在 FDI 技术水平、进入方式不变的情况下，FDI 对西部转移技术的张力更大。然而，问题就在于东部吸收能力系数高于西部，这一方面表示发达国家与西部的技术发展水平差距更大，大部分发达国家 FDI 技术难以被西部利用；另一方面表示西部吸收能力系数的缩小率更大，FDI 技术扩散效应要大打折扣，西部通过 FDI 技术转移带动西部技术发展过程将是比较缓慢的。

从科技政策角度，美国在一份科技政策报告中把科技政策概括为三个阶段。第一个阶段为外国跨国公司发展一个基础设施的基地，包括：①吸引外商直接投资；②创造吸收 FDI 的制度：税收激励、用工激励、管制激励等；③对信息通信、能源、交通基础设施的投入。第二阶段是通过获得外国技术来建设本国经济，包括：①市场进入的补偿政策；②技术转让和技术获得战略；③激励投资者使用本国的转包商和供应商。第三阶段是发展本地 R&D 以及使之商业化的能力，包括：①政府资助 R&D；②投资于技术商业化；③投资于高等教育与人力资本的发展；④资助特定领域的 R&D。该报告同时指出，对于低工资经济来说，第一、第二阶段是可行的战略。但是当人均收入大于 15000 美元时，一个国家就要进入第三发展阶段，以发展基础和应用能力来创造更多的增值活动。

西部地区收入水平较低，劳动力素质低，二元经济特点比较突出，所采用的技术以劳动密集型、资源密集型技术为主。由于 R&D 投入较少，人员比

较缺乏，自主创新能力较弱，技术进步作用不显著。自然，西部地区不能完全依靠当地技术能力实现技术水平的升级，必需引进地区外技术尤其是 FDI，以提升技术能力。

FDI 理论表明，东道国与母国的技术差距越小，吸收能力越大，产业转移越容易，FDI 规模越大。西部地区技术发展阶段低，要素结构和产业结构只适宜于寻求我国廉价要素的中小资本，发达国家大型 FDI 难以入驻西部。目前，西部 FDI 的技术水平明显低于东部，西部广大地区一般只能利用中等技术含量的 FDI。当然，西部一些局部地区也有能力吸收资本—技术密集型 FDI。

第二节　西部创新能力空洞化

在分析技术创新时，我国学者提出了创新空洞现象，并认为采矿、电力等产业过大是导致地区创新空洞现象的原因（尚勇，2001）。目前，创新空洞现象还没有一个明确的定义。地区工业创新空洞导致了地区 FDI 利用能力空洞化。这里，FDI 利用能力空洞化现象是指一个地区传统产业比重较大，创新能力弱，创新能力较强的产业（高技术业）还比较弱，造成地区 FDI 利用能力不足的现象。

一、我国产业创新能力结构

在我国，不同产业部门的创新 R&D 经费投入和 R&D 强度都有较大差距。2001 年，我国 R&D 投入的 51% 集中在制造业，其次是科学研究业，占 31%，两项合计占了 R&D 经费的 82%，建筑业、地质勘察业、农业 R&D 经费投入份额较少，不足 1%。从 R&D 强度看，科学研究部门的 R&D 能力最强，教育部门次之；在工业中，制造业 R&D 能力最强，其次是采掘业，电力业最小（见表 5－5）。

表 5－5　2000 年我国产业 R&D 经费份额与强度　　单位：%

产业部门	R&D 份额	R&D 强度	产业部门	R&D 份额	R&D 强度
农、林、牧、渔业	0.850	0.054	交通运输、仓储及邮电通信业	1.082	0.197
采掘业	2.703	0.498	社会服务业	1.567	0.043
制造业	50.616	1.469	卫生、体育和社会福利业	1.339	1.452
电力、煤气及水的生产和供应业	1.354	0.316	教育、文化艺术及广播电影电视业	8.230	3.083
建筑业	0.594	0.090	科学研究及综合技术服务业	31.111	44.506
地质勘察业、水利管理业	0.554	1.511			

资料来源：根据《2002 中国统计年鉴》相关数据计算。

R&D 资源是技术创新的主要资源。一个地区如果农业比重小，制造业、教育和科学研究产业较强，那么，该地区的产业结构的创新能力较强。反之，如果一个地区农业比重大，制造业、教育和科学研究部门较弱，那么该地区的产业结构的创新能力较弱，可能出现产业创新空洞化。

一般而言，技术吸收能力是 FDI 吸收能力中的核心能力，并且也是与东道国经济发展阶段对应的结构特征相对应的（Chen，1990）。我国西部地区工业化阶段较低，产业结构创新能力低于全国水平。2002 年，西部第一产业高于全国水平 5.6 个百分点，第二产业低于全国 10.38 个百分点。2001 年，西部第一产业 R&D 强度为 0.052%，第二产业为 1.102%。以此看，西部的结构创新能力明显低于全国水平。

二、西部工业结构创新能力

工业是集聚 FDI 最多的产业，说明工业利用 FDI 的能力最强。表面上，一个地区的工业较强，具有比较强的竞争优势，那么，其 FDI 利用能力也比较强。但事实上，由于地区工业结构的较大差异，导致地区对 FDI 利用能力也有较大差距存在。

R&D 能力是利用 FDI 的核心能力。创新空洞现象意味着地区工业结构水平低，产业老化，FDI 利用能力低。在我国工业中，R&D 能力排在前 5 位的工业分别是：电子及通信设备制造业、化学原料及制品制造业、交通运输设备制造业、纺织业、电气机械及器材制造业。在西部，电力、金属冶炼、采掘业是传统优势产业，制造业中的交通运输设备制造业、化学原料及制品制造业也具有规模优势，这与我国优势工业比较吻合，但机械制造业、IT 产业在西部地区中普遍没有优势（表 5 – 6）。工业中电力业、有色金属冶炼及压延加工业、烟草加工业和石油等产业在西部工业体系中起导向作用，这些都是创新能力较弱、FDI 进入很少的产业。烟草加工业、电力工业等产业，不论采用何种先进设备生产，在国际上都属初级加工，几乎很少创新。

表 5 – 6　2001 年西部地区 5 个工业产业部门（C5）集中度　　单位：%

地区	工业部门	集中度
西部	电力蒸汽热水生产供应业、黑色金属冶炼及压延加工业、交通运输设备制造业、石油和天然气开采业、化学原料及制品制造业	37. 64
内蒙古	黑色金属冶炼及压延加工业、电力蒸汽热水生产供应业、纺织业、煤炭采选业、食品加工业	58. 34
广西	食品加工业、交通运输设备制造业、有色金属冶炼及压延加工业、化学原料及制品制造业、电力蒸汽热水生产供应业	48. 87
重庆	交通运输设备制造业、化学原料及化学制品制造业、黑色金属冶炼及压延加工业、非金属矿物制品业、普通机械制造业	50. 36
四川	黑色金属冶炼及压延加工业、电子及通信设备制造业、饮料制造业、化学原料及制品制造业、电力蒸汽热水生产供应业	45. 39
贵州	电力蒸汽热水生产供应业、烟草加工业、黑色金属冶炼及压延加工业、化学原料及制品制造业、有色金属冶炼及压延加工业	56. 43
西藏	非金属矿物制品业、医药制造业、电力蒸汽热水生产供应业、有色金属矿采选业、饮料制造业	69. 17
陕西	石油和天然气开采业、电子及通信设备制造业、交通运输设备制造业、电力蒸汽热水生产供应业、石油加工及炼焦业	46. 50
甘肃	有色金属冶炼及压延加工业、石油加工及炼焦业、电力蒸汽热水生产供应业、化学原料及制品制造业、石油和天然气开采业	58. 40

续 表

地区	工业部门	集中度
青海	有色金属冶炼及压延加工业、黑色金属冶炼及压延加工业、电力蒸汽热水生产供应业、石油和天然气开采业、化学原料及制品制造业	72.21
宁夏	有色金属冶炼及压延加工业、电力蒸汽热水生产供应业、化学原料及制品制造业、石油和天然气开采业、石油加工及炼焦业	53.11
新疆	石油和天然气开采业、石油加工及炼焦业、纺织业、电力蒸汽热水生产供应业、食品加工业	70.31
云南	烟草加工业、有色金属冶炼及压延加工业、化学原料及制品制造业、电力蒸汽热水生产供应业、食品加工业	66.96

资料来源：根据《2001中国西部统计年鉴》和《云南统计年鉴2001》相关数据计算。

西部地区工业技术结构水平低，这是导致西部工业创新空洞化的主要原因。如果把工业分成采掘、制造、电力三大产业，制造业的创新能力最强，采掘业次之，电力业最弱。西部采掘业、制造业、电力业的创新能力都低于全国水平，西部采掘业、电力业和制造业R&D强度分别只有全国水平的67.67%、52.85%和46.97%，数制造业最弱。同时，也由于产业内部结构差异，导致西部产业与全国同产业相比创新能力更弱。从采掘业看，西部除少部分石油、天然气外，大部分是以金属、非金属、森林资源等开采为主要特征，这些比起东部海洋石油等资源开采的创新能力要低一些，内蒙古、宁夏、贵州的采掘业创新能力微弱。我国电力结构是火电、核电、风力发电占70%左右，水电占30%。西部水能资源丰富，我国水电主要来自西部，水电生产几乎是不创新的，内蒙古、广西、贵州、云南电力业的创新能力极弱。制造业部门较多，结构更复杂，西部制造业与东部制造业创新能力差距大。从制造业看，陕西的制造业创新能力最高，高于全国平均水平，西藏、新疆R&D强度极低，其次是云南（见表5－7）。总之，西部工业的创新能力普遍较弱，采掘、电力业作为西部的优势产业，其创新能力也弱于全国水平，制造业更是弱。

表5－7　2000年我国采掘业、制造业和电力业的R&D强度　　单位：%

	采掘业	制造业	电力业		采掘业	制造业	电力业		采掘业	制造业	电力业
全国	0.498	1.469	0.316	四川	0.342	0.681	0.452	甘肃	0.193	0.440	0.122
西部	0.337	0.690	0.167	贵州	0.058	0.665	0.000	青海	1.417	0.738	0.124
内蒙古	0.081	0.338	0.034	云南	0.250	0.249	0.027	宁夏	0.016	0.767	0.113
广西	0.223	0.644	0.084	西藏	0.000	0.000	0.063	新疆	0.423	0.097	0.000
重庆	0.331	0.714	0.100	陕西	0.443	1.978	0.569				

资料来源：根据《2002中国统计年鉴》相关数据计算。

就R&D规模看，西部R&D投入也没有比较优势。西部采掘业的R&D投入占全国采掘业R&D投入份额的15%，不及中部的1/2，不及东部的1/3；西部电力业R&D投入份额更低，不到中部的1/3，不到东部的1/5；制造业R&D投入份额最低，仅为东部的1/7左右（见表5－8）。显然，西部工业R&D投入规模还比较小，这也表明西部工业化发展阶段低，工业结构水平低，技术进步对经济增长作用相对较小是显著性标志。

表5－8　2000年西部采掘业、制造业和电力业R&D投入份额　　单位：%

区域	采掘业	制造业	电力业
东部	47.172	74.208	54.350
中部	37.766	15.795	35.470
西部	15.064	9.997	10.178

资料来源：根据《2002中国统计年鉴》相关数据计算。

三、西部工业FDI利用能力

在工业中，制造业的R&D规模更能代表我国区域利用FDI的配套投入，标志着区域FDI利用能力。我国工业是利用FDI的主体，制造业又是利用FDI的主导部门。2000年，我国吸收FDI中的70.42%流向工业，其中，采掘业为1.43%，制造业为63.48%，电力业为5.51%。若进行正规化处理，采掘业、制造业和电力业的FDI份额分别为2.03%、90.14%和7.82%。也就是说，工业 FDI 的 90% 集聚在制造业。同年，我国东部、中部和西部 FDI 份额分别为 86.51%、8.91% 和 4.57%。这表明东部制造技术能力较强，利用 FDI 多，地区 R&D 投入结构是其 FDI 利用能力的显著性标志，要充分利用 FDI，地区必须进行 R&D 努力。

芬德莱（Findly，1978）建立了一个发达国家向发展中国家技术转移的模型，提出 FDI 投资国与东道国技术差距越大，东道国技术模仿的潜在空间就越大，经济增长速度越快。但是，有些学者并不赞成这个观点。拉潘（Lapan）和巴德罕（bardhan，1973）认为，FDI 输出国与 FDI 输入国的技术差距过大，很可能会造成技术溢出的障碍，影响东道国从 FDI 中获取技术进步的利益。日本学者小岛清引入了“产业移植的比较优势”这一概念，建议在投资国与东道国之间“从技术差距最小的产业依次进行移植”，同时“由技术差距较小的投资国的中小企业做这种移植的担当者”。显然，从投资国角度看，对外直接投资应发生在与其技术差距最小的产业之间。在发达国家，同一产业（如轿车）之间技术差距很小，但产业内部仍有较大的相互直接投资发生。这也意味着，当一个 FDI 投资国在发展中国家转移产业时，首先从技术差距较小的发展中国家依次转移。

实际上，技术差距过大和过小都不适宜技术转移，应当有一个适当的技术差距范围来选择和利用 FDI 技术。从西部技术发展看，FDI 引进只能从自身技术发展水平出发，引进与自己利用能力相适应的 FDI 技术，最好也是技术差距较小的技术，以便快速吸收，促进技术积累。技术差距较大的 FDI 可能使西部移植先进技术而跨越一些产业技术发展阶段，但由于 FDI 技术过于先进，受到跨国公司的严格控制，同时 FDI 所含技术大大超出当地技术水平，缺乏必要的当地技术的参与和支撑，先进技术也可能游离于西部技术体系之外，或是融合度较低，反而对西部的技术积累和进步不能发挥显著的促进作用；相反，即使 FDI 技术不太先进，但与西部的技术差距小，与西部的技术形成一种融合、互补、共存的发展格局，这种 FDI 技术可能对西部的技术积累和进步起着比较可靠的牵引作用。所以，对西部的技术积累和进步而言，FDI 并非技术越先进越好，在引进 FDI 时，必须量体裁衣，量力而行。

值得一提的是，制造业部门较多，同是制造业，其技术水平和 FDI 利用能力有显著不同。在制造业中，机械尤其是电子信息等高技术产业的 R&D 强度较高，一般也在制造业 R&D 强度的 2 倍以上，其 FDI 利用能力很强；金属冶炼等工业部门的 FDI 利用能力仍很低。此外，烟草加工业是贵州、云南等地区的支柱产业，如云南烟草加工业增加值占云南工业增加值的近一半，然而烟草加工业一直是不鼓励或禁止 FDI 进入的工业。目前，我国烟草加工业的“三资”企业只有 6 家，占我国“三资”工业企业总数的 0.02%，工业增加值只占“三资”工业企业增加值的 0.09%。在这种政策约束下，烟草加工业失去了引进 FDI 的能力。这对西部一些地区 FDI 利用能力产生了不利的影响。

第三节 工业结构与 FDI 利用能力

工业结构的 FDI 利用能力一方面与工业创新能力结构有关，另一方面与产业规模的比较优势有关。尤其是在跨国公司 FDI 方式发生变化，并购成为 FDI 进入的重要方式下，地区产业比较优势对 FDI 利用能力有直接影响。工业结构表示一种特殊资源配套能力、技术高度和规模集聚效应等。西部工业结构与 FDI 工业结构相关性较低、相似性较低，说明西部工业对 FDI 利用能力较低。

一、FDI 产业结构与西部产业结构差异性

区域创新系统的最大作用在于提高区域竞争力，包括对 FDI 的竞争力。在英国经济学家克里斯托弗·弗里曼（1987）的创新系统中，产业结构是一个重要方面（见图 5-4）。他认为，创新的成功与失败取决于产业结构以适应技术发展的要求及可能性的能力。

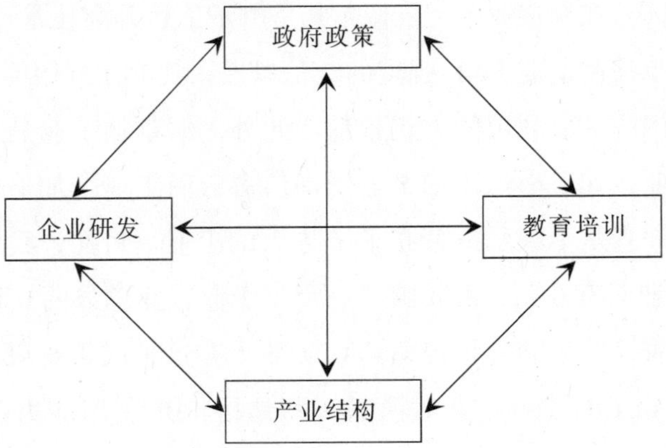

图 5－4　弗里曼的国家创新系统结构

同样，区域企业研发、产业结构、教育培训和政府都以不同方式作用于区域 FDI 利用能力。但是，产业是利用 FDI 的主体，产业结构在宏观上反映了区域企业的研究与开发能力、企业集聚与集中度等方面利用 FDI 的能力。产业结构是区域技术、人力等资源配置结构和整体效益，尤其是工业结构的高度和结构效应对 FDI 利用能力具有决定性影响。

在有关区域（地区）比较优势的实证分析中，最常用的是巴雷萨的显示比较优势指数（*RCA*）。它将一区域（地区）的产业结构与全国产业结构进行比较来反映该区域（地区）产业的显性比较优势，它是专业化比较优势，构成产业竞争力基础。产业 i 的区域（地区）显示比较优势 RAC_{ir} 定义为区域（地区）R 产业 i 产值（X_{ir}）占全国产业 i 产值（X_{iN}）比重与区域（地区）R 的国民生产总值（*GDPR*）占全国的国民生产总值（*GDPN*）比重与之比，计算公式：

$$RCA_{iR} = (X_{iR}/GDPR) \div (X_{iN}/GDPN) \qquad \text{（式 5.3－1）}$$

如果区域（地区）显示比较优势 $RAC_{ir}>1$，则表示 R 区域（地区）i 产业具有专业化比较优势，并且区域（地区）比较优势指数越大，比较优势就越显著。如果区域（地区）显示比较优势 $RAC_{ir}<1$，则表示 R 区域（地区）i 产业没有比较优势，并且区域（地区）比较优势指数越小，比较优势就越不显著。一般认为，若 $RAC_{ir}>2.5$，表明 R 区域（地区）i 产业具有极强竞争优势；若 $1.25<RAC_{ir}\leq 2.5$，它表明 R 区域（地区）i 产业具有较强竞争优势；

若$RAC_{ir} \leq 0.8$，它表明区域（地区）R 产业 i 的竞争优势较弱。

跨国公司总是希望进入地区的比较优势工业，以利用地区比较优势产业的专业化优势、市场份额优势和规模集聚效应。2000 年西部有 16 个比较优势产业，其中，烟草加工业、有色金属矿采选业是西部比较优势极强的工业，石油和天然气开采业、饮料制造业、非金属矿采选业等 8 个产业是西部比较优势较强的产业。西部工业的显著特点是采掘业，以及建立在采掘业之上的金属冶炼和非金属矿物制品业，电力、烟草加工业等初级品加工业具有较强的比较优势，机械制造业中除交通运输设备制造业略有比较优势外，其他制造业没有比较优势。FDI 参与度（贡献率）较大工业产业却是电子及通信设备制造业等高技术产业和一般机械制造业。不难看出，西部工业与 FDI 工业的结构差异较大，西部 16 个比较优势工业中，只有交通运输设备制造业、印刷业记录媒介的复制业在 FDI 参与度较大的 16 个工业之列，但排名已在 10 之外（见表 5－9）。

表 5－9　2000 年西部比较优势工业部门与 FDI 工业参与度

西部工业部门	西部	FDI 工业部门	参与度
烟草加工业	3.727	电子及通信设备制造业	43.406
有色金属矿采选业	2.895	文教体育用品制造业	39.546
有色金属冶炼及压延加工业	2.299	皮革毛皮羽绒及其制品业	36.362
石油和天然气开采业	1.934	仪器仪表文化办公用机械业	32.929
饮料制造业	1.663	服装及其他纤维制品业	32.411
非金属矿采选业	1.638	家具制造业	29.386
煤炭采选业	1.496	塑料制品业	29.385
电力蒸汽热水生产供应业	1.492	食品制造业	27.786
医药制造业	1.470	橡胶制品业	23.670
黑色金属冶炼及压延加工业	1.310	金属制品业	23.103
印刷业记录媒介的复制业	1.248	电气机械及器材制造业	22.714
食品加工业	1.197	交通运输设备制造业	20.471
黑色金属矿采选业	1.168	印刷业记录媒介的复制业	19.553
交通运输设备制造业	1.152	造纸及纸制品业	19.143
非金属矿物制品业	1.115	木材加工及竹藤棕草制品业	18.582
化学原料及制品制造业	1.040	饮料制造业	18.459

资料来源：根据《2001 中国西部统计年鉴》和《2001 中国统计年鉴》相关数据计算。

从创新看，西部工业结构的创新能力，以及相关联的教育、企业研发等方面的能力也较低，这使西部有能力利用的 FDI 受到极大限制，大部分西部地区只能利用一些技术含量较低、不要求有较高研究和开发能力的工业 FDI，同时，FDI 技术含量较低的 FDI 一般来自工业化水平较低的国家和一些新兴工业化国家。

二、FDI 工业与西部产业等级相关性假设检验

我国西部工业结构与我国 FDI 工业结构的相关性较差，但还需要对 FDI 工业与西部工业总产值结构的相关性进行等级相关检验，以进一步证实其可靠性。所使用的仍是斯皮尔曼（Spearman）等级相关系数，计算公式为：

$$R = 1 - \frac{6\sum_{k=1}^{m} d_k^2}{m(m^2 - 1)} \quad （式 5.3-2）$$

其中，m 为工业部门数，$m=35$，d_k 为按西部地区工业的排序数和 FDI 工业的排序数之差。提出零假设与备择假设：

$$H_0: \rho = 0$$

$$H_1: \rho \neq 0$$

$$R \sim N(0, \frac{1}{m-1}) = N(0, \frac{1}{34})$$

构造统计量：

$$Z = \sqrt{34}R$$

给定显著性水平 $\alpha = 0.05$，临界值 $Z_{0.025} = 1.96$。若 $Z_{0.025} > 1.96$，应拒绝 H_0，接受 H_1；若 $Z_{0.025} < 1.96$，应接受 H_0，拒绝 H_1。换言之，若 $R > 0.336$，则等级相关显著；反之，则等级相关不显著。

FDI 工业结构与我国工业结构是等级相关的，与西部的工业结构的等级相关性却不显著。目前，西部四川和陕西工业结构与 FDI 工业结构是等级相关显著，说明这两个地区的优势产业符合 FDI 进入目标取向，广西和重庆的工业结构与 FDI 工业结构的等级相关性不显著，但仍有一定的相关性。然而，其他 8 个西部地区工业结构与 FDI 工业结构呈等级负相关（见表 5-10）。这

意味着，这些地区越是优势的工业，FDI 越不进入，两者方向相反，其工业结构对 FDI 的利用能力比较弱。

表 5－10　2000 年西部工业结构与 FDI 工业结构等级相关系数

中国	西部	内蒙古	广西	重庆	四川	贵州	西藏	陕西	甘肃	青海	宁夏	新疆	云南
0.680	0.192	-0.007	0.110	0.187	0.535	-0.042	-0.128	0.450	-0.003	-0.092	-0.111	-0.114	-0.103

资料来源：根据《2001 中国西部统计年鉴》和《2001 中国统计年鉴》相关数据计算。

西部地区工业结构具有一些区域性特点。西藏工业结构独树一帜，它与西部任何一个地区的工业结构等级不相关。新疆与云南的产业结构比较特殊，云南工业结构只与贵州的工业结构等级相关显著，而且在西部工业结构等级相关性最显著的两个地区，新疆与陕西、甘肃、宁夏的工业结构等级相关，与其他大部分西部地区工业结构等级相关性不显著，甚至是呈负相关。西南地区重庆、四川、广西的工业结构等级相关，西北地区陕西、甘肃、新疆具有工业结构等级相关显著（见表 5－11）。

表 5－11　2000 年西部地区工业结构等级相关系数

	内蒙古	广西	重庆	四川	贵州	西藏	陕西	甘肃	青海	宁夏	新疆	云南
内蒙古	1.000	0.401	0.150	0.608	0.540	0.146	0.169	0.503	0.544	0.499	0.213	0.157
广西		1.000	0.511	0.495	0.488	0.243	0.255	0.359	9.438	0.331	-0.015	0.266
重庆			1.000	0.366	0.464	0.023	0.384	0.070	0.137	0.065	-0.068	0.121
四川				1.000	0.503	0.213	0.483	0.313	0.366	0.238	0.079	0.198
贵州					1.000	0.247	0.197	0.458	0.539	0.470	-0.066	0.747
西藏						1.000	0.041	0.095	0.119	0.036	-0.037	0.030
陕西							1.000	0.439	0.259	0.327	0.682	0.052
甘肃								1.000	0.789	0.859	0.520	0.197
青海									1.000	0.729	0.289	0.232
宁夏										1.000	0.424	0.158
新疆											1.000	-0.079
云南												1.000

资料来源：根据《2001 中国西部统计年鉴》和《云南统计年鉴 2001》相关数据计算。

产业结构与产业技术结构息息相关。由于技术进步是时间的函数，它只会随时间的推移不断发展，各产业之间尽管有技术差距，但总体的技术结构是随发展阶段的演进而变化的，由此也决定了各产业部门之间的投入产出系数在较长时间内也会相对稳定。因此，一般说来，技术结构是一个比较稳定的变量。经验也表明，跨国公司采购水平是依国别技术水平而变化的。在亚洲，跨国公司在所谓新兴工业化国家的采购水平就高于其他亚洲国家，“跨国公司的本地采购程度必定受被采购国现有技术能力的影响”（UNCTC，1992）。从而也说明为什么在发展程度相当的地区产业结构不易从跨国公司的采购活动中得到一种关联效应，FDI 发展过程缓慢。

三、FDI 工业与西部产业结构的相似性

FDI 工业与西部工业结构的相似性可以体现西部产业结构利用 FDI 能力的水平。假定地区 R 的工业结构向量为 X，即 $X=(x_1、x_2,\cdots,x_n)$，*FDI* 工业结构向量为 $Y=(y_1、y_2,\cdots,y_n)$，其中，x_i、y_i 分别表示地区与 FDI 第 i 个工业部门在总产值中的比重，则我国（西部地区）工业与 FDI 工业的结构相似性系数：

$$S(x,y)=\frac{\sum_{i=1}^{35}x_iy_i}{\sqrt{\sum_{i=1}^{35}x_i^2\sum_{i=1}^{35}y_i^2}} \qquad （式 5.3-3）$$

相似性系数值从 0 到 1，系数值越大，表明地区工业结构与 FDI 工业结构越相似。2000 年，FDI 工业结构与我国工业结构的相似性系数最高，与西部的工业结构的等相似性却只有 50%，西部四川和陕西工业结构与 FDI 工业结构相似性在 60% ~70% 之间，高于西部平均水平，说明这两个地区的优势产业大部分符合 FDI 进入目标，内蒙古、广西、贵州、甘肃、宁夏和重庆的工业结构与 FDI 工业结构只有 25% ~45% 的相似性。青海、新疆和云南工业结构与 FDI 工业结构相似性在 20% 以下，其结构差异性较大（见表 5 - 12）。这意味着，西部大部分地区工业与 FDI 进入的目标产业的偏差较大，西部工业结构对 FDI 的利用能力比较弱。

表5－12　2000年西部工业结构与FDI工业结构相似性系数

中国	西部	内蒙古	广西	重庆	四川	贵州	西藏	陕西	甘肃	青海	宁夏	新疆	云南
0.773	0.501	0.289	0.410	0.372	0.692	0.279	0.164	0.635	0.309	0.179	0.250	0.130	0.145

资料来源：根据《2001中国西部统计年鉴》和《2001中国统计年鉴》相关数据计算。

西部地区之间工业结构的同构性与差异性是同时存在的。西藏工业结构与西部其他地区的相似性均在50%以下，与新疆工业结构的相似性不到20%。云南工业结构是最具特殊性的，云南与贵州工业结构相似性高达82%，云南与新疆工业结构相似性为12%，这是西部地区中工业结构相似性最低的两个地区。西北地区中宁夏、甘肃、青海工业结构相似性高达80%以上，是西部地区中结构最相似的地区。西南地区重庆、四川、广西的工业结构相似性也在50%以上。四川和陕西是西部地区中与FDI工业结构相似性较高的两个地区，其结构相似性系数也在50%以上（见表5－13）。西部地区之间的结构相似性差异表示西部地区对FDI利用能力仍有较大差异，陕西、四川具有较强的利用FDI的工业结构能力，其他地区工业结构与FDI工业结构差距甚大，难以利用规模较大、质量较高的FDI。

实际上，跨国公司与地区的资源是相互利用、相互选择的。在这种过程中，跨国公司更具有主动性。在全国地区FDI竞争格局下，FDI供不应求。由于西部工业结构水平低，技术含量、人员素质、创新能力等与主流FDI的要求差距甚远，大部分西部地区工业的初低级资源过量，创新资源严重不足，FDI资源与西部广大地区优势产业资源错位，聚合度低，聚合质量差，以致西部工业结构效应难以发挥。

表5－13　2000年西部地区FDI工业结构相似性系数

	内蒙古	广西	重庆	四川	贵州	西藏	陕西	甘肃	青海	宁夏	新疆	云南
内蒙古	1.000	0.612	0.352	0.748	0.689	0.378	0.472	0.665	0.660	0.669	0.391	0.354
广西		1.000	0.630	0.713	0.678	0.476	0.569	0.599	0.597	0.594	0.254	0.457
重庆			1.000	0.535	0.592	0.229	0.545	0.305	0.311	0.311	0.122	0.282

续　表

	内蒙古	广西	重庆	四川	贵州	西藏	陕西	甘肃	青海	宁夏	新疆	云南
四川				1.000	0.695	0.467	0.712	0.583	0.555	0.551	0.332	0.419
贵州					1.000	0.461	0.494	0.644	0.686	0.676	0.200	0.820
西藏						1.000	0.314	0.284	0.351	0.264	0.157	0.212
陕西							1.000	0.644	0.479	0.582	0.741	0.321
甘肃								1.000	0.825	0.863	0.639	0.389
青海									1.000	0.810	0.430	0.414
宁夏										1.000	0.553	0.406
新疆											1.000	0.122
云南一												1.000

资料来源：根据《2001 中国西部统计年鉴》和《云南统计年鉴 2001》相关数据计算。

第四节　西部资源配套能力

FDI 进入地区后的生存和发展，取决于地区资源的丰度和品质。若地区能为跨国公司提供丰富的、多样性的资源，有较长的“食物”链，跨国公司才能与地区企业形成一个生态系统。广大西部地区高等资源贫乏，配套能力不足，使得较大规模的、资源品质要求较高的 FDI 难以适应西部地区资源环境。换言之，广大西部地区对 FDI 的资源配套程度较低，对 FDI 利用能力低。

一、人力资源配套能力

在 FDI 配套资源中，人力资源是最重要的资源。一个地区要成功地、较大规模地利用 FDI，必须具有相应规模的、相应品质的人力资源。理论表明，FDI 进入会加速地区人力资源形成和集聚；反过来，具有结构效应和规模集聚效应的人力资源是地区有效利用 FDI 的前提所在。

（一）西部地区人力资源结构

人力资源有其结构与质量。跨国公司的一个职业经理人价格往往高于普通员工几十倍，甚至百倍。一个地区人力资源结构对FDI利用能力产生重要影响。我国西部地区，由于受地理条件、教育等因素的影响，人力资源结构偏低，这对FDI利用能力有着极为不利的影响。

以2002年抽样统计数据计算，全国初中、高中、大专以上的人口结构是：初中占68.68%，高中占22.72%，大专以上占8.59%，西部初中、高中、大专以上人口比例分别为69.22%、22.53%和8.24%。比较明显的是，西部初中人口比例高于全国平均水平，大专以上人口比例低于全国水平。这说明，西部的人力资源结构水平较低，质量较低。同年，北京和上海初中人口比例已降到50%以下，大专以上比例在25%以上，与之相比，西部人力资源质量比较低，其价格也比较低。

当然，西部地区人力资源结构水平差距比较大，并非西部所有地区的人力资源结构都比较低，西部局部地区人力资源结构水平高于全国水平，与某些东部地区也不分上下。从2002年看，内蒙古、陕西、青海和甘肃的人力资源结构高于全国平均水平，它们均分布在西北。云南与西藏的人力资源结构水平是全国最低的两个地区，其初中人口比例还在75%以上，大专以上比例不足6%（见表5－14）。

表5－14　2002年西部地区初中、高中、大专以上的人口结构　　单位:%

地区	初中	高中	大专以上	地区	初中	高中	大专以上
内蒙古	64.78	25.55	9.67	西藏	76.22	18.65	5.14
广西	71.45	21.84	6.71	陕西	67.12	25.21	7.67
重庆	71.60	21.47	6.92	甘肃	66.32	26.68	7.01
四川	70.55	21.67	7.78	青海	69.54	22.52	7.93
贵州	73.09	18.34	8.57	宁夏	65.63	23.31	11.06
云南	75.07	18.99	5.94	新疆	56.21	26.30	17.50

资料来源：根据《2003中国统计年鉴》相关数据计算。

另外，西部地区高素质（大专以上）人力资源规模较小，难以产生人才集聚效应。西部地区大专以上人力资源占全国份额为23.50%，仅有东部地区的一半。西部地区中，四川大专以上人力资源占全国份额为5.38%，具有一定规模集聚效应；内蒙古、广西、贵州、陕西和新疆的份额在2% ~3.5%之间；青海、宁夏、西藏的份额小于1%，其中西藏的份额仅为0.034%，这些地区几乎没有人才集聚效应产生。

（二）西部研发人员

工程技术人员和科学研究人员是构成FDI利用能力的中坚力量。以2002年数据计算，我国工程技术人员的46.62%、科学研究人员的47.10%都分布在东部地区，西部地区分别只有23.65%和22.93%的份额。西部地区中，四川的工程技术和科学研究人员占全国份额都在4%以上，处于首位，其次是广西、云南和陕西的这两项指标处于较高水平，西藏、青海和宁夏的这两项指标均在1%以下（见表5 -15）。这几个地区对利用FDI的工程研究人员配套能力比较低。

表5 -15　2002年西部万人科学家、工程技术和科研人员占全国份额

地区	科学家、工程师数（人/万人）	工程技术人员（%）	科学研究人员（%）	地区	科学家、工程师数（人/万人）	工程技术人员（%）	科学研究人员（%）
内蒙古	374	1.89	1.75	西藏	127	0.09	0.31
广西	218	3.44	2.69	陕西	406	2.80	2.30
重庆	277	1.49	1.90	甘肃	261	1.95	1.69
四川	235	4.39	4.39	青海	299	0.36	0.44
贵州	177	1.89	1.48	宁夏	359	0.68	0.63
云南	198	2.96	3.11	新疆	504	1.70	2.23

资料来源：根据《2003中国统计年鉴》相关数据计算。

进一步看，全国万人科学家、工程师数为408人，东部819人，西部286人，西部仅为东部的35%。其中，新疆科学家、工程师密度高于全国平均水平；陕西达到全国平均水平；贵州、西藏和云南万人科学家、工程师数低于200人。这种人才资源状况对高质量FDI的利用、吸收和消化能力是极低的。

（三）制造业人员素质

在工业化进程中，地区制造业的技术人员数量与质量是地区技术能力的

重要标志，在我国也是利用FDI的主力军。因此，地区制造业的技术人员数量与质量是地区FDI能力强弱的一个显著性标志。

西部制造业人员与东部地区存在规模与质量的重大差距。首先从份额上看，东部地区制造业人数占全国份额为57.88%，技术人员份额为51.21%，西部地区制造业人数占全国份额为14.74%，技术人员份额为20.10%，因此，在数量上东部制造业人数与技术人员数占优势。就制造业人数看，西部地区中，四川居第一，达300万人以上，其次是陕西，在150万人以上，这两个地区的制造业人数规模超过北京和天津，具有规模优势，但由于这两个地区单位面积集聚度低，较大程度上影响了其集聚效应；新疆、宁夏、青海和西藏制造业人数小于50万人，这些地区难以产生制造业的集聚效应；重庆等西部地区具有局部的制造业集聚效应。再从制造业技术人员规模看，四川仍居第一，达20万人以上，其次是陕西，在18万人以上，分别居全国第7位和第10位，这两个地区具有发展高技术产业的人才基础，也是有效利用高品质FDI的两个地区；宁夏、青海和西藏制造业技术人数小于3万人，利用FDI的能力十分有限。然而，西部地区制造业技术人员比重为7.45%，高于全国5.46%水平，其中陕西、内蒙古、甘肃和新疆等技术人员的比重达8%，高于上海和天津水平（见表5－16）。这说明，西部制造业具有较高的人员素质，关键是规模小、技术存量低，难以产生集聚效应，极大地制约了大部分西部地区的FDI利用能力。

表5－16　2002年西部地区制造业人数、技术人员数及比重

地区	就业人数（万人）	技术人员数（万人）	技术人员比重（%）	地区	就业人数（万人）	技术人员数（万人）	技术人员比重（%）
内蒙古	81.6	7.1	8.70	西藏	2.8	0.1	3.57
广西	142.9	8.8	6.16	陕西	169.9	18.2	10.71
重庆	138.5	10.1	7.29	甘肃	88.1	7.9	8.97
四川	339.3	20.9	6.16	青海	17.3	1.1	6.36
贵州	120.9	7.5	6.20	宁夏	25.7	2.0	7.78
云南	115.0	8.1	7.04	新疆	47.2	4.2	8.90

资料来源：根据《2003中国统计年鉴》相关数据计算。

具有一定规模的高素质、低价格的劳动力资源，是地区利用 FDI 的比较优势方面。但就劳动力价格、质量和数量之间，跨国公司更关注质量与规模。在我国，东部劳动力价格高于西部劳动力价格。2002 年我国国有及国有控股企业平均工资为 12931 元，FDI 企业平均工资为 12992 元，东部国有及国有控股企业平均工资为 16110 元，FDI 企业平均工资为 16137 元，两者均高于全国平均水平；西部国有及国有控股企业平均工资为 12997 元，FDI 企业平均工资为 12695 元，两者均低于全国平均水平。西部具有劳动力工资比较优势，但跨国公司仍向东部集聚，原因是东部人力资源集聚效应会降低劳动力综合成本。还有一个独特现象是西部 FDI 企业平均工资低于国有及国有控股企业平均工资，FDI 企业对当地人力资源没有太大的吸引力。在人力资源结构不变的情况下，人力资源规模集聚效应呈“U”字形成本曲线，FDI 的人力资源需求曲线、人力资源供给曲线是两条随劳动力价格上升的直线，但 FDI 对人力资源需求曲线的弹性更大（见图 5－5）。

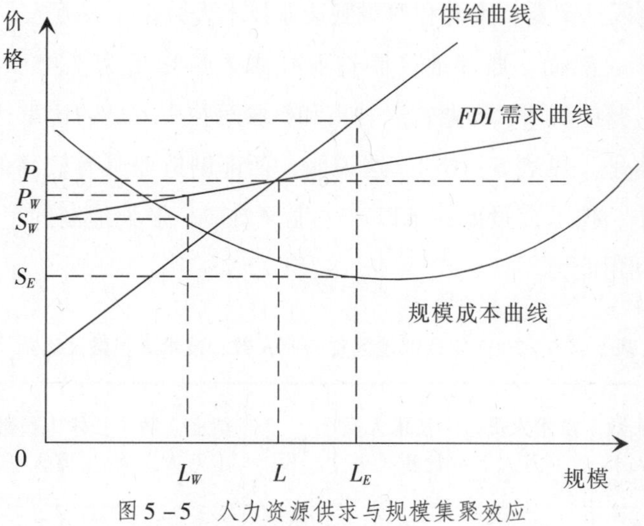

图 5－5 人力资源供求与规模集聚效应

FDI 对劳动力的需求与价格的均衡点为（P，L）。西部地区在均衡点左侧，其特点是人力资源价格低于平均水平，但 FDI 对西部人力资源需求不足，这时，由于供方竞争，导致劳动力价格低。东部地区在均衡点右侧，其特点是人力资源价格高于平均水平，但 FDI 对东部人力资源需求旺盛，供给不足，这是跨国公司的竞争导致人力资源价格较大。即使如此，由于价格张力吸引了其他地区如西部地区人力资源向东部集聚。由于知识溢出，信息成本下降，配套能力增强，外部效应导致了人力资源综合成本下降，产生了边际报酬递增。从图5－5看，东部人力资源集聚效应对人力资源价格的缩减作用（$P_E - S_E$）大于西部（$P_W - S_W$）。因此，纵使东部人力资源价格高于西部，但对跨国公司来说，投资在东部仍比较合算。

二、资本配套能力

FDI对当地资本积累的影响，一方面是通过增进当地技术进步、管理、市场营销等无形资本的形式实现，另一方面是通过增加当地资本积累来实现。由外国投资者所建立的与当地企业的前向或后向联系是决定东道国资本形成全部影响的关键因素（UNCTAD，1999）。为与FDI配套，政府还进行必要的投资，如对一些企业进行技术改造；为了配套FDI，必须进行一定的研究与开发投资、教育培训等。此外，地区的融资能力尤其是风险资本融资配套能力对利用FDI也有重要影响。

从我国经验看，一个地区所吸收的外商直接投资对地区资金配套能力有较高要求。20世纪90年代初的调查表明，外商每投资1美元大约需要7元人民币的地方资金提供保障（武超，1991）。这个数字还低于国际直接投资1～2的配套系数。具有特别意义的是，我国开发区建设主要也是针对吸收外商直接投资的，这些开发区大都在城市郊区，属于待开发地区。对于未开发地区，外商投资资金配套显得格外重要，这不仅要地区财政提供资金，银行提供流动资金，而且还包括“三通一平”、“九通一平”等基础设施的前期建设投入。显然，地区资金配套能力对FDI的引进起初始的决定作用。一方面，假若地区不进行配套投资，未能形成当地与FDI配套的前向或后向联系企业，FDI就难以形成现实的生产力；另一方面，对合资企业来说，如果当地没有相应的资本配套能力，肯定是不能成立的。还有一个重要原因是，当地与FDI配套的资本越多，越能降低不确定性和风险，节约交易成本，这也是地区投资环境的试金石。

（一）注册配套资本

在FDI企业注册资本中的地区资本规模表示地区资本对FDI企业参与度

和直接对FDI的资本配套能力，它反映FDI能在地区寻找合作伙伴的难易程度。2002年，在FDI注册资本中，东部占中方配套注册资本的79.73%，西部仅占9.33%。西部地区中，四川的资本配套能力最强，其次是陕西、广西、重庆、云南，这5个地区占了西部FDI配套注册资本的80%，西部其他地区的资本配套能力较弱。从资本配套比重看，FDI企业中方资本注册比重为28.46%，东部为26.76%，低于全国地区平均水平，西部为38.91%，除青海外，西部其他地区高于全国平均水平（见表5－17）。总体上，西部资本配套能力不足，跨国公司却要求西部配套较多资本，这种博弈关系最终达成均衡，当然，这是一种仍对西部配套投资较小的博弈均衡。

表5－17　2002年西部注册资本及比重

地区	地区注册资本（万美元）	地区注册资本份额（%）	地区注册资本比重（%）	地区	地区注册资本（万美元）	地区注册资本份额（%）	地区注册资本比重（%）
内蒙古	73890	0.533	48.052	西藏	7087	0.051	36.865
广西	193929	1.399	32.709	陕西	202881	1.463	34.917
重庆	150350	1.084	35.849	甘肃	67858	0.489	42.140
四川	348701	2.515	46.406	青海	9450	0.068	25.906
贵州	40799	0.294	34.095	宁夏	32666	0.236	41.404
云南	134310	0.969	39.522	新疆	32198	0.232	44.952

资料来源：根据《2003中国统计年鉴》相关数据计算。

（二）地区资本配套与FDI博弈均衡①

跨国公司和地区是博弈主体（player），作为博弈中的决策主体，必须有可供选择的行动和一个定义的偏好函数，其目的是通过选择行动（或战略）以最大化自己的支付（收益）水平。

1. 跨国公司反应函数

对于跨国公司，在一定约束条件下，选择最优投资规模，以实现投资收

① 本部分参照了杨建龙先生的研究成果。

益的最大化。如图 5-6，DD 表示地区的资本需求曲线，横轴表示资本规模，纵轴表示资本收益，Q_1 为地区配套资本规模，无 FDI 时的收益率为 r_1，地区资本总收益为 $Q_1{}^*r_1$。

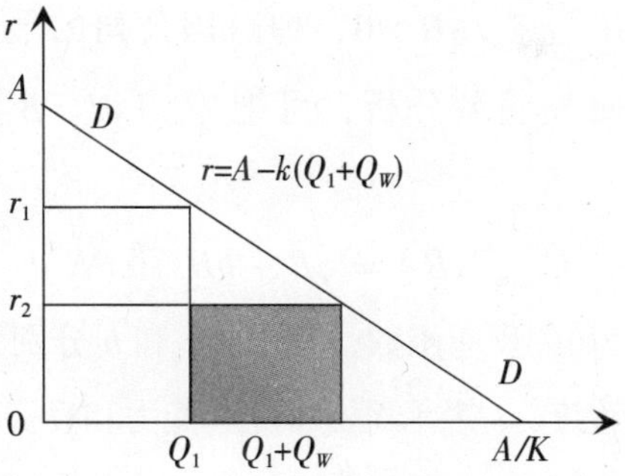

图 5-6　跨国公司对地区配套资本的反应

假设 FDI 规模为 Q_w，则地区 FDI 企业注册资本总量为 Q_1+Q_w，收益率下降为 r_2，FDI 的总收益为 $Q_w{}^*r_2$（图 5-6 中阴影面积）。设地区资本的需求曲线为：

$$r = A - kQ(A,k\text{ 为常数}) \qquad \text{（式 5.4-1）}$$

FDI 收益函数为：

$$R = Q_w{}^*r = Q_w(A - k^*)(Q_1 + Q_w) \qquad \text{（式 5.4-2）}$$

要使 R_w 最大化，则 dR_w/dQ_w，得：

$$Q_w^* = (A - k^*Q_1)/2k \qquad \text{（式 5.4-3）}$$

跨国公司对地区直接投资行为有两个显著特点：

其一，地区配套资本规模越大，资本的收益率越低，所以对跨国公司来说，存在一个使其总收益最大化的最优投资规模。在该规模水平上，FDI 的边际收益等于边际成本，其收益水平达到最大，所以，跨国公司投资决策最大化是使其实际投资规模等于最优投资规模。

其二，跨国公司投资最优规模由多方面因素共同决定，其中，投资收益率（r）无疑是最主要的因素，在保证投资收益最大化的前提下，跨国公司的投资规模随投资收益率的提高而增加。

跨国公司投资的收益率又由很多因素决定。根据邓宁理论，FDI 的收益率由东道国区位因素所决定。这里，投资收益率定义为地区投资环境（H）和地区配套资本（B）的函数即 r（B，H）。显然，投资环境越好，投资收益率越高，$\partial r/\partial H>0$；地区对 FDI 的资本配套能力越大，投资收益率越高，$\partial r/\partial B>0$。进一步可通过 $\partial Q_w/\partial r>0$，把 FDI 规模表示为 B 和 H 的函数：Q_w（H，B），且有：$\partial Q_w/\partial B>0$，$\partial Q_w/\partial H>0$，即跨国公司的最优投资规模随 B 和 H 的增加而增加。为了便于模型分析，可把 Q_w（H，B）定义为一个非线性函数：

$$Q_w(H,B) = aB + bH + cBH \qquad （式 5.4-4）$$

式 5.4-4 为跨国公司的反应函数，其中，a 和 b 分别为跨国公司对地区资本配套和投资环境的偏好程度，c 表示对资本配套能力和投资环境协同作用系数。

2. 地区反应函数

当把地区的博弈策略限定为资本配套时，地区的决策可简化为：在一定约束条件下，选择最好的资本配套规模，实现利用 FDI 收益的最大化。

根据图 5-6 分析，地区收益由许多因素共同决定。一般而言，随着 FDI 规模 Q_w 的增大，地区的总收益在不断增加，所以有：

$\partial R_w/\partial Q_w > 0$

然而，FDI 作为地区的经济发展投资品，随着地区区位优势下降，对地区的边际贡献是递减的，所以：

$\partial^2 R_w/\partial Q_w^2 < 0$

这就是说，进入地区的 FDI 存在一个最优规模 Q_d^*。这一点被邓宁的直接投资周期理论所证实。根据 FDI 在地区的这种由小到大再到小的特性（见图 5-7），构造的地区投资收益水平与 FDI 规模之间的函数为：

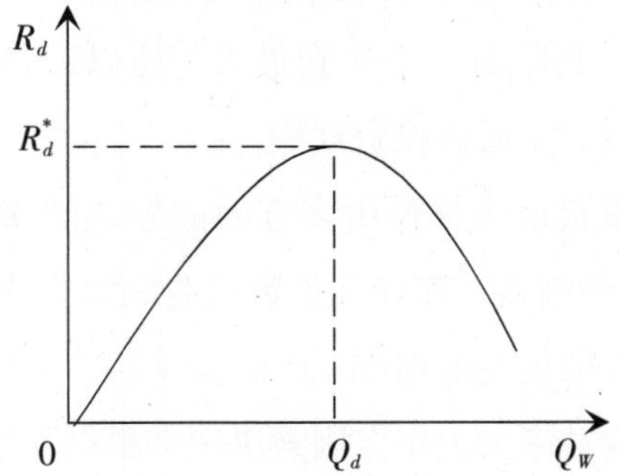

图 5-7　地区投资收益与 FDI 规模的关系

$$R_d = R_d^* - k(Q_d^* - Q_w)^2 \quad （式 5.4-5）$$

其中，k 为由于 FDI 不足或过分充足时的地区损益系数。

当 $Q_w=0$，$R_d=0$ 时，$\partial^2 Rw/\partial Q_w^2<0$，所以：

$$R_d = 2kQ_d^* Q_w - kQ_w^2 \quad （式 5.4-6）$$

为了简化分析，可将这些因素限制为：地区对 FDI 的需求规模，跨国公司的实际投资规模（Q_w）；地区资本配套能力（B），将其收益函数定义为：

$$R_d(Q_d^*, Q_d, B) = 2k_1 Q_d^* Q_w - k_1 Q_w^2 - k_2 B Q_w \quad （式 5.4-7）$$

其中，k_1 为地区利用 FDI 的收益系数，是由很多被假定为不变或分析中被舍弃掉的因素，如：地区对 FDI 的偏好，地区对 FDI 的吸收和利用能力；k_2 为地区利用 FDI 的成本系数，反映了一定 FDI 规模和资本配套条件下，地区由于经济收益和市场的损失而承担的成本，这是一个由很多因素如地区创新能力、产业的竞争地位、政策环境等共同决定的参数。

式 5.4-3 为地区对 FDI 的反应函数，该函数的基本含义是：给定 FDI 的投资规模，地区最大化自身利益的最优配套资本水平与跨国公司的实际投资规模成反比，与地区资本缺口的大小成正比。当 $Q_w=Q_d^*$，$B=0$ 时，即不需要任何配套资本；$Q_w<Q_d^*$，地区还存在一定的资本缺口，这时，$B>0$，即需要配套资本吸引跨国公司投资，而且地区资本缺口与跨国公司实际投资规模的缺口越大，地区资本的配套程度应该越高，以吸引更多的 FDI 来弥补缺口；而当 $Q_w>Q_d^*$ 时，$B<0$，这时，地区吸引的 FDI 超过了地区的吸收和利用能力，由于承担了过大的引资成本，地区的最优策略是对跨国公司投资给予选择，使跨国公司的投资规模与本地区的实际利用能力相一致。

地区收益函数中 $2k_1 Q_d^* Q_w - k_1 Q_w^2$，反映不考虑其他收益和成本因素时，地区利用 FDI 的收益在跨国公司实际投资规模 Q_w 与地区的外资需求规模 Q_d（东道国的资本缺口）相等时达到了最大。也可以理解为，假定地区利用跨国公司投资的最大潜在收益一定，则其实际的引资收益等于最大潜在收益减去跨国公司实际投资与地区需求缺口所致的地区潜在收益损失。

收益函数中的 $k_2 B Q_w$ 部分，是纯粹的成本项目，它反映了这样一种事实：地区资本配套如果不考虑其对地区经济增长贡献及“溢出效应”，对地区是一种效益的净损失，而且配套程度越高，跨国公司投资规模越大，从而受惠的跨国公司越多，地区支付的引资成本越大。

地区利用 FDI 收益定义为 $2k_1 Q_d^* Q_w$，而将其余部分 $k_1 Q_w^2 + k_2 B Q_w$，定义为地区利用 FDI 的成本。选择最优的策略，使利用 FDI 的边际成本等于边际收益。对收益函数求取关于 Q_w 的偏导数，即在配套资本存在的条件下，求取地区为实现利用 FDI 收益最大化，而选取的最优的 FDI 规模，可得：

$$\partial R_d / \partial Q_w = 2k_1 (Q_d^* - Q_w) - k_2 B$$

令：$\partial R_d / \partial Q_w = 0$，解得：

$$B = 2k_1 / k_2 (Q_d^* - Q_w)$$

因为，B、k_1 和 k_2 均大于 0，所以，$Q_d^* > Q_w$。也就是说，在有配套资本存在的条件下，地区所需要的最优规模的 FDI 总是小于其实际的“资本缺口”。

图 5－8 所示，凹向左边的曲线是地区的等收益曲线，由左向右，地区的引资收益在不断减小。L 线是地区的资本缺口线，它不随资本配套的变化而变化，L_m 线是地区 FDI 需求的最优规模曲线，从中可以看出，随着配套资本水平的提高，地区的 FDI 需求规模在不断减小，与“缺口规模”的差距则在不断扩大，当配套资本水平达到或超过一定限度（$2Q_d k_1 / k_2$）后，地区由于 FDI 成本过高，虽然存在资本缺口，也不再有 FDI 进入。现实生活中，这种情况当然很少或者不存在，但是，以很多配套资本为主要手段利用 FDI 的地区来说，利用跨国公司投资发展地区经济是一种成本很高的做法。

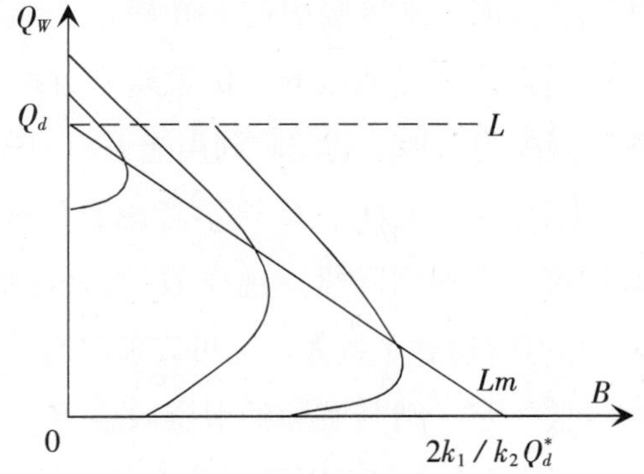

图 5－8　地区的等收益曲线与资本缺口

3. 博弈均衡

博弈中，地区和跨国公司同时行动。每方都首先根据自己掌握的信息，预期对手可能选择的行动，然后以此为前提选择使自身利益最大化的行动。在信息充分条件下，地区和跨国公司都可以准确了解到对手的反应函数，所以，其决策过程表现为在对手的反应函数曲线上，选择自身利益最大的策略点。又由于两方的信息是对称的，两方所选的策略点必然重合，该点就是博弈的均衡点。该过程的数学表述就是求解反应函数所构成的二元方程组：

$$\begin{cases} B = 2k_1/k_2(Q_d^* - Q_w) \\ Q_w = aB + bH + cHB \end{cases} \quad \text{（式 5.4-8）}$$

解得：

$$\begin{cases} B_m = 2k_1(Q_d^* - bH)/k_2 + 2k_1a + 2k_1cH \\ Q_m = 2(k_1aQ_d^* + 2k_1cHQ_d^* + k_2bH)/(k_2 + 2k_1a + 2k_1cH) \end{cases}$$

(B_m, Q_m)即地区与跨国公司博弈的均衡点。这是一个纳什均衡。给定跨国公司的 FDI 规模为 Q_m，则地区的资本配套水平为 B_m；同样给定地区资本配套水平为 B_m，跨国公司最优的投资规模为 Q_m。如图 5-9 所示，Q_m 为跨国公司的反应函数，L_m 为地区的反应函数，两条线的交点 $E(B_m, Q_m)$ 就是博弈的均衡点。将 Q_m 和 B_m 带入地区的收益函数，还可以求得地区的均衡收益 R_m。

对博弈均衡可有三个推论：

推论 1：在其他条件不变的情况下，为保证利用 FDI 收益的最大化，地区配套资本最优水平随资本缺口的增大而增大，增大的程度取决于地区利用 FDI 的成本系数和收益系数，以及跨国公司对地区资本配套的偏好程度。不同地区与跨国公司博弈的均衡如图 5-9 所示，Q_w，Q_{wl}，Q_{w2}为跨国公司三条反应线，从原点向右上方延伸，地区的收益水平在不断提高，这说明随资本缺口的增大，地区从 FDI 中可获得潜在收益在不断增大。其原因在于：地区的资本缺口越大，FDI 相对于地区的资本需求也就更加稀缺，单位 FDI 投入的边际产出就越大，相应地区利用 FDI 的收益也会有所增加。从动态角度理解这一推论，东部随着资本缺口不断减小，地区逐步降低对 FDI 的资本配套水平；反之，西部地区随着资本缺口不断增大，地区逐步提高对 FDI 的资本配套水平。这成为 FDI 的资本配套调整的一个基本原则。

推论 2：在其他条件不变的情况下，为保证 FDI 收益最大化，地区 FDI 的配套资本的最优水平应随投资环境的改善而降低，随投资环境的恶化而提高，地区的收益水平随其投资环境的改进会明显提高。

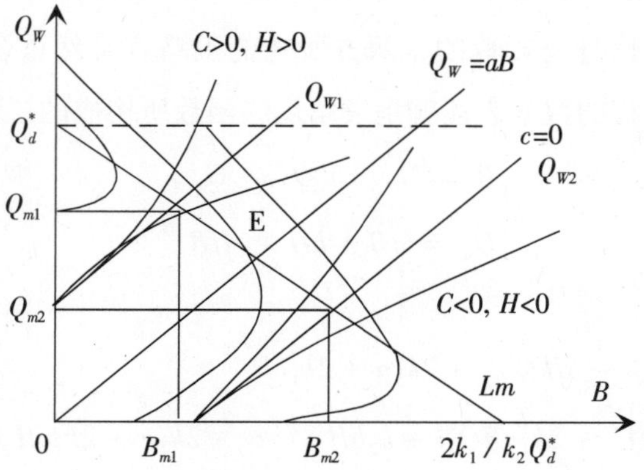

图 5－9　不同地区与跨国公司博弈的均衡

图 5－9 所示，若地区 $H=0$ 时，跨国公司的反应线为 Q_w；若地区 $H<0$ 时，跨国公司的反应线为 Q_{w2}；若地区 $H>0$ 时，跨国公司的反应线为 Q_{w1}。当地区的投资环境从 H_2 提高到 H_1 的时候，跨国公司的反应线就由 Q_{w2} 平行地上移到 Q_{w1} 的位置；相应地，地区配套资本的最优水平由 B_2 移动到 B_1 位置，地区的收益水平也相应地提高了。如果地区没有随其投资环境的改进而适当降低配套资本水平，虽然 FDI 规模会大于 Q_{w1}，其实际收益水平却降低了。这就是说，东部投资环境好，配套资本率不高也有较多的 FDI 集聚，西部投资差，要求较多的资本配套，但能利用的 FDI 也比较少。

推论 3：在其他条件不变的情况下，地区的收益水平随地区配套资本与投资环境之间的协同效应会明显提高。反之，地区资本配套与投资环境之间相互抵消，在相同条件下会降低地区的收益水平。

图 5－9，若地区 $H>0$ 时，对应跨国公司的反应线因协同效应而上升；$H<0$，对应跨国公司的反应线因相互抵消而下降。因地区 FDI 配套资本能力与投资环境之间存在放大或缩小作用，使 Q_{w1}、Q_{w2} 偏离没有协同作用（$c=0$）时的中线，地区配套资本最优水平由 B_{m2} 移动到 B_{m1} 位置，地区的收益水平也相应地提高了。

值得一提的是，从利用 FDI 手段看，地区对跨国公司投资的资本配套与投资环境之间存在一定的替代关系，两个因素间的替代率由地区利用FDI的成本系数、收益系数、跨国公司投资的偏好特征等因素共同决定。一般而言，投资环境对资本配套的替代作用是问题的主要方面，而且这种替代关系是刚性的，即投资环境的改进严格地要求地区的资本配套向下调整；否则，地区投资环境的改进不仅不会改善其收益水平，甚至会使其收益水平下降。

三、西部工业配套能力

跨国公司也同样要利用地区溢出效应，以获得外部资源。一般来说，跨国公司总会选择原来自己所从事的行业。美国可口可乐公司到中国一定投资生产饮料，不会转而生产汽车；同样，摩托罗拉公司在中国继续从事通信行业，而不会去与生产运动鞋的耐克公司竞争。因为跨国公司要想在日趋激烈的市场竞争中立足，必须具有某一方面的技术优势。这种技术优势可以是跨国公司自身的垄断优势和内部化优势，同时，也可以通过并购、合资当地比较优势企业，或与当地比较优势产业建立某种关联，以搭便车方式进入市场，占领市场份额。因此，跨国公司要优先进入当地比较优势产业。

然而，不同地区具有不同的比较优势产业群。比较优势产业是地区专业水平、专业化分工与协作水平较高的产业。这种产业可能在产业链中的某个环节，其在产业链中位置不同，技术水平、技术创新能力以及创造附加值的能力不同。跨国公司通常进入创新能力强、附加值高，而且具有比较优势的产业。地区产业结构配套能力显得格外重要。结构配套能力指的是工业结构技术水平，以及为FDI提供外部资源的能力。因此，一个地区产业结构、比较优势产业在垂直分工体系中的位置，对利用FDI能力具有重大影响。

根据区际比较优势理论，一个地区与其他地区进行区际贸易时，总是选择比较优势较大的产业产品产出地区，选取比较劣势较大的产业产品进入地区，基于比较优势的竞争力仍是以产业规模为基础的。一个地区某个产业规模越大，区际比较优势也就越大，竞争力越强。然而，FDI的利用能力并非以产业比较优势为基准。地区比较优势产业可能是利用FDI的能力劣势产业，因为它不能建立纵向的关联效应，不能为FDI提供配套的外部化资源。

西部地区比较优势产业大部分是FDI利用能力较低的产业。这些产业不是因为技术水平低，就是因为附加值低。在西部的几个地区中有局部的机械制造业和高技术优势产业分布，如重庆的交通运输设备制造业、普通机械制造业，陕西的专用设备制造业、交通运输设备制造业、电子及通信设备制造业，广西的交通运输设备制造业、普通机械制造业，但采掘业、冶金、电力、烟草加工等是西部广大地区的比较优势产业（见表5-18）。总体上看，西部地区比较优势产业体系是以自然资源开发利用为导向的。对发达国家而言，这些产业早已转移到发展中国家，它的优势产业已不在这些方面。对于新兴工业化国家，自然资源导向型产业也不是其优势产业。因此，对于西部地区优势产业，如采掘业、黑色金属冶炼及压延加工业、有色金属冶炼及压延加工业、电力蒸汽热水生产供应业等比较优势工业的FDI主体是缺位的。对于IT产业、机械制造等产业是FDI优势产业，西部地区配套利用FDI的比较优势产业又是缺位的。这就是说，西部工业结构对发达国家FDI的配套能力较弱。

表5-18　西部地区比较优势产业

地区	比较优势产业及RCA值
内蒙古	煤炭采选业（5.211）、黑色金属冶炼及压延加工业（3.476）、有色金属矿采选业（2.850）、电力蒸汽热水生产供应业（2.568）、食品制造业（1.977）、黑色金属矿采选业（1.933）、有色金属冶炼及压延加工业（1.925）、纺织业（1.574）、饮料制造业（1.547）、食品加工业（1.462）、非金属矿采选业（1.446）
广西	有色金属矿采选业（9.460）、食品加工业（3.523）、有色金属冶炼及压延加工业（3.204）、黑色金属矿采选业（2.684）、造纸及纸制品业（1.626）、医药制造业（1.618）、木材加工及竹藤棕草制品业（1.524）、非金属矿物制品业（1.514）、非金属矿采选业（1.510）、交通运输设备制造业（1.489）、普通机械制造业（1.346）、食品制造业（1.270）、电力蒸汽热水生产供应业（1.269）、烟草加工业（1.227）、化学原料及制品制造业（1.163）
重庆	交通运输设备制造业（5.498）、仪器仪表文化办公用机械（2.150）、烟草加工业（1.984）、医药制造业（1.828）、有色金属冶炼及压延加工业（1.335）、非金属矿物制品业（1.334）、煤气的生产和供应业（1.304）、普通机械制造业（1.301）、煤炭采选业（1.244）、自来水的生产和供应业（1.234）、化学原料及制品制造业（1.225）、黑色金属冶炼及压延加工业（1.114）、电力蒸汽热水生产供应业（1.012）

续 表

地区	比较优势产业及 RCA 值
四川	饮料制造业（4.128）、黑色金属冶炼及压延加工业（2.038）、医药制造业（1.762）、烟草加工业（1.636）、煤气的生产和供应业（1.510）、非金属矿采选业（1.472）、非金属矿物制品业（1.388）、食品加工业（1.319）、印刷业记录媒介的复制（1.215）、电子及通信设备制造业（1.208）、电力蒸汽热水生产供应业（1.150）、自来水的生产和供应业（1.142）、化学原料及制品制造业（1.119）、造纸及纸制品业（1.103）、煤炭采选业（1.092）
西藏	黑色金属矿采选业（41.470）、有色金属矿采选业（19.538）、非金属矿采选业（12.816）、医药制造业（7.489）、自来水的生产和供应业（6.365）、木材加工及竹藤棕草制品业（5.143）、非金属矿物制品业（4.577）、饮料制造业（4.042）、印刷业记录媒介的复制（3.314）、电力蒸汽热水生产供应业（2.658）
贵州	烟草加工业（8.222）、非金属矿采选业（5.003）、有色金属冶炼及压延加工业（3.394）、橡胶制品业（2.803）、电力蒸汽热水生产供应业（2.654）、医药制造业（2.336）、煤气的生产和供应业（2.096）、煤炭采选业（2.010）、饮料制造业（1.889）、黑色金属冶炼及压延加工业（1.641）、印刷业记录媒介的复制（1.492）、自来水的生产和供应业（1.413）、化学原料及制品制造业（1.318）交通运输设备制造业（1.255）
陕西	有色金属矿采选业（4.333）、石油和天然气开采业（3.982）、医药制造业（2.489）、印刷业记录媒介的复制（1.976）、烟草加工业（1.650）、专用设备制造业（1.482）、交通运输设备制造业（1.426）、电子及通信设备制造业（1.154）、电力蒸汽热水生产供应业（1.129）、煤炭采选业（1.108）、饮料制造业（1.062）、石油加工及炼焦业（1.044）、食品制造业（1.026）
甘肃	有色金属冶炼及压延加工业（5.840）、非金属矿采选业（3.293）、有色金属矿采选业（3.263）、石油加工及炼焦业（2.521）、石油和天然气开采业（2.419）、电力蒸汽热水生产供应业（2.047）、化学原料及制品制造业（1.330）、煤炭采选业（1.227）、塑料制品业（1.215）、黑色金属冶炼及压延加工业（1.122）、非金属矿物制品业（1.039）
青海	有色金属冶炼及压延加工业（10.093）、有色金属矿采选业（8.203）、非金属矿采选业（5.010）、石油和天然气开采业（2.964）、黑色金属冶炼及压延加工业（2.364）、电力蒸汽热水生产供应业（2.016）、化学原料及制品制造业（1.438）、非金属矿物制品业（1.194）、医药制造业（1.093）
宁夏	煤炭采选业（4.863）、有色金属冶炼及压延加工业（4.836）、橡胶制品业（4.027）、石油和天然气开采业（2.320）、电力蒸汽热水生产供应业（2.208）、造纸及纸制品业（1.827）、食品制造业（1.784）、化学原料及制品制造业（1.628）、石油加工及炼焦业（1.535）、皮革毛皮羽绒及其制品业（1.522）、普通机械制造业（1.395）、仪器仪表文化办公用机械（1.194）

续 表

地区	比较优势产业及 RCA 值
新疆	石油和天然气开采业（9.278）、石油加工及炼焦业（2.996）、黑色金属矿采选业（1.823）、纺织业（1.457）、煤炭采选业（1.358）、家具制造业（1.203）、非金属矿采选业（1.082）、食品加工业（1.060）、非金属矿物制品业（1.054）、电力蒸汽热水生产供应业（1.016）
云南	烟草加工业（20.277）、有色金属矿采选业（4.355）、有色金属冶炼及压延加工业（3.534）、印刷业记录媒介的复制（3.353）、煤气的生产和供应业（1.591）、电力蒸汽热水生产供应业（1.493）、黑色金属矿采选业（1.340）、化学原料及制品制造业（1.248）、自来水的生产和供应业（1.216）、非金属矿采选业（1.210）、食品加工业（1.202）、医药制造业（1.151）

资料来源：根据《2001 中国西部统计年鉴》和《云南统计年鉴 2001》相关数据计算。

一个地区的工业化程度与制成品中具有显示比较优势产品的比重密切相关。当一个地区处于工业化初期时，制成品产生的能力窄小，通常只有几种产品具有显示比较优势，大多数产品的显示比较优势指数小于 1。但是，当工业化程度加深，制成品生产规模增长，制成品 RCA 指数上升，使该工业结构水平上升。因此，制成品 RCA 指数的变化表示一个地区显示比较优势产业的成熟性。

由于西部与东部比较优势产业存在较大差异，所以导致西部比较优势产品与东部比较优势产业存在较大差异。东部在化纤、布、纸布、农药、塑料等化学产品和电冰箱、空调器、洗衣机、机床、计算机、集成电路等机械制造产品上具有比较优势；而西部地区在硫酸、纯碱、烧碱、化肥等化学产品和糖、啤酒、烟、原煤、原油、天然气、发电量、水电、生铁、钢、水泥、木材等初级品方面具有比较优势；在丝、原盐、彩电、纯碱等产品上，东部和西部都有比较优势（见表 5－19）。东部和西部产品的比较优势格局表明，东部与西部在产业分工中的地位和角色截然不同，西部工业更多的是从事原料生产和初级品加工，东部工业主要从事的是深加工和精密加工，进行高附加值创造和技术创新活动。

表5－19　2002年我国区域工业产品比较优势指数

	化纤	纱	布	丝	纸布	原盐	糖	啤酒	烟	电冰箱	空调器	洗衣机
东部	1.3919	0.9759	1.1335	1.1653	1.1235	1.0660	0.2809	0.9092	0.5109	1.0914	1.4471	1.3347
中部	0.4668	1.1633	0.8554	0.2758	0.8701	0.5876	0.1968	1.1742	1.2819	1.1126	0.3360	0.6356
西部	0.1668	0.8076	0.6472	1.5799	0.6665	1.4613	5.8521	1.0985	2.7554	0.3635	0.1536	0.1189

	彩电	原煤	原油	天然气	发电量	水电	生铁	钢	水泥	玻璃	木材	硫酸
东部	1.1015	0.4170	0.6959	0.3550	0.8044	0.3047	0.8807	0.9650	0.8763	0.9492	0.4352	0.6208
中部	0.4341	1.8678	1.4824	0.5561	1.0628	1.0912	1.2111	1.0421	0.9992	1.1345	2.1225	1.0276
西部	1.5825	2.1001	1.5181	4.8365	1.7954	4.0726	1.1627	1.0847	1.5784	0.9858	1.5400	2.7172

	纯减	烧减	化肥	农药	塑料	机床	汽车	轿车	拖拉机	计算机	集成电路	
东部	1.0318	1.0260	0.4947	1.1531	1.1949	1.3311	0.7268	0.8782	1.2773	1.5645	1.5115	
中部	0.6584	0.8084	1.3616	0.8954	0.7018	0.3133	1.8296	1.5224	0.8338	0.0792	0.0000	
西部	1.4889	1.2364	2.6822	0.4811	0.6475	0.7370	0.7264	0.5937	0.0165	0.0852	0.4799	

资料来源：根据《云南统计年鉴2003》相关数据计算。

西部工业对FDI的配套利用能力较低是显而易见的。农业的FDI所占的比重非常小，制造业成为利用FDI的最主要产业，但制造业中初级品产业的FDI进入也比较小。FDI进入最多的机械制造业，尤其是高技术产业恰恰不是西部的长处，没有比较优势。这就是说，西部优势产业的关联效应弱，产业链短，创新能力弱，附加值低，没有为高质量、大规模FDI提供技术、资本、人力等资源，其外部化资源也比较弱。在此资源环境中，FDI企业难以获得规模经济和范围经济。杨格（1928）曾经指出，一家厂商递增收益的增长，不仅要伴随其自身规模的扩大，而且还要伴随着该工业部门的扩大乃至整个工业体系的增大。西部产业结构对于初始的FDI进入而言，它是一基本的前提条件，对于间接的通过关联效应而形成共生资源的能力不足，则使FDI集聚效应能够连续作用失去的基础。“跨国公司造成的产业关联关系的有效程度视当地条件而定。”（UNCTC，1992）显然，对于西部来说，产业结构是一瓶颈，对高质量FDI难以有较强的关联效应和系统利用能力产生。

OECD国家按技术密集度把产业分成四类：第一类是高技术产业，它们是药品、电子设备、计算机和飞机制造等；第二类是中高技术产业，它们是电力机械、专用商品制造、化工、非电力机械、汽车制造和其他交通；第三类是中低技术产业，它们包括橡胶和塑料、金属制造、其他制造、非金属矿、造船、黑色金属、有色金属、石油冶炼；第四类是低技术产业，它们是木材、食品、纺织、造纸和印刷。按这种产业划分，大部分西部地区产业技术构成属于以中低技术为主导，中高技术和高技术产业较弱。

理论上，FDI 带来的技术与西部当地技术呈较强的互补共存的格局，更多的情况还是填补当地技术空白。这是因为，西部地区对先进技术的利用能力较低，使得引进技术与当地技术的融合缓慢；另外，FDI 并非转移较先进的技术，它看中的仍是当地的市场，以占领市场而转移技术，西部消费水平低，更主要的是没有形成集聚的高消费市场，这时，FDI 流向那些市场成长较好的终端产业，在东部投资生产。这就是说，地区是否具有比较优势较强的重合产业与 FDI 配套是地区 FDI 利用能力的关键因素，我国西部地区 FDI 利用能力弱的症结就是没有 FDI 重合产业或重合产业配套能力较弱。

第六章 西部 FDI 扩散能力

FDI 扩散能力是地区 FDI 吸收能力的关键能力。西部地区与东部的 FDI 吸引能力的差距主要体现在扩散能力上。FDI 扩散能力是制约西部 FDI 发展的瓶颈。然而，FDI 扩散能力构成比较复杂，其中，FDI 进入西部的方式、产业结构、学习能力，尤其是制造业的扩散能力对西部 FDI 扩散能力产生着重要影响。

第一节 FDI 扩散途径与机制

FDI 的扩散具有不同的途径和机制。产业联系、人员接触与流动、竞争示范等都以不同方式扩散 FDI 技术、文化和知识。然而，技术差距是影响地区 FDI 扩散能力的关键因素，同时技术扩散与 FDI 之间有一种互动的机制。

一、FDI 技术扩散的途径

跨国公司的技术水平明显高于当地同类产业的技术水平。理论上，技术总是由技术发展水平高的地区向技术发展水平低的地区扩散。跨国公司技术扩散是在技术转让和直接投资中的技术溢出两种方式下发生的。技术转让方式是当地企业从跨国公司购买技术直接获取技术能力。多数技术扩散是在跨国公司技术内部转移的直接投资中向外扩散。技术溢出成为 FDI 对当地经济外部性的一种表现。

国际直接投资是资本化技术的主要携带者，它成为实施跨国公司技术转移的主要形式。FDI 是“一揽子创造性投资”，随着资金的转移，观念、技术、管理、营销、市场网络也随之而来。跨国公司技术转移效应显著地表现在对 FDI 所产生的技术溢出效应上。这种技术转移通过四种方式向当地溢出或扩散技术：

第一，FDI带来新技术、新设备。跨国公司的直接投资是通过其内部化优势向当地子公司转移新技术和新设备。这些新技术与当地资源结合后很快形成生产力，对当地的经济增长与结构改善产生积极作用。由于跨国公司通过股权控制等，严防技术在当地快速扩散，跨国公司的新技术作用受到了限制。然而，子公司通过研究与开发，增加适应当地的新产品、增加新性能等，对当地的技术发展也产生积极影响。

第二，跨国公司在与当地的产业关联中产生技术溢出效应。尽管跨国公司竭力控制其新技术的泄漏，但跨国公司在当地不能孤立发展，必然参与当地产业分工，在与当地产业的前向与后向关联之中溢出技术。跨国公司的技术溢出效应正是跨国公司通过前向和后向一体化，提高当地上下游产业技术水平。这样，当地可以通过与跨国子公司的投入与产出之间的产业关联接受跨国公司的技术溢出。产业关联是跨国公司技术在当地产业之间扩散的一条有效路径。

后向关联的技术溢出，是指跨国公司向当地投入原材料、零部件、能源部门和劳动人员扩散技术。跨国公司出于对自己产品质量和信誉的考虑，通常对当地供应商提供原材料、零部件、机械设备等提供技术质量标准，以提高后向产业技术水平。在必要的时候，跨国公司主动向当地后向产业的供应商提供技术支持、人员培训。这个过程中，跨国公司不得把非核心技术转移给当地配套企业。跨国公司的技术越复杂，产业链越长，关联度越高，则跨国公司技术本土化倾向越明显，技术溢出效应越显著。随着FDI技术对当地后向关联的增加，当地企业进入了跨国公司国际分工体系，在跨国公司一体化中享受到外部化和范围经济的好处。作为供应商的当地企业可以以较低的成本获得跨国公司的全面技术支持，这对当地技术发展作用的意义是很大的。

前向关联的技术溢出主要是指跨国公司对当地的产品包装、销售、维修企业的技术扩散。跨国公司总是通过当地销售活动产生前向关联的技术扩散效果，使当地企业通过使用跨国公司高质量产品而促进自身生产工艺和服务质量的提高，再经过售后服务和培训而产生技术的扩散和营销示范效果等都将提高当地相关产业技术水平。

第三，跨国公司通过对当地人员培训溢出技术。人力资源是一种具有特殊创造性的资源，其活性最强。我国西部地区技术发展水平低，技术缺口大，其根本原因是人口的技术素质低，技术人才尤其是研究与开发人才缺乏。这严重影响了当地自主创新和对 FDI 技术的吸收消化，也影响跨国公司技术溢出效应。于是，母公司通常通过正式的培训来转移技术（Pucik，1986），或通过子公司人员对母公司的访问和实习来转移技术（Goshal S.，1990）。因此，人力资源的培养是 FDI 对当地技术发展的关键。

跨国公司具有丰富的人力资源，它对当地进行人力资源的培训是 FDI 成功的基础。跨国公司任何复杂的技术并不是脱离人力资源而存在的完全物化的技术和设备。FDI 与技术转让的一个较大不同点在于，跨国公司要在当地生存发展。在文化、体制、思维习惯存在明显差异甚至冲突的情况下，跨国公司对当地的直接投资能够顺利进行，并获得成功，实现投资目的，必须要依靠培训、开发当地人力资源。首先是对高级管理人员和技术人员进行培训和再教育，把他们送往自己的大学、总部或全球性培训中心进行培训，使当地高级管理人员和技术人员了解和掌握跨国公司文化、全球战略、技术要求、管理特点及营销方式等，从而增长知识和才干，开阔视野，更新观念。当地人员通过在跨国公司系统培训，或"干中学"、"学中干"、"边学边干"积累了知识，并运用到工作中，从而有利于提高技术学习能力和技术吸引能力。

第四，通过 FDI 企业示范溢出技术。在有效的竞争机制下，FDI 企业进入会对当地企业产生示范效应，通过模仿和改进，当地企业可以实现"干中学"式的技术提高，进而实现技术创新。

理论上，无论是跨国子公司还是当地企业，都能通过投资政策变量的改变来影响技术溢出效应。跨国公司对子公司的投入越多，技术溢出越多，当地企业对学习的投入越多，其对溢出技术的利用能力和扩散能力越高。

二、FDI 技术扩散的动态机制

假设区域有两类企业，一类 FDI 企业 A，另一类是当地企业 B。用 $T_A(t)$ 和 $T_B(t)$ 分别表示这两类企业在 t 时期的技术水平。用 $F(t)$ 和 GDP 表示当地 FDI 存量和当地经济实力。定义两个量：

$$x = \frac{T_B(t)}{T_A(t)},\ y = \frac{F(t)}{GDP(t)}$$

只要当地技术达到一定水平，那么两类企业之间的技术水平差距越大，则 FDI 技术扩散速度就越大，而 FDI 是技术外溢的重要渠道，即 FDI 越大则技术扩散速度就越快。另外，我们假设两类企业之间技术差别越小，投到区域的 FDI 就越多，但当地 FDI 存量占 GDP 比例（FDI 依存度）增长较慢；FDI 依存度大，其增长速度减低。因此，得到以下表达式：

$$\begin{cases} \dfrac{\mathrm{d}x}{\mathrm{d}t} = f(x,y) \\ \dfrac{\mathrm{d}y}{\mathrm{d}t} = f(x,y) \end{cases} \qquad \text{（式 6.1－1）}$$

其中，$\dfrac{\mathrm{d}f}{\mathrm{d}y} > 0, \dfrac{\mathrm{d}f}{\mathrm{d}y} > 0; \dfrac{\mathrm{d}g}{\mathrm{d}x} < 0, \dfrac{\mathrm{d}g}{\mathrm{d}y}$。

当 $\dfrac{\mathrm{d}x}{\mathrm{d}t} = \dfrac{\mathrm{d}y}{\mathrm{d}t} = 0$ 时，系统达到均衡状态。

$$\begin{cases} 0 = f(x^*, y^*) \\ 0 = g(x^*, y^*) \end{cases}$$

用 TT 表示曲线 $\dfrac{\mathrm{d}x}{\mathrm{d}t} = 0$，则有：

$$0 = f(x,y)$$

微分得：

$$0 = f_x \mathrm{d}x + f_y \mathrm{d}y$$

y 关于 x 的偏导数为：

$$\frac{\partial y}{\partial x} = -\frac{f_x}{f_y} < 0$$

表明 TT 是一条向下倾斜的曲线。

用 FF 表示曲线 $\dfrac{\mathrm{d}y}{\mathrm{d}t} = 0$，则有：

$$0 = g(x,y)$$

微分得：

$$0 = g_x \mathrm{d}x + g_y \mathrm{d}y$$

y 关于 x 的导数为：

$$\frac{dy}{dx} = -\frac{g_x}{g_y} > 0$$

表明 KK 是一条向上倾斜的曲线。

TT 与 FF 交于均衡点 $E(x^*, y^*)$。在均衡状态下，A、B 两类的技术差距是一个常数，FDI 依存度也是一个常数。FDI 可以使技术差别进一步缩小，技术差别缩小又进一步吸收 FDI，形成良性循环。

这里仅用一种简单的线性系统加以说明，其模型：

$$\begin{cases} \frac{dx}{dt} = -a_1x + b_1y + c_1 \\ \frac{dy}{dt} = -a_2x - b_2y + c_2 \end{cases} \quad \text{（式 6.1 – 2）}$$

其中，a_1、a_2、b_1、b_2、c_1、c_2 为常数，且均为正数，其中 a_1、a_2 表示当地技术差距对技术扩散速度与 FDI 依存度提高速度的影响，b_1、b_2 表示当地 FDI 依存度对当地技术差距及 FDI 依存度提高速度的影响，c_1、c_2 表示 FDI 进入时的技术存量，以及 FDI 依存度。均衡解为：

$$\begin{cases} x^* = \frac{c_1b_2 + c_2b_1}{a_1b_2 + a_2b_1} \\ y^* = \frac{a_1c_2 + a_2c_1}{a_1b_2 + a_2b_1} \end{cases}$$

显然，当地 FDI 与技术扩散是互助的。当地 FDI 有利于减小技术差距，技术差距减小又有利于 FDI 流入。也就是说，当地对 FDI 依存度的提高过程，也是通过 FDI 技术扩散，提升当地技术水平高度，缩小与跨国公司的技术差距过程；反过来，当地利用 FDI 技术的溢出效应，提高技术创新能力，缩小与跨国公司技术之间的差距，提升技术吸收能力，可以接收技术水平更高的 FDI，甚至是 R&D 型 FDI，这时，FDI 流入规模扩大，当地对 FDI 的依存度上升。这一点已经被我国东部技术与 FDI 发展所证实。然而，我国地区技术存量、研发能力等差别较大，当地技术差距较大，对 FDI 适宜性明显不同，技术落后地区对 FDI 选择范围十分有限。因此，每个地区都有其 FDI 技术扩散与 FDI 依存度曲线，相应地有其均衡点。一个低技术水平地区的 FDI 技术扩散能力成长可分为三个阶段。

（一）低扩散能力阶段

如果一个地区开放度较低，而且技术相对落后，那么 FDI 流入很小，几乎为零，从而 FDI 依存度 y 几乎等于零，使得该地区处于 x 坐标轴上的某一点，设为 C 点。这些地区的技术进步几乎是内生的，FDI 技术扩散几乎不存在，“后发优势”也就不存在。由于落后地区的技术累积程度远低于跨国公司技术水平，因此其技术 T_B 的增长速度小于跨国公司技术 T_A 的增长速度，落后地区的相对技术差距 x 将逐渐扩大。在图 6－1 中表示为由 C 点向 0 点移动，表示落后地区与跨国公司的技术差距越来越大。

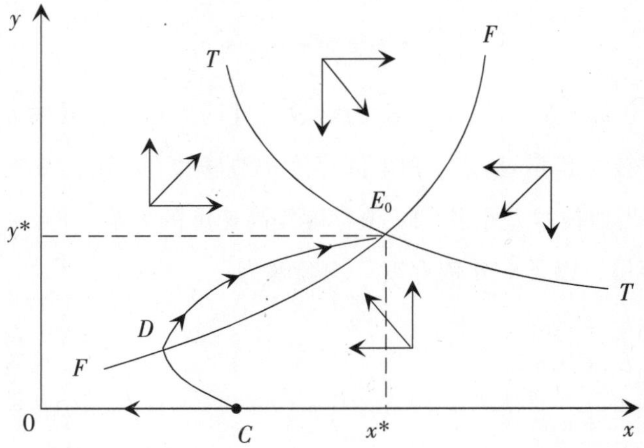

图 6－1　地区 FDI 依存度与技术差距演变

（二）中下扩散能力阶段

当地区开放度增大，基础设施不断改善，优惠政策的作用加大，导致 FDI 引进能力提高，但由于存在技术差距，地区 FDI 开始出现并逐渐增加。FDI 逐步成为技术扩散的主要渠道。扩散速度与 FDI 依存度成正比，因此，开始的时候技术扩散速度较慢，地区技术进步率仍低于跨国公司的技术进步率。地区的相对技术和 FDI 依存度的点在图 6－1 中 C 到 D 的曲线段上。当地区处在 CD 段时，虽然技术差距 x 仍在扩大，但地区由于自身的技术创新和 FDI 技术扩散使得地区的绝对技术水平更快地增长。

（三）中等扩散能力阶段

当FDI增加到一定程度时，即地区FDI依存度超过D点（“门槛”）时，地区能更好地发挥“后发优势”，通过学习、吸收、扩散FDI先进技术，地区的技术进步率会快于跨国公司技术进步速度，技术差距缩小，FDI流入量增大，这时x和y同时增加，经曲线DE_0上的点逐渐收缩于均衡点E_0。

在均衡点E_0处，后发地区与跨国公司之间的技术差距是一个常数，地区FDI依存度稳定在与技术水平相适宜的水平上，也是一个常数。这时，一个地区靠FDI技术扩散来取得技术进步的空间已十分有限。

（四）高扩散能力阶段

当地区达到均衡点E_0后，由于地区自身的技术创新能力增强，技术势差减小，对FDI技术的依赖性减小，这时FDI进入的政策、利润空间等引进能力减弱，进入FDI流量减小，而地区GDP的增长速度由于内生技术进步作用还会保持，这种因素使得FF曲线向右移动至$F'F'$，在曲线TT不变的情况下，地区均衡点由E_0移动到E_1。这时，一方面，相对FDI依存度水平，技术差距显得过大，地区产生缩小技术差距动力，产生了向E_1运动的力。因此，E_1是一不稳定的均衡点。另一方面，随着地区B达到均衡点E_0后，由于自身的技术创新能力增强，加上FDI增加产生的技术效应增大，使得技术差距TT曲线向右移动至$T'T'$。在FDI依存度曲线FF不变的情况下，地区均衡点由E_0移动到E_2，这时，相对技术差距水平，FDI显得过度，随地区区位优势下降，FDI引进能力下降，产生了一种调节E_2的力。因此，E_2也是一个不稳定的均衡点。对同一个地区来讲，技术差距变化引起FDI依存度变化；反之，FDI依存度变化也引起技术差距变化，两者之一发生变化，另一个也随之变化。因此，E_0的运动不会经过E_1、E_2，而是沿着E_1、E_2运动的两个力的合力方向运动，也就是说，沿RR线$E_0 \rightarrow E_3$。E_3点是一个比较理想的均衡，技术差距缩小，又节约了FDI，其中地区技术创新与扩散能力起了重要作用（见图6－2）。

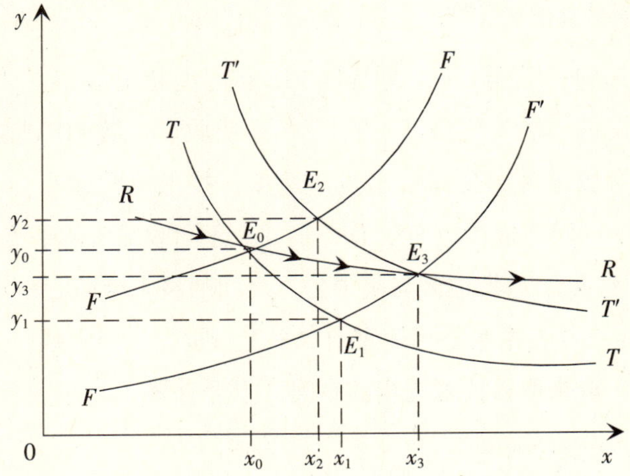

图 6－2　地区 FDI 依存度与技术差距均衡点轨迹

我国是一个发展中的大国，地区技术发展极不平衡，对 FDI 技术的扩散能力处在不同的水平上。西部地区技术水平普遍较低，西藏、青海可能还处在图 6－1 中的 C 点，四川、陕西处在 $D \to E_0$ 线上，而西部其他地区处在 CD 线的不同位置上。对广大西部地区而言，提高利用 FDI 和 FDI 扩散能力的道路还很漫长而艰难。

第二节　FDI 进入西部方式

FDI 扩散源的质量，表示了地区利用能力差异。FDI 企业结构不仅体现了利用能力，而且还与地区交易费用、信息成本和不确定性因素有关，因此，FDI 进入方式对扩散能力具有重要影响。

一、FDI 进入的主要方式

FDI 进入我国的方式主要有三种，即中外合资、中外合作和外商独资。20 世纪 80 年代中期以前，FDI 进入我国以中外合作为主，以后中外合资方式逐步取代了中外合作成为最重要的投资方式。随着外商对我国技术转移战略发生了变化，外商独资企业快速发展，已成 FDI 进入我国的主要方式。

对外直接投资与技术转移相结合是跨国公司技术转移中的最主要方式。

FDI转移的技术先进程度往往取决于母公司对子公司的股权比例和发达国家的产业转移模式。一般而言，跨国公司在国外的投资越多，在FDI企业中所占的股权比例越大，其转移的技术越先进，技术制约越小；反之，如果跨国公司在外国子公司中的股权比例越小，则FDI中的先进技术含量越低，技术限制性约束就越多。

（一）独（全）资子公司

跨国公司在东道国设立独资企业，主要是为了严格垄断和控制核心技术，增强保密性，防止技术泄密。独资企业一般按跨国公司的技术创新体系和组织原则建立，技术研发与母公司发生联系，较少与当地同行业发生横向联系，与当地前向和后向产业的联系也不密切。由于跨国公司拥有其子公司的全部股份，其技术完全是内部化转移。通过向独资子公司转移技术，跨国公司能较好地控制技术，做到独家使用，并获取技术带来的超额垄断利润，避免向当地溢出技术。

（二）合资企业

FDI合资企业按股权比例可分为控股合资企业和非控股合资企业。跨国公司通过将技术和设备资本化，以技术折价入股方式来转让技术。当然，在具体建立合资企业时，跨国公司对合资企业还要转让管理经验、组织方法和营销技能等方面的技术。

从转移技术的先进性看，跨国公司一般只把技术成熟或垄断程度低的技术用于建立合资企业。这对当地来说，合资企业技术老化是最严重的问题。对于非控股合资企业，跨国公司所转移的是标准化和即将淘汰的技术，技术价值低，很容易失效而较快地失掉竞争力，后续技术的补充、老技术替代是一个难题。当然，这与当地技术吸引与消化能力有关。如果当地具有较强的技术吸收能力，对于标准化技术很容易吸收，在此基础上很容易形成模仿创新甚至自主创新能力，技术老化问题可以通过自身的力量解决。对于控股合资企业，由于跨国公司处于股权控制地位，在研发出新产品后，跨国公司也愿意将较新的技术，有时是大部分核心技术转移给控股合资企业，以增强子公司在当地的竞争力。但由于在控股合资企业中，跨国公司仍然是对技术实行垄断控制，较严格地限制先进技术的传播和溢出，它对地区技术发展的直接作用不如非控股合资企业明显。

从宏观上看，FDI技术的先进性与发达国家对外产业转移的战略模式有关。在20世纪70年代，日本经济学家小岛清将日本型与美国型跨国公司的对外直接投资方式进行了比较，区分了“贸易导向型”对外直接投资和“反贸易导向型”对外直接投资。“贸易导向型”对外直接投资是指跨国公司将在本国不具有比较优势，而在东道国具有比较优势的产业即边际产业转向东道国，从而拉大了两国的比较优势差距，促进两国间的贸易。“反贸易导向型”对外直接投资是指跨国公司将在本国具有比较优势，而在东道国不具有比较优势的产业转向东道国，从而缩小两国的比较优势差距，替代两国间的贸易。这意味着，“贸易导向型”对外直接投资转移的是适用性技术，而“反贸易导向型”对外直接投资转移的是先进技术。也就是说，美国型FDI的技术先进性高于日本型FDI的技术先进性。从技术溢出角度看，美国FDI的技术消化吸收难，扩散效应弱一些；相反，日本FDI技术的消化吸收相对容易，扩散效应大一些。

二、FDI进入西部的主要方式

FDI进入方式不同，技术先进性、组织控制方式都存在明显的差异。对中方来说，中外合资是一种有较高技术溢出效应的方式，能够有较多的机会接触跨国公司的技术和管理经验，外方则更关注市场规模、人力资本、经营风险等。由于西部的开放度低，不确定性较高，信息成本高，这决定了跨国公司较多地选择以中外合资方式进入，自然也只会转移一般化技术。独资企业可以完全决定各种决策，技术保密程度较高，因而交易成本和管理成本较低。在此情况下，外商愿意转移较先进的技术，甚至是部分核心技术。因此，在我国区域间FDI企业数量和结构差异对区域技术扩散能力产生着重要影响。

由于我国东部和中西部的FDI利用能力差距较大，信息成本和不确定程度也有较大差异，导致FDI进入东部、中西部的方式也有较大差异。从FDI企业数量份额看，东部合作企业所占份额最高，独资企业份额次之，合资企业份额最小；相比较而言，中西部的合资企业份额最高，独资企业份额次之，合作企业份额小（见表6－1）。但是，无论何种类型的FDI企业，东部占绝对优势，中部次之，西部仍然最小，FDI进入区域方式有比较明显的差异。

表6－1　1996—2001年我国区域FDI企业数份额　　单位:%

	合资企业	合作企业	独资企业
东部	76.14	89.91	84.55
中部	14.27	5.22	9.46
西部	9.60	4.87	5.99

资料来源：根据2000—2002年《中国对外经济统计年鉴》的相关数据计算。

我国东部、中部和西部的FDI企业类型结构也存在较大差异。合资企业是FDI进入我国的主要方式，1996—2001年，我国合资企业数占FDI企业数的54.80%，东部合资企业比重51.71%，低于全国水平，而中西部的合资企业比重分别为67.81%和67.33%，高于全国平均水平；东部的合作企业和独资企业都高于全国平均水平。就中西部看，西部的合作企业比重高于中部，中部的独资企业比重又高于西部，但这种差别不大（见表6－2）。东部的合作企业和独资企业比重要高一些，中西部的合资企业比重要高一些，这是FDI进入区域方式的显著特点。

表6－2　1996—2001年我国区域FDI企业数量结构　　单位:%

	合资企业	合作企业	独资企业
东部	51.71	15.56	32.73
中部	67.81	6.32	25.64
西部	67.33	8.71	23.96
平均数	54.80	13.97	31.23

资料来源：根据2000—2002年《中国对外经济统计年鉴》的相关数据计算。

从FDI进入我国区域的方式看，中外合资与外商独资确实具有不同的区位模式与区位行为。外商独资企业主要集中在东部，中西部中外合资是主要的FDI进入方式。相对来说，在东南沿海，较少的外商选择中外合资方式，相反，中外合资却是外商在其他地区主要投资方式（Sun，1999）。进一步看，2001年，全国合资、合作、独资企业比例分别为46.83%、12.94%和40.23%，西部三种FDI企业份额分别为63.24%、9.67%和27.09%，西部的合资企业比例高于全国平均水平17个百分点，西藏合资企业比例高达85%，独资企业比重不足10%，广西合资企业比例最低，为56%（见表6－3）。的确，区位成为影响FDI进入方式的一个重要因素。

表6－3　2001年西部地区合资、合作、独资企业比例

地区	合资企业	合作企业	独资企业	地区	合资企业	合作企业	独资企业
内蒙古	72.29	10.43	17.28	西藏	84.71	5.88	9.41
广西	56.14	15.61	28.25	陕西	70.11	12.82	17.06
重庆	57.71	6.94	35.36	甘肃	60.54	6.24	33.22
四川	65.41	6.06	28.53	青海	61.48	11.85	26.67
贵州	59.05	7.71	33.24	宁夏	61.89	8.78	29.33
云南	58.19	8.89	32.92	新疆	72.52	7.08	20.40

资料来源：根据《2002中国对外经济统计年鉴》的相关数据计算。

进入东部的FDI不仅数量大，而且质量高，进入中西部的FDI数量小，而且质量低，这对我国区域产业技术发展有着重要影响。近年来，我国高新技术出口占商品出口的比重由1992年的4.7%上升到2002年的20.8%，提高了16.1个百分点，年均递增1.61个百分点。高新技术出口加速发展，其中有国内企业的贡献，但与FDI大量进入电子及通信设备制造业、医药制造业等高新技术产业有直接的关系。我国出口发展最快的产品就是信息与通信技术产品。2002年，我国信息与通信技术产品出口为518亿美元，占我国高新技术产品出口的95.14%；我国FDI企业高新技术产品出口额共556.25亿元，占全国高新技术产品出口额的82.20%；在2002年我国高新技术出口额中，合资、合作、独资企业比例为23.91%、2.93%和55.36%。显然，FDI企业已是我国高新技术产品出口的主要力量，其中独资企业技术含量最高，国际竞争力最强。

这说明，FDI企业出口能力较强的地方也是高新技术出口能力较强的地方，FDI企业尤其是独资企业对区域高新技术发展的带动作用较大，其技术溢出对区域技术创新产生着直接影响。

国家之间技术转移是通过FDI与企业的模仿实现的（Amy Jocelyn Glass，1996）。技术缺口（gap）不同，对FDI质量要求也明显不同。技术缺口小，对FDI质量要求高；反之，则对FDI质量要求低。按Amy Jocelyn Glass模型，对我国东部和西部的FDI与技术创新进行分析，那么东部有两个技术创新路线：一是东部高质量公司对东部低质量公司的技术溢出、带动和辐射作用，不断提升低质量公司的创新能力（过程Ⅰ）；二是东部高质量公司之间相互溢出、相互促进，形成技术创新联盟（过程Ⅱ）（见图6－3）。西部技术创新主要是模仿创新，这对FDI质量有较高的需求。

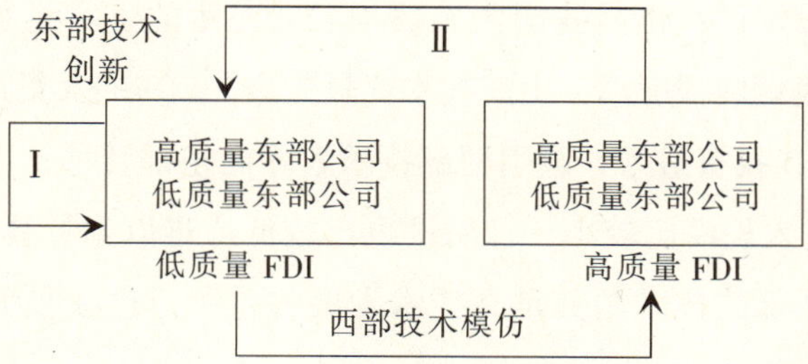

图6－3　地区技术创新与FDI流动图

东部自主创新能力较强，对高质量FDI的依附性较少，但是，由于东部人才集聚，创新能力强，产业配套能力强，高质量FDI绝大部分集聚在东部。同时，由于西部技术存量低，技术发展水平低，技术缺口大，阻止了高质量FDI进入西部，西部仍以质量较低的FDI为主。

相对工资可以定义为创新价值条件判断的创新产品中劳动边际产量。图6－4表示高质量FDI作用范围与创新价格之间的关系。东部资源制约曲线向上倾斜，较高的创新价值需要较高质量FDI；西部资源制约曲线向下倾斜，较高的模仿创新价值需要较低质量FDI。这就是说，东部创新资源比西部丰富，高质量FDI的作用范围下降，但创新价值增大，集聚速度加快。但是，与模仿创新相比，自主创新所需资源越多，或跨国公司对西部企业成本劣势越大，高质量FDI作用范围越大。这表明，技术差距越小，高质量FDI扩散效应范围越大。

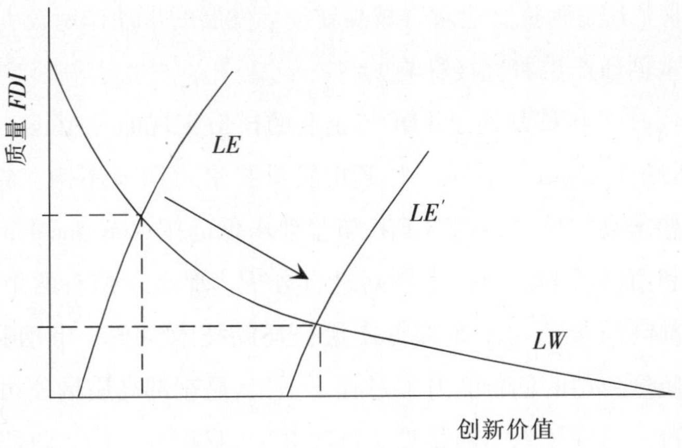

图 6-4　地区资源供给与 FDI 质量

外商直接投资过程也是我国区域技术发展差距的扩大过程。东部的发展水平较高，要素集聚程度高，生产技术比较先进，FDI 的大量进入特别是大型跨国公司的 R&D 投资进入，吸引西部技术人才向东部转移；西部由于技术资源流失，FDI 进入规模比较小，且质量也比较低，难以弥补技术能力的不足，加大了东部与西部的技术尤其是高技术发展的差距，也在很大程度上影响了西部的 FDI 扩散能力。

第三节　西部产业结构 FDI 扩散能力

地区产业存在广泛技术联系，不同产业的感应力和影响力有明显的差异。从产业配套角度看，FDI 倾向进入扩散能力较强的产业。因此，地区的工业结构高度主导工业技术扩散能力，对地区 FDI 扩散能力产生深刻的影响。如果地区产业结构以扩散能力强的产业占主导，那么其产业结构的扩散能力较强。

一、我国产业结构关联效应

产业结构反映的是地区生产能力资源的配置结构，更反映了不同产业技术的联系。每个产业都有其生产函数，有的技术进步起主要作用，而有的产业技术进步作用几乎为零。J. C. 梅特卡夫将扩散与经济结构联系在一起，他明确阐述：“我将扩散与经济结构变化一视同仁。在创新扩散的任何研究中，我们关心的是，新技术形式与经济的结合而使经济结构发生变化的过程。”就此意义而言，产业结构升级也就是技术结构的升级。技术结构升级主要是技术进步较快，生产函数先进的产业发挥技术扩散和带动作用，从整体上提高技术产业水平。

理论上，地区主导产业是通过关联作用带动其他关联产业发展的。如果一个产业只具有较强的比较优势，但产业关联度较低，仍不能成为主导产业。一般来说，高新技术产业具有较高的技术创新能力，是地区主要的技术扩散源。显然，一个产业的扩散能力是由比较优势和关联强度共同决定的。一个产业的关联度也可以通过计算其感应系数和影响力来判断。利用投入—产出逆矩阵系数表，可以计算产业对其他产业感应力系数和影响力系数。其中感应力系数为某行业横向最终消耗系数平均值与全行业横向最终消耗系数平均值之比，影响力系数为某行业纵向最终消耗系数平均值与全行业纵横最终消耗系数平均值之比。

2000年我国投入产出最终消耗系数表计算表明，我国产业的感应力系数和影响力系数有较大的差异。从感应力系数看，机械设备制造业、化学工业、金属产品制造业、农业等产业的横向关联能力较强。从影响力系数看，机械设备制造业、金属产品制造业、化学工业、纺织缝纫及皮革产品制造业、建筑材料及其他非金属矿物制品业等的纵向影响力较强（见表6-4）。

表6-4 2000年我国产业感应力、影响力和扩散力指数

产业部门	感应力系数	排序	影响力系数	排序	技术扩散能力系数	排序
农业	1.1070	5	0.6357	16	0.7038	10
采掘业	1.5305	3	0.7022	15	1.0747	6
食品制造业	0.4377	14	0.9365	9	0.4099	14
纺织缝纫及皮革产品制造业	1.0256	9	1.2718	4	1.3043	4
其他制造业	0.8325	10	1.1095	7	0.9237	9
电力及蒸汽热水生产和供应业	1.0783	7	0.9358	10	1.0091	7
炼焦煤气及石油加工业	1.0457	8	1.0388	8	1.0863	5

续 表

产业部门	感应力系数	排序	影响力系数	排序	技术扩散能力系数	排序
化学工业	2.1906	2	1.2977	3	2.8428	2
建筑材料及其他非金属矿物制品业	0.3597	15	1.1577	6	0.4164	13
金属产品制造业	1.5266	4	1.3790	2	2.1051	3
机械设备制造业	2.5906	1	1.4497	1	3.7556	1
建筑业	0.1349	17	1.2627	5	0.1703	16
运输邮电业	0.8285	11	0.8341	14	0.6911	11
商业饮食业	1.0972	6	0.8748	12	0.9599	8
公用事业及居民服务业	0.6056	12	0.8822	11	0.5343	12
金融保险业	0.4554	13	0.3819	17	0.1739	15
其他服务业	0.1535	16	0.8498	13	0.1305	17

资料来源：根据《2003 中国统计年鉴》的相关数据计算。

显然，一个产业的横向关联能力和纵向关联能力是不对称的。有的产业如农业、采掘业的横向关联能力较强，但因产业链短，纵向关联能力较弱；有的产业如建筑业和建筑建材业的横向关联能力较弱，而产业链较长，纵向关联能力较强。如果定义，扩散能力 = 横向关联能力 × 纵向关联能力，那么，我国扩散能力较强的几个产业分别是：机械设备制造业、化学工业、金属产品制造业、纺织缝纫及皮革产品制造业、炼焦煤气及石油加工业、采掘业、电力及蒸汽热水生产和供应业。从表 6－5 中看出，制造业的扩散能力较强，其他几个制造业的产业的扩散能力也比较强，农业和第三产业的扩散力比较弱。

我国 FDI 绝大部分向机械制造业集聚，机械制造业又具有最强的关联扩散能力。如果一个地区制造业具有创新比较优势，那么其通过关联效应对 FDI 技术和资源的扩散能力较强。也就是说，地区的制造业，尤其是高技术产业较强，那么对 FDI 技术溢出的扩散能力就越强。因此，一个地区制造业对产业结构、主导产业选择与 FDI 目标结构相匹配时，结构有较强的扩散能力，其创新扩散能力对地区 FDI 扩散能力产生重要影响。

二、产业结构扩散能力

技术创新的扩散效应首先通过技术的溢出效应体现出来，技术溢出效应可以从技术在不同行业的转移和传递来认识。从图6-5看出，各行各业存在着密切的技术联系。制造业，尤其是机械、仪表和电子制造业的技术联系较广泛，其技术水平的高低对其他产业技术发展产生重要影响。这种影响可能来自技术创新方自愿的技术扩散产生的技术溢出效应，也可能来自技术的非自愿扩散产生的技术溢出效应。

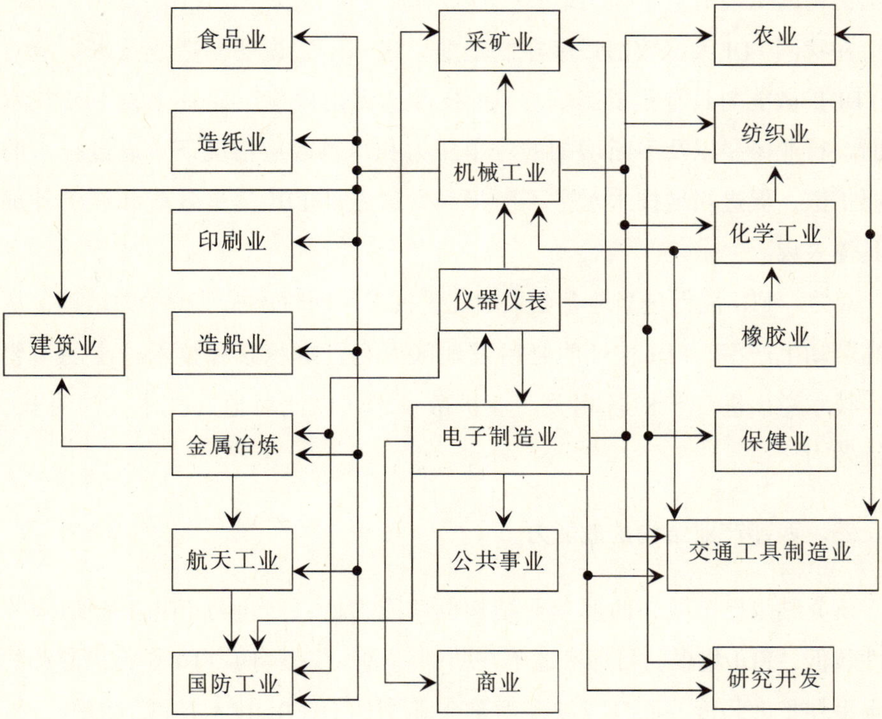

图6-5 技术在不同行业间的传递与转移

资料来源：广东广告公司市场研究中心，2001年。

技术的“溢出效应”研究主要集中于制造业。Buzzacehi、Colombo、Mariotti（1995）认为，大多数从事技术创新和扩散问题的经济学家只以制造业为例，忽略了发达国家服务业比重不断上升的事实，所以他们对意大利银行业的技术扩散进行了探讨。跨国公司的直接投资被普遍认为是发达国家向发展中国家进行国际技术扩散最为重要的渠道。跨国公司拥有最先进的技术，它们的研究和开发占世界研究和开发的大多数。据此，芬德莱（Findlay，1978）认为，国际直接投资可以通过传递效应加速东道国技术进步。

联合国《1992 年世界投资报告》中指出：外资对东道国技术进步的直接作用是，它可以通过技术溢出提高要素生产率，改变产品结构特别是出口产品结构，促进国外分支机构进行研究与开发，引起组织创新，提高管理水平；间接作用则要通过与当地研发机构合作，向当地后向与前向合作者转移技术，外国机构的出现对竞争和当地生产率影响及受训总数等表现出来。

在我国 FDI 大多数都集聚在制造业，这一事实说明制造业技术扩散对区域 FDI 扩散能力具有重要影响。FDI 技术“溢出效应”是在来自 FDI 技术的垄断、行业壁垒以及不断增加的竞争压力和示范效应情况下，通过技术的非自愿扩散，促进当地技术水平不断提高，这也是 FDI 集聚效应和经济外部性的具体表现。

总之，FDI 能促进当地企业采用先进技术，同时还提供劳动力培训，从而提高劳动生产率。FDI 被证明是后发地区人力资本积累和技术进步的重要来源，技术溢出进一步向各相关产业扩散技术，以此对地区技术发展有长久、持续效力。

三、西部产业结构扩散能力

研究结果已表明，西部工业结构创新能力低，而且与 FDI 工业结构的相似性较低，FDI 集聚的目标产业不在西部。这不仅影响了 FDI 作为扩散源的技术水平和扩散强度，而且反映了西部工业结构对 FDI 技术扩散能力低，扩散通道小，扩散面不大。从集中度看，西部比较优势较强产业是电力业、黑色金属冶炼及压延加工业、交通运输设备制造业、石油和天然气开采业、化学原料及制品制造业。这其中，交通运输设备制造业是 FDI 进入比较多的产业，它属机械制造业，按理对 FDI 有较强的扩散能力，但进一步看，它不是国民经济的装备工业，对 FDI 技术向其他产业的扩散能力仍很弱；化学工业也是 FDI 进入较多的产业，对 FDI 技术的扩散能力仍很弱（见图 6－4）。西部电力、黑色金属冶炼等产业的 FDI 进入比较少，对 FDI 技术转移的能力也比较弱。总体上看，西部工业结构不仅是 FDI 利用能力低，而且 FDI 扩散能力更低。

第四节 西部制造业技术扩散能力

除通过建立产业之间投入与产出之间关联扩散技术外，人员交流扩散也是重要的技术扩散方式。地区制造业人数的差异，当地制造业与 FDI 制造业之间的人员交流、集聚对地区 FDI 技术扩散能力产生重要影响。西部地区工业化阶段滞后，制造业集聚效应低，这对西部地区 FDI 技术扩散能力形成了极大制约。

一、西部制造业就业人数扩散能力

技术进步除了可以通过主动地引进、学习和模仿、发明创造获得以外，还可以由技术扩散和外溢得到。无论什么样的技术都会发生外溢。技术可以从一个企业外溢到另一企业，从一个行业外溢到另一行业，从一个国家外溢到另一国家。由于落后地区与发达国家跨国公司之间的技术差距大，FDI 技术外溢的效应会更大。落后地区由于依靠技术扩散从先进国家获得产业技术正成为落后地区经济增长的重要源泉。

知识和技术的扩散包括新技术的工业采用率和通过机器设备等途径的扩散。这是区域创新系统中传统的知识流动。然而，在 FDI 的条件下，区域创新越来越取决于通过利用 FDI 的技术投入应用。对于传统的制造业和自身研究开发能力较低的产业来说，技术扩散是特别重要的。因此，区域政府可以采用一系列项目将 FDI 技术扩散到工业部门中，这是有意地加大 FDI 技术溢出速度。

还有一种无意识的或不自觉的 FDI 技术溢出，这就是人员流动溢出 FDI 技术。由于制造业是技术创新能力较强的产业，其扩散效应较强，制造业成为 FDI 集聚的产业。即使是西部地区制造业，也吸收了 FDI 的大部分。如截至 2002 年，云南 FDI 的 41.81% 分布在制造业，居云南产业之首。在此情况下，制造业与FDI的高水平技术合作（关联），以及制造业与非制造业之间的人员流动对技术扩散产生重要影响。退一步说，即使制造业的人员不流动，但其技术知识、技能以非正式方式在社会网络中流动，这也对知识的传播和扩散很重要。由于制造业尤其是高技术产业是地区先进技术的代表，它可以不断吸收技术、改变生产函数，因此，作为制造业的就业规模是技术扩散的主力军。

技术扩散理论认为，技术学习与扩散过程如同传染病的扩散。扩散效应是众多的公司已经掌握了该技术，同时，众多对潜在技术感兴趣的公司构成了函数关系，形成了如图6－6描述的扩散过程。技术扩散曲线的斜率取决于相互作用的制造业公司与职工数量，在市场竞争的情况下，制造业与非制造业公司相互作用的职工数量越多，技术扩散速度越快。

时间 t 内制造业扩散技术人数：

$$\frac{dn_1}{dt} = g(t)Z_t(n_m - n_t) \qquad （式6.4－1）$$

式6.4－1的解为：

$$n = \frac{n_m}{1 + e - \int_0^t g(t)dt} = \frac{n_m}{1 + e^{-G(t)}}$$

上式中，n_t 为被制造业技术扩散影响的人数，n_m 为制造业就业人数，$g(t)$ 为制造业职工与其他人员接触的频率，z_t 表示制造业职工与其他人员的接触机会。

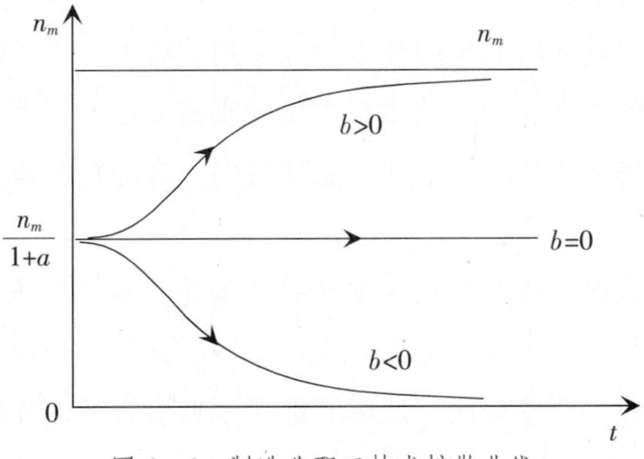

图6－6　制造业职工技术扩散曲线

技术扩散曲线的倾斜度取决于相互作用的人数。在FDI条件下，对当地制造业技术来说，FDI企业员工与当地企业员工之间相互作用数量越多，曲线的斜率越高。$G(t)$表示曲线的S形，扩散人数是随时间按曲线增长的。特别地，$G(t)=bt$，则：

$$n(t)=\frac{n_m}{1+ae^{-bt}} \quad \text{（式6.4-2）}$$

这就是制造业技术扩散模型。n_m还可以表示新技术采用者最大可能值；b表示新技术随时间的变化速度。其中可分为三种：$b>0$，表示扩散速度递增，可以认为是对新技术的扩散；$b<0$，表示扩散速度递减，可以认为是对老技术的扩散；$b=0$，表示采用技术不变，保持制造业内部，代表与基期的新技术采用水平有关。截距$n_m/(1+a)$表示最初新技术采用人数，技术水平越高新，最初采用新技术人数越少，扩散空间越大，扩散速度越快。显然，由于各地区制造业人数不同，具有不同技术扩散曲线，但是制造业人数和技术水平决定技术扩散容量，制造业就业人数越多，新技术采用人数越多，技术扩散范围越大，扩散能力越强。

当然，式6.4-2只考虑了线性式扩散，其实扩散之间的连锁反应、乘数效应等都是广泛存在的，通常技术扩散采用的是裂变式的扩散。对处在工业化进程中的地区来说，制造企业之间以及制造业与非制造业之间的职工流动、接触、交流是地区技术扩散效应的关键因素。我国西部地区处在工业化初级阶段，制造业人数规模普遍较低。2002年我国31个地区制造业人数的规模平均为268万人，西部地区制造业人数平均规模为107万人，只有四川的制造业人数超过全国平均规模，西部只有全国平均规模水平的40%，西部制造业人数仅占全国制造业人数的14.74%，没有比较规模优势；同年，全国制造业人数占人口比重为6.51%，西部仅为3.51%，西部竟然没有一个地区超过全国平均水平（见表6-5）。

表 6-5 西部制造业就业人数、份额及比重

地区	人数（万人）	占全国份额（%）	占人口比重（%）	地区	人数（万人）	占全国份额（%）	占人口比重（%）	地区	人数（万人）	占全国份额（%）	占人口比重（%）
内蒙古	81.6	0.933	3.430	贵州	120.9	1.383	3.151	甘肃	88.1	1.008	3.398
广西	142.9	1.634	2.964	云南	115.0	1.315	2.654	青海	17.3	0.198	3.270
重庆	138.5	1.584	4.458	西藏	2.8	0.032	1.049	宁夏	25.7	0.294	4.493
四川	339.3	3.880	3.912	陕西	169.9	1.943	4.624	新疆	47.2	0.540	2.478

资料来源：根据《2003 中国统计年鉴》的相关数据计算。

显然，由于受工业发展阶段制约，西部制造业人口密度比较低，技术创新能力和扩散能力低，技术水平低，对新技术掌握人数少，扩散通道不畅，扩散难度大，对 FDI 技术扩散难度更大。

二、地区制造业相互作用机制

制造业规模较大的地区可以为跨国公司提供良好的产业发展基础条件和技术配套资源，并且由于制造企业集聚和人口的集中，有利于在技术、知识、信息传递、人力资本贡献等方面有溢出效应产生，使在当地投资的跨国公司有良好的外部环境，对 FDI 有集聚吸收能力。Linda F. Y. Ng、Chyau Tuan（2003）研究广东的制造业核心—外围系统（Core - PeriPhery System，CPS）时发现，FDI 向 CPS 集聚主要是利用 CPS 产生的集聚效应，尤其是大量中小企业（Small/Medium Businesses，SMEs）集聚效应，同时，劳动力竞争程度也是影响制造业 FDI 集聚的一个重要因素。

地区制造业集聚效应，本身也是 FDI 集聚过程。FDI 集聚一方面是对其他跨国公司产生的吸引力，这是因为先入驻的 FDI 企业产生了示范效应和经验积累；另一方面，FDI 企业系统内部也产生了集聚效应。如果地区某些技术环节的配套能力弱小，会建立一批相关企业，或者直接吸引其他跨国公司入驻。在我国的大型制造业跨国公司往往自带部分配套企业，一方面，由于 FDI 经济效益高于当地企业，机制灵活，分配合理，这对当地甚至其他地区的人力资源产生较大的吸引力；另一方面，FDI 企业的职工也会溢出或自创企业，这

也有利于 FDI 技术与知识的有效扩散。FDI 制造业与当地制造业之间的这种交互作用对 FDI 技术传感、扩散有着重要影响。

FDI 越集聚的地区，从其他国家学到先进技术的机会就越大。美国经济学家芬德莱（Findlay）用“传染理论”来解释这种现象。该理论将技术比做传染病：它可以传播得很远，并且接触的人越多，传播的速度越快。同时，在技术创新的发明者与获得者之间的接触和交流中，技术创新可以被有效地复制。FDI 提供了这种直接接触和交流的机会，使一个当地生产者能够了解其他国家的产品信息和技术信息。跨国公司到当地投资办厂使 FDI 企业与当地企业之间的人员接触更为频繁，因此外商直接投资对技术传递和扩散作用会更大。香港和墨西哥制造业的快速成长验证了传染理论。

在不考虑其他产业情况下，当地制造企业与 FDI 企业之间存在比较复杂的关系：

（1）相互独立。由于 FDI 企业与当地企业技术差别很大，或 FDI 企业对技术严格封锁，也不准其人员流动到当地制造业。FDI 制造业与当地制造业是两个独立的系统，孤立发展，没有技术相互合作、人员流动。这时，当地对 FDI 技术扩散能力几乎不存在。

（2）相互竞争。地区 FDI 制造业与当地制造业实力相当，对人力资源等展开激烈竞争，相互竞争对方人才。这种市场上的激烈竞争迫使其提高生产效率，增强管理水平，降低生产成本，改进产品质量，提高工作环境，提高报酬。

（3）一强一弱。地区 FDI 制造业与当地制造业竞争力悬殊，一般说来，FDI 企业的技术水平高于当地企业，竞争力也高于当地企业，在竞争中当地企业人才资源流失是正常的现象。

（4）二者相互协同。由于地区 FDI 制造业与当地制造业相互竞争，走向合作，在技术、原料、零配件以至人才资源上相互配合、相互溢出，产生了外部效应，扩大了规模经济和范围经济。这种集聚效应不断吸引其他跨国公司和其他地区的制造企业加盟，形成制造产业集聚区。

设 x 为当地制造业就业人数，表示当地制造业规模，y 为 FDI 企业就业人数，表示 FDI 制造业规模。x 与 y 之和即地区制造业就业总人数。这两种人数的增长表示为：

$$\begin{cases} \dfrac{dx}{dt} = Rx \\ \dfrac{dy}{dt} = Q_y \end{cases} \qquad （式 6.4-3）$$

其中，x 与 y 分别是 t 的函数，及表示当地制造业就业人数净增长，Q 表示地区 FDI 制造业就业人数净增长。其中每一类制造业就业人数对其存量贡献大小不仅依赖于企业破产，或向非制造业转移，或死亡等，而且也依赖于两类人数的相互作用。其模型：

$$\begin{cases} R = \alpha + \beta x + \gamma y \\ Q = \delta + \varepsilon y + \zeta x \end{cases} \qquad （式 6.4-4）$$

上式中，α 和 δ 表示当地制造业就业人数与 FDI 制造业就业人数增长率；β 和 ε 为自我发展系数。对逻辑增长方程式，如果 β 和 ε 是负数，表示挤出效应。因规模较小，或规模过大，产生集聚不经济，内部生产竞争，比如当地制造业内部，或 FDI 制造业内部竞争，有些职工被挤出。如果 β 和 ε 是正数，表示累积效应。当地就业规模增加时会导致自我增长扩张，规模经济、地区制造业和 FDI 制造业都具有自我发展机制。γ 和 ζ 表示两者的集聚系数。如果 γ 和 ζ 是负数，即负集聚效应，两类制造业发展会为有限的资源进行竞争，一类企业的发展以另一类企业为代价。如果 γ 和 ζ 是正集聚效应，两类制造业“你中有我，我中有你”，有了分工，有了合作，共同发展成相互支持制造系统，一方在对方的增长中受益，两者整合成制造业集聚体。而当 γ 和 ζ 是一正一负时，两者表现为争夺与被争夺关系。若 γ 为负，ζ 是正数，那么当地制造业职工是被争夺者，FDI 企业是争夺者。不同地区的制造业和 FDI 企业的力量不同，相互作用关系比较复杂，此处仅对几个特殊情况进行分析。

（一）共　生

在劳动力开放的条件下，没有地区劳动力资源约束，一个制造业系统对另一个制造业系统的职工没有争夺，反而一个系统的职工集聚对另一个系统职工增加产生积极影响，当地企业与 FDI 企业共同发展。描述这种机制的模型为：

$$\begin{cases} \dfrac{\mathrm{d}x}{\mathrm{d}t} = ay \\ \dfrac{\mathrm{d}y}{\mathrm{d}t} = bx \end{cases} \quad （式6.4-5）$$

式中，a、b 为共生扩散系数，由式6.4-5得：

$\dfrac{\mathrm{d}y}{\mathrm{d}x} = \dfrac{bx}{ay}$，其积分式：

$$a\int_{y_0}^{y} y\mathrm{d}y = b\int_{x_0}^{x} x\mathrm{d}x$$

其中，x_0、y_0 分别为 x 与 y 初期值，令：

$k = ay_0^2 - bx_0^2$，其表示初期条件，则，$ay^2 - bx^2 = k$。

图6-7的相轨迹是双曲线族，箭头方向表示随时间增加的 x、y 变化趋势。$k=0$ 时，即 $y_0 = \sqrt{b/ax_0}$ 或 $y = \sqrt{b/ax}$表示一种作用均衡状态，当地制造业人员增加对FDI制造业人员增加的影响与FDI制造业人员增加对当地制造业人员增加的影响相同。当 $k>0$ 时，表示FDI制造业比较强，逐步对当地制造业产生影响；当 $y \to \sqrt{b/ax}$ 时，$k \to 0$，FDI制造业与当地制造业的影响趋向均衡态；当k<0时，表示当地制造业比较强，逐步对FDI制造业产生影响；当 $x \to \sqrt{a/by}$ 时，$k \to 0$，当地制造业对FDI制造业的影响趋向均衡态。然而，当地制造业人员与FDI制造业人员的共生受初始条件或规模的影响，具有明显"门槛"效应，要使 $k>0$，y 应逐步大，使得 $y_0 = \sqrt{b/ax_0}$，才能对 x 产生影响；同样地，要使 $k<0$，应使 x 逐步大，使得 $x_0 > \sqrt{a/by_0}$，才能对 y 产生影响。因此，当地制造业人员与FDI制造业人员呈平方的倍数关系，对当地制造业人员与FDI制造业人员的共生有决定性影响。

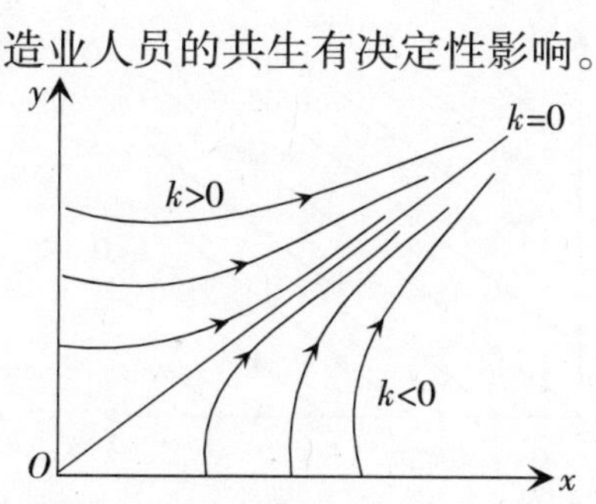

图6-7　当地制造业共生系统相轨迹

（二）聚　集

当地制造业人员与FDI制造业人员的相互作用产生集聚效应，双方都在集聚效应中受益，产生了“双赢”格局。这种机制的数学模型为：

$$\begin{cases} \dfrac{dx}{dt} = axy \\ \dfrac{dy}{dt} = bxy \end{cases} \qquad （式 6.4-6）$$

其中，a、b 为集聚扩散系数，分别表示两类制造业在集聚效应中获得发展的能力。由式 6.4-6 得：

$$\frac{dy}{dx} = ay - bx = k$$

若以 x_0、y_0 分别为 x 与 y 初期值，则 $k = ay_0 - bx_0$。这时相图是一组平行线（见图 6-8）。当 $k = 0$ 时，即 $y_0 = (b/a)x_0$ 或 $y = (b/a)x$，表示集聚效应对当地制造业人员增加和FDI制造业人员增加的影响相同。当 $k > 0$ 时，表示集聚效应对FDI制造业发展作用比较大，对当地制造业产生作用较小；当 $y \to (b/a)x$ 时，$k \to 0$，集聚效应对FDI制造业作用由大变小，趋向均衡态；当 $k < 0$ 时，表示集聚效应对当地制造业作用比较强；当 $x \to (a/b)y$ 时，$k \to 0$，集聚效应对当地制造业影响由大到小，趋向均衡态。这种集聚效应也有明显“门槛”条件，要使 $k > 0$，y 应逐步大，使得 $y_0 > (b/a)x_0$，集聚效应也才能产生影响；同样地，要使 $k < 0$，应使 x 逐步大，使得 $x_0 > (a/b)y_0$，集聚效应才能产生影响。因此，当地制造业人员与FDI制造业人员的线性倍数，对两方产生集聚效应有着决定性影响。

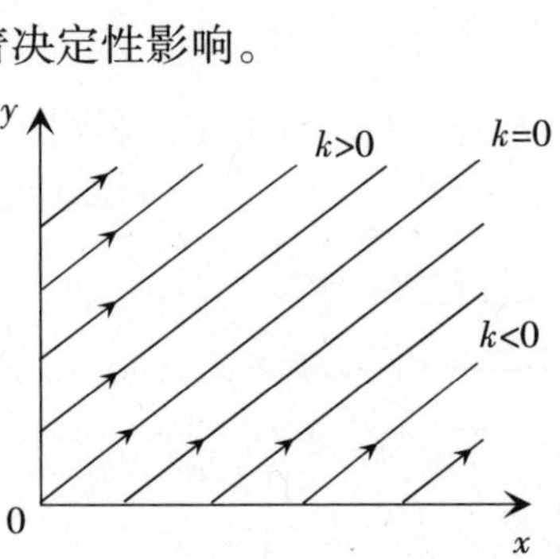

图 6-8　当地制造业集聚系统相轨迹

（三）混合系统

这种系统的生成机制是当地制造业发展促进了FDI制造业的发展，FDI制造业的发展又与当地制造业产生集聚效应，进一步促进了当地制造业的发展。其动态模型为：

$$\begin{cases}\frac{dx}{dt} = axy \\ \frac{dy}{dt} = bx\end{cases} \quad （式6.4-7）$$

其中，a为当地制造业职工与FDI制造业的集聚效应系数，b是当地制造业向FDI企业的职工扩散系数。由式6.4-7得：

$\frac{dy}{dx} = \frac{b}{ay}$，积分得：

$ay^2 - 2bx = k$

若以x_0、y_0分别为x与y初期值，则，$k = ay_0^2 - 2bx_0$。这时相图是一族抛物线（见图6-9）。当$k=0$时，即$y_0 = \sqrt{(2b/a)x_0}$或$y = \sqrt{(2b/a)x}$，表示当地制造业人员增加对FDI制造业人员增加的影响与集聚作用对当地制造业的影响相同，形成作用均衡的状态；当$k>0$时，表示当地制造业对FDI制造业发展具有较大影响，但这种影响随着$y \to \sqrt{(2b/a)x}$时，$k \to 0$，作用由大变小，趋向均衡态；当$k<0$时，表示集聚效应对当地制造业作用比较强，当$x \to (b/2a)y^2$时，$k \to 0$，集聚效应对当地制造业影响由大到小，趋向均衡态。这种机制的发生也有明显"门槛"条件，要使$k>0$，y应逐步大，使得$y_0 > \sqrt{2b/ax_0}$，集聚效应才能产生作用；同样，要使$k<0$，应使x逐步大，使得$x_0 > (b/2a)y_0^2$，当地制造业对FDI制造业促进才能产生影响。因此，当地制造业人员与FDI制造业人员的非线

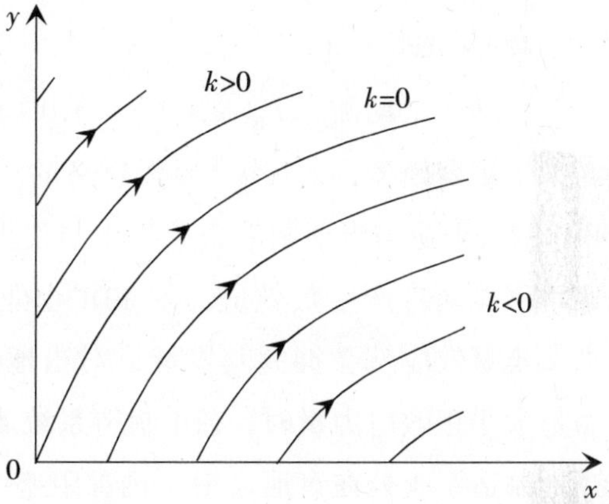

图6-9　当地制造业集聚系统相轨迹

性倍数，对这种作用产生决定性影响。

（四）共生集聚

这种情况是，当地制造业发展与 FDI 制造业的发展相互促进，同时，两者的集聚效应也促进了双方职工规模不断扩大，这是一种比较理想的状态，其动态模型为：

$$\begin{cases}\frac{\mathrm{d}y}{\mathrm{d}t} = ay + bxy \\ \frac{\mathrm{d}y}{\mathrm{d}t} = cx + dxy\end{cases} \quad （式 6.4-8）$$

其中 a、c 为共生扩散系数，b、d 为集聚扩散系数。式 6.4-8 是比较复杂的非线性方程组，求不出通解，这里仅对均衡点的静态特征进行分析。解联立方程组：

$$\begin{cases}ay + bxy = 0 \\ cx + dxy = 0\end{cases}$$

得到两个均衡点 $E_0(x,y) = (0,0)$ 和 $E_1(x,y) = (-a/b, -c/d)$。显然，对共生集聚模型，$E_0(x,y)$ 是无意义的。E_1 说明，对于地区制造业发展来说，FDI 制造企业与当地制造企业共生与集聚是矛盾的，不可能同时产生正效应，也不可能同时产生负效应。对 FDI 企业系统来说，当地制造业促进其发展，那么集聚效应就会抑制其发展，对当地制造业来说也如此。这表明，负效应力量大于正效应力量时，FDI 制造系统或当地制造系统就会衰退。有的地区，当地制造系统处在衰退之中（内部阻塞），但 FDI 制造业发展会抑制其衰退速度，或许通过两个制造业的置换，当地制造业还处在发展之中，另一些地区由于 FDI 制造业发展缓慢，不能及时顶替当地制造业发展，那么，当地制造业就处在衰退之中，当然，当共生与集聚效应都为负时，当地制造业肯定处在衰退之中。这也喻示着，FDI 制造业与当地制造业的扩散机制和效果对地区制造业发展有重要影响。在劳动力市场发育程度低，当地人力资源严重不足，同时又无能力吸引地区外人力资源进入时，当地制造业与 FDI 制造业对人力资源的竞争是存在的。

假定，FDI 制造业发展挖走了当地制造企业职工，而制造业集聚使 FDI 企业少量人才流向本制造业，对当地制造业发展产生积极影响，两者都各有得失。这种部分共生集聚的模型为：

$$\begin{cases}\dfrac{dx}{dt} = -ay + bxy \\ \dfrac{dy}{dt} = cx - dxy\end{cases} \qquad （式 6.4-9）$$

得到两个均衡点 $E_0(x,y)=(0,0)$ 和 $E_1(x,y)=(a/b,c/d)$。首先，原点 E_0 附近的轨迹。由于 $y<a/b$，则 $a-by>0$，$\frac{dx}{dt}>0$，x 是增加的；同样，$x<c/d$，则 $c-dx>0$，$\frac{dy}{dt}>0$，y 是增加的。这就揭示了图 6-9 中第Ⅰ区域轨迹特征，其表明，当地制造业有趋向均衡点 E_1 的倾向。

但是，地区制造业进入第Ⅱ区或第Ⅳ区时，$\frac{dy}{dt}$与$\frac{dx}{dt}$中一个为正、一个为负，有偏离均衡点 E_1 的力量存在，具体还看是当地制造业占主导，还是 FDI 制造业占主导来决定在第Ⅱ区或第Ⅳ区偏离度有多大。如是在第Ⅲ区，则对当地制造业来说，FDI 制造业挖走的人数小于集聚带来的人数；而对 FDI 制造业来说，从当地制造业中得到的人数小于集聚中失去的人数。这时，对两者都不利，$\frac{dy}{dt}$与$\frac{dx}{dt}$均小于零，这时当地制造业出现衰退，向均衡点 E_1 移动（见图 6-10）。

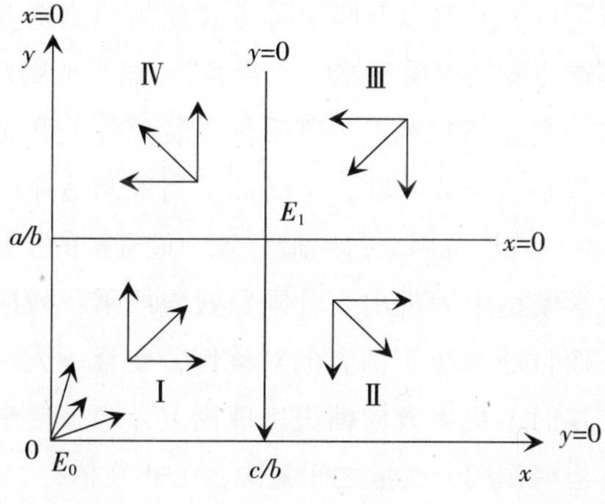

图 6-10　地区制造业局部共生集聚系统均衡分析

前三个模型表明，当地制造业与 FDI 制造业之间的共生与集聚效应的启动都有“门槛”效应。当地制造业与 FDI 制造业之人数规模在达到一定的规模和比例关系，FDI 制造业与当地制造业之间的共生、集聚效应才发生。假若当地 FDI 制造业与当地制造业发展分别可用这三个模型从不同角度来描绘，若增长率一样，共生与集聚效应系数相同，那么，FDI 制造业与当地制造业达均衡态时，共生对当地制造业规模要求是集聚当地制造业规模要求的 $\sqrt{b/a}$ 倍；若共生与集聚效应对 FDI 制造业作用强，那么实现共生均衡的当地制造业规模必须大于实现集聚均衡的规模，反之，共生与集聚效应对当地制造业作用强，那么实现共生均衡的当地制造业规模小于实现集聚均衡的规模。也就是说，当地制造业有足够的规模才能实现 FDI 制造业与当地制造业共生发展。对于共生与集聚的均衡态来说，对当地制造业的规模要求要小得多，经推导，在模型（式 6.4－7）中当地制造业规模仅为模型（式 6.4－5）中当地制造业规模的 1/2，但是在模型（式 6.4－7）中 FDI 制造业的规模为模型（式 6.4－6）中 FDI 制造业的规模的 2 倍。这意味着 FDI 制造业较强而当地制造业较弱的地区制造业易产生共生与集聚的混合效应；而在当地制造业较强的地区制造业可能与 FDI 制造业产生共生效应和集聚效应。

但是，模型（式 6.4－8）表明，FDI 制造业与当地制造业的共生与集聚的正效应不可能同时产生。这意味着，FDI 制造业与当地制造业之间可能存在一种竞争与合作关系。因此，仅从模型（式 6.4－7）看，FDI 制造业寄生于当地制造业，通过合资、并购以及吸引等方式使当地制造业人数减少，当地制造业要为 FDI 制造业发展提供足够的“营养”，而当地制造业与 FDI 制造业集聚，围绕 FDI 核心企业原料制造、零部件、装配等关联企业不断涌现，以及吸引其他地区一些制造企业入驻，又增加了当地制造业的职工规模，形成良性循环，FDI 技术、知识也因此得到最有效、最直接的扩散。

集聚效应在数学模型中表现出一种乘数效应或乘积效应，其效应不仅取决于变量的大小，而且还取决于两者的对称性，变量一大一小时，集聚效应较弱，若一个趋于零时，集聚效应消失。理论上，两个变量对等时、集聚效果最佳。如果没有集聚作用，变量之间就失去了相互依存、相互联系。同时，两个变量的集聚效应在空间上并非连续的反应，而是呈现出等效应性，其等高线在平面上的投影是一组双曲线（见图 6－11）。

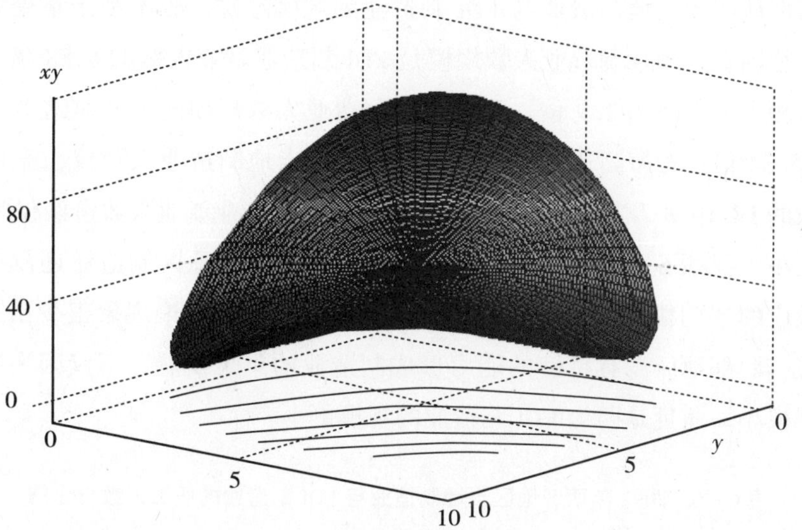

图 6－11　双变量集聚效应立体图

另外，集聚效应取决于两个变量及变化速度的线性组合，即：

$$\frac{\mathrm{d}}{\mathrm{d}t}(x,y) = x\frac{\mathrm{d}y}{\mathrm{d}t} + \frac{y\mathrm{d}x}{\mathrm{d}y} \qquad (式 6.4－10)$$

在集聚效应变化过程中，一个变量与另一个变化率相互关联，因此，若要提高集聚效应速度，必须同时提高两个变量规模，尤其是较小变量要加大发展速度。如果两个变量变化率均为负值时，发生集聚不经济，集聚体规模下降，对外扩散增加。同时，两个变量之间存在如下关系：

$$E\left[x\frac{\mathrm{d}y}{\mathrm{d}t}\right] = -E\left[y\frac{\mathrm{d}x}{\mathrm{d}y}\right] \qquad (式 6.4－11)$$

这表示两个变量之间存在竞争关系。对当地制造业来说，FDI 制造业与当地制造业成为“捕获与被捕获”关系。当地制造业职工流向 FDI 企业的数量越多，FDI 制造业人数增加的速率越快；反之，FDI 企业越多，当地制造业的人数减少越快，当然这是在地区封闭、两类制造系统没有外部人力资源补充的条件下产生的情况。在开放的情况下，地区 FDI 制造业与当地制造业之间的人员流动不至于对双方发展造成严重影响。但是，由于当地制造业发生“阻塞”、规模不经济或竞争力下降、破产等造成当地制造业人数下降，不在讨论之列。

西部地区的当地制造业与 FDI 制造业的规模悬殊，极不利于集聚效应产生。从全国看，当地制造业人数规模是 FDI 制造业就业人数的 6.88 倍，广东为二者相当，上海为 1.9 倍，西部当地制造业人数规模是 FDI 制造业就业人数的 35.34 倍，青海高达 164 倍。同时，西部当地制造业人数仅占全国制造业人数的 17.19%，当地制造业规模不足，FDI 制造业就业人数份额仅为 4%，规模更小（见表 6－6）。这两方面说明，大部分西部地区制造业还没有跨越集聚效应的“门槛”效应，当地制造业与 FDI 制造业集聚现象很少出现。以此来看，西部地区没有足够的能力形成制造业的集聚发展，不仅因为当地制造业规模小，而且是因为 FDI 制造业的规模更小。

表 6－6　2002 年西部地区当地制造业与 FDI 制造业的职工人数与比例

地区	当地制造业人数（万人）x	FDI 制造业人数（万人）y	x/y	地区	当地制造业人数（万人）x	FDI 制造业人数（万人）y	x/y
内蒙古	77.93	3.67	21.24	陕西	166.92	2.98	56.08
广西	135.04	7.86	17.18	甘肃	86.61	1.49	58.09
重庆	133.23	5.27	25.28	青海	17.20	0.10	163.98
四川	331.30	8.00	41.44	宁夏	24.60	1.10	22.33
贵州	119.12	1.78	67.10	新疆	46.49	0.71	65.70
云南	112.51	2.49	45.15	西部	1253.72	35.48	35.34
西藏	2.76	0.04	71.52	全国	7253.06	1054.34	6.88

资料来源：根据《2003 中国统计年鉴》的相关数据计算。

用静态计量模型看，集聚效应对当地制造业人数与 FDI 制造业人数作用截然不同。2002 年我国 31 个地区当地制造业人数（x）与 FDI 制造业人数（y）的相关系数为 0.384，x 与 xy 的相关系数为 0.55，而 y 与 xy 的相关系数为 0.95。这表明，集聚效应对当地制造业人数作用小，而对 FDI 制造业人数作用较大。基于 2002 年 31 个地区当地制造业人数（x）与 FDI 制造业人数（y），建立计量模型：

$$x = -0.00026xy + [AR(1) = 1.0939] \quad (式6.4-12)$$

$$(-2.3238) \quad (65.7195)$$

$$\text{Adj. } R^2 = 0.9827, DW = 1.7710$$

$$y = 0.0025xy + [AR(1) = 0.6089] \quad (式6.4-13)$$

$$(22.9355) \quad (3.3735)$$

$$\text{Adi. } R^2 = 0.9272, DW = 2.1877$$

在消除了地区之间的自相关后，集聚对当地制造业产生的负效应，对FDI制造业产生正效应。这表明，在其他条件不变的情况下，FDI制造业的集聚吸引力较高，当地制造业职工普遍减少，人员更多地流向FDI制造业。因此，当地制造业能否具有向FDI制造业扩散职工的能力，本身也是当地制造业FDI扩散能力的重要方面。诚然，当地制造业只有先向FDI企业扩散，只有迈出这决定性的一步，有效地促进了FDI制造业的发展，FDI才会向当地扩散其技术。研究表明，外资企业直接创造1个就业机会，同时间接创造1~2个就业岗位。仅考虑后向关联系数为0.9，前向关联系数为0.7，外资企业间接创造就业系数为1.6（UNCTAD，1994）。显然，FDI企业对当地人力资本形成的促进作用是很明显的。

集聚理论的重要启示莫过于当地制造业与FDI制造业形成集聚体是规模经济、外部经济和范围经济的综合体现，它有能力吸引地区之外的人力资源向集聚体靠拢，但集聚需要大量的人力资源，地区必须制定有效政策，加大吸引人才力度，为制造业集聚提供丰富的资源。这方面深圳是典型。深圳通过强有力的措施来吸引高科技人才，已建立起了比较完善的高级经理人才市场、科技人才市场和激励人才积极性、创造性的利益机制。全国各地每天都有近万名各类人才在深圳的人才市场流动，为深圳制造企业补充新鲜血液。

三、西部高新技术产业扩散能力

高新技术产业是制造业的核心部分，也是FDI集聚与扩散能力最强的产业。高新技术产业对地区竞争力、产业结构升级、传统产业改造产生决定性的影响，同时，高新技术产业是FDI集聚最多的产业。通过高新技术产业集中利用FDI，经消化吸引后，通过高新技术产业的关联效应和扩散渠道，向地区其他产业扩散，这比通过就业人员扩散技术等更有效、更直接。因此，当地高新技术的强弱直接关系到当地对FDI技术扩散的能力。

高新技术产业有不同的定义。1986年，OECD第一次对高新技术产业的定义为："高新技术产业是指研究和开发（R&D）年度经费支出占该工业总产值4%以上的产业。"20世纪90年代后期，OECD将R&D占产值的比例高于8%以上的产业划分为高新技术产业。美国劳动局用R&D强度把高新技术产业分为两类：一类是高新技术产业，R&D强度指标高于全国制造业平均值的2倍以上的产业；一类是高技术密集产业，R&D强度指标低于全国制造业平均值的2倍值，但高于全国制造业平均值的产业。

目前，我国共有5类高新技术产业（见表6－7）。如果按OECD高新技术产业标准，我国这几个高新技术还不算是严格意义上的高新技术产业。即使是按美国劳动局的标准，目前我国5个高新技术产业中只有航空航天器制造业算是高新技术产业，医药制造业、医疗器械及仪器仪表制造业、医疗器械及仪器仪表制造业充其量也只是高新技术密集型产业，而电子计算机及办公设备制造业因其核心技术控制在跨国公司手中，主要是组装，研发能力较弱，只算是一般制造业，但是其技术含量极高，在世界范围内也是高新技术产业，它对国民经济信息化有着深远的影响。

表6－7　2002年我国高新技术产业及R&D强度

产业	R&D强度	产业	R&D强度
医药制造业	1.499	电子计算机及办公设备制造业	0.692
航空航天器制造业	3.829	医疗器械及仪器仪表制造业	1.744
电子及通信设备制造业	2.018		

资料来源：根据《2003中国统计年鉴》的相关数据计算。

西部地区由于技术发展水平低，高新技术产业发展滞后，高新技术产业比较弱小。从增加值份额看，西部高新技术产业增加值仅占全国的8.9%，其中陕西和四川占了西部高新技术增加值份额的81%，其他地区的高新技术产业增加值份额都在0.7%以下。从出口额看，西部高新技术产业出口仅占全国的1%，其中四川占了西部高新技术出口份额的56%，其次是陕西为0.18%，云南为0.13%，其他地区的高新技术产业增加份额都在0.1%以下。从高新产业对当地出口贡献看，全国高新技术产品出口额占工业制成品出口额比重为9.03%，陕西、四川和西藏高于全国平均水平，内蒙古、贵州、青海、宁夏的该指标还低于1%，说明高新技术向国外扩散的能力还比较弱。另外，2002年全国的新产品率为11.14%，广西、重庆、四川的新产品扩散能力比较强，西部其他地区新产品扩散能力仍比较弱（见表6－8）。

表6－8　2002年西部高新技术产业占全国份额及对产品结构贡献　　单位：%

地区	增加值份额	出口份额	工业制成品出口贡献率	新产品率	地区	增加值份额	出口份额	工业制成品出口贡献率	新产品率
内蒙古	0.0807	0.0027	0.20	5.35	西藏	0.0864	0.0108	9.51	0.00
广西	0.2897	0.0405	1.15	15.02	陕西	4.0301	0.1836	13.94	8.60
重庆	0.3221	0.0810	4.80	23.54	甘肃	0.0997	0.0270	1.36	3.87
四川	3.1998	0.5561	12.71	14.36	青海	0.0025	0.0000	0.09	1.52
贵州	0.6804	0.0108	0.86	5.71	宁夏	0.0222	0.0027	0.80	4.33
云南	0.0902	0.1296	7.34	3.92	新疆	0.0025	0.0081	1.73	1.63

资料来源：科技部《2002年全国及各地区科技进步统计监测结果》。

高新技术产业的出现，不仅改变了地区产业竞争的模式，而且扩大了地区FDI扩散能力的差距。高新技术产业具有较强的技术创新与扩散能力，它是我国吸收FDI最多的产业群。高新技术产业的发展不仅能为当地创新能力提高、人才成长、企业衍生等产生重要影响，同时也是当地FDI扩散源。从本质上讲，FDI技术的扩散是由于FDI技术与地区技术之间的差距产生的。首要的是一定规模的FDI进入地区，然后才谈得上与地区经济之间的共生扩散与集聚扩散。2002年，地区FDI技术能力指数与地区高新技术产业增加值、新产品率的相关系数分别为0.78和0.81。这充分说明，高新技术产业的地区差距会对FDI扩散能力产生重大影响。西部高新技术产业不但规模小，而且竞争力弱，这极大地制约了西部大部分地区的FDI扩散能力。

第五节 西部学习能力

FDI 技术的扩散效果在很大程度上取决于区域对外来文化、技术和知识的学习能力。在知识经济年代，一个区域是一个复杂的学习型组织，学习的比较优势决定区域竞争优势，区域对 FDI 资源的扩散能力在很大程度上取决于区域的学习能力，包括获取知识、传授知识与交流知识的能力。

一、学习与区域创新

学习外来知识是技术创新与扩散的重要基础。以本特阿克·伦德瓦尔为代表的国家创新系统研究的微观学派强调在生产系统中相互学习的核心作用。早在 1987 年，伦德瓦尔分析了厂商与用户之间的相互作用对技术创新的影响，指出地理和文化的差距以及政府的作用是影响用户和生产者相互作用的一个重要因素，同时他还认为："在一个经济的技术基础迅速变化的时期，已经建立起来的、有组织的、制度化的现状可能对完全潜在的新技术开发是最大的障碍。"1992 年，伦德瓦尔进一步把创新系统定义为："在生产、扩散和使用新知识的过程中形成的各种成分的相互作用。"在他看来，技术创新被理解为一个相互作用的学习过程。因此，创新系统的中心活动就是学习，而且学习是一个社会活动，包括人与人之间的相互作用。

在创新系统的结构方面，伦德瓦尔认为："一个创新系统是在新的、有经济价值的知识生产、扩散和使用上互相作用的要素和关系所构成。"按其观点，区域创新系统的要素和关系包括了解和研究与开发有关的机构的制度，如研究与开发部门、大学。从广义上讲，包括影响学习与研究的经济结构和制度，如生产系统、营销系统和金融系统等。因此，衡量一个区域创新系统的关键指标是生产、扩散和使用有经济价值知识的效率。

创新与扩散是两种不同的能力，但两者是共生的。熊彼特首创的创新理论认为，经济发展作为一种非均衡过程，取决于两种对立力量的相互作用："创新，它趋于扩大国家间的经济技术差异；模仿或扩散，它趋于缩小这些差异。所以，一个处于世界创新前沿后面的国家是否缩小了它与前沿国家的生产率差距，不仅取决于它的模仿努力，而且也取决于它的创新能力，还取决于前沿国家创新能力。此外，一个处于世界创新前沿之后的国家通过模仿活动即使成功地缩小了生产率差距，如果不在创新活动上也超过前沿国家，就不可能在生产率上超过它们。”（费尔伯格，1988）经验表明，创新与扩散两者是正相关的，创新能力强的地区，扩散能力也强，然而两者的速率却往往存在较大差异。

理解区域创新系统的关键，是理解学习和研究开发是如何在经济系统中展开和完成并产生经济效益的。区域创新系统由企业、大学和科研机构、教育部门和政府构成（见图6－12）。其中企业的内部结构与产业是创新的基础，政府部门提供服务和政策支撑，教育部门提供人力资源，大学和研究开发机构进行自主创新。这些是通过学习联系起来的。只有所有环节都建立在学习之上，创新才有源泉。不言而喻，离开了学习，创新将成为无米之炊。

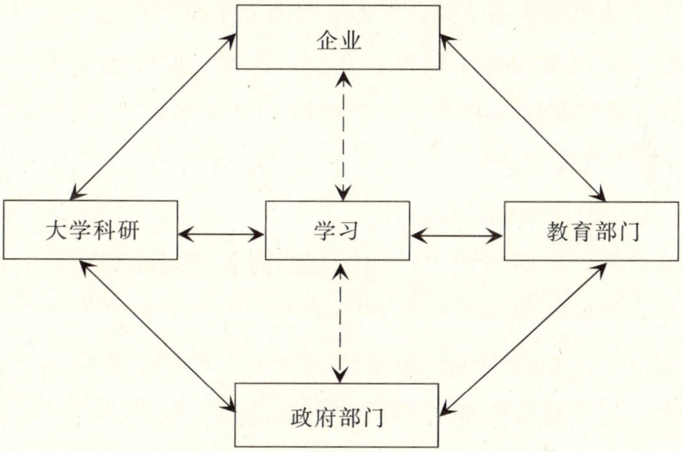

图6－12　区域创新体系结构图

技术扩散是技术创新作用于区域经济发展的关键环节。弗里曼（1987）将创新系统定义为：“公司部门的机构组成的网络，它们的活动和相互作用促成、引进、修改和扩散了各种技术。”对区域来说，FDI技术是外来技术，对其利用要以一定的技术创新能力作为基础，同样，对其扩散或模仿，也是以创新为基础，不仅停留在模仿水平上，而且重要的是创造性应用，有些是大面积推广应用。显然，学习是基础，它关系到获取FDI技术与知识能力，广泛人力资源基础，以及对知识的交流和传播能力。

国际技术扩散是当今国际经济学的研究热点。科和赫尔普曼对20多年来世界研究与开发的扩散进行了实证研究，结果表明美国的研发经费每增加1%，则发展中国家平均的全要素生产率就会提高0.04%；西欧和日本的研发经费每增加1%，则发展中国家平均的全要素生产率分别会提高0.02%和0.01%。

二、西部知识获取能力

区域对FDI的扩散能力与区域获取知识的能力有很大关系。FDI企业尤其是以独资方式进入的区域，其发展良好，对当地经济、就业等作出了重要贡献，可以说，区域成功地利用了FDI。然而，FDI经济自成体系，孤岛式发展与当地区经济界线分明，那说明，FDI所载技术、理念、文化并没有渗透到区域经济之中。区域要想扩散FDI，首先要具备获取知识的能力，没有知识的获取能力，扩散FDI也就没有了前提。在技术保密、股权控制的情况下，获得FDI中的知识不是轻而易举的事；尽管扩散FDI技术比自主开发要容易得多，但区域承接FDI的知识溢出，必须付出研发等方面的努力。因此，一般说来，FDI扩散能力与知识获取能力成正比。

获取知识能力，包括当地生产知识的能力和利用外部知识的能力。生产知识的能力是一个地区经济发展的核心能力。在地区经济发展中，落后地区可能一定时期以引进知识为主，但必须对知识生产给予战略性重视，因为生产知识的能力不仅是其最终摆脱落后的根本途径，也是其有效消化和利用外来知识的重要前提。地区生产知识以人均三种专利授权数和人均国际三大国际检索收录论文数衡量，引进知识能力以人均吸引FDI来衡量（胡鞍钢，2000）。

在FDI条件下，生产知识能力与引进知识能力是高度相关的。从知识生产能力看，2002年，我国每百万人口三项专利数为79件，东部地区为156件，西部地区为29件，西部地区百万人口三项专利数仅为东部的19%；全国科技活动人员发表论文人均580篇，东部为706篇，西部483篇。从知识引进能力看，同年，全国人均FDI为41美元，东部地区人均FDI为94美元，西部地区仅为5美元，西部地区人均FDI仅为东部的5.32%。不难看出，东部与西部在知识生产能力方面存在较大的差距，但在知识引进方面的差距更大（见表6－9）。

表6－9　2002年西部地区知识生产与知识引进能力指标

地区	专利（件/百万人）	科技活动人员论文（篇/万人）	FDI（美元/人）	地区	专利（件/百万人）	科技活动人员论文（篇/万人）	FDI（美元/人）
内蒙古	28.54	323	7.44	西藏	2.62	305	0.00
广西	21.86	449	8.65	陕西	41.48	831	9.80
重庆	56.68	737	6.30	甘肃	15.31	409	2.36
四川	39.24	462	6.41	青海	16.07	344	8.93
贵州	16.03	496	1.00	宁夏	37.76	391	3.85
云南	26.03	446	2.58	新疆	32.91	605	1.00

资料来源：根据《2003中国统计年鉴》的相关数据计算。

造成能力如此悬殊的原因比较多，人均FDI差距成因更复杂。从能力因素看，西部与东部的FDI引进能力相差不大，但利用能力的差距比较大，扩散能力差距更大，这与西部、东部的资源结构、产业结构、区位优势等差距有直接关系。人均FDI低，意味着FDI浓度不高，扩散的势差较小，扩散的速度和张力都不大。就全国而言，西藏的人均FDI最小，贵州、新疆人均FDI仅有1美元，西部其他地区也比较小，当地从FDI中分享的好处较小，没有形成浓厚的扩散FDI技术、文化意识。

三、西部知识吸收能力

知识的吸收也是一个重要的学习过程。人是知识的载体。对外来知识的吸收能力取决于人力资源状况；同时，FDI的大面积扩散更需要相应的一定规模的人力资源存量。能否有效地吸收知识取决于受一定程度教育的人口比重，一个文盲充斥的地区根本谈不上FDI扩散能力。

由于受教育、地理环境等方面的影响，西部吸收知识的能力比较低。按2002年人口抽样数据计算，全国15岁及15岁以上文盲半文盲人口占全国人口比例11.63%，东部文盲半文盲人口比例为10.01%，西部为15.18%，西部文盲半文盲人口比例高于全国平均水平，更高出东部平均水平，西藏文盲半文盲人口比例高达43.82%，为东部的4倍，甘肃、青海、云南文盲半文盲人口比例也是东部的2倍以上，尽管广西、新疆的文盲半文盲人口比例低于东部平均水平，但总体上西部人力资源水平是比较低的。这一点还可从大专以上教育的人口比重反映出来。2002年，全国大专以上人口比重为5.61%，西部为4.65%，低于全国水平，西部与全国水平存在一定的差距。即使是西部地区之间受教育人口比例的差距仍很大，新疆大专以上教育的人口比重为西藏的13倍（见表6－10）。再就总量上看，我国东部、中部和西部大专以上人口份额分别为47.51%、28.99%和23.50%，西部大专以上人口份额是最低的。

表6－10　西部地区文盲半文盲人口、大专人口比重及份额

地区	文盲半文盲人口比重	大专人口比重	大专人口份额	地区	文盲半文盲人口比重	大专人口比重	大专人口份额
内蒙古	13.46	6.6091	2.2596	西藏	43.82	0.9749	0.0342
广西	9.45	4.1471	2.7637	陕西	15.56	4.8038	2.4378
重庆	10.31	3.9077	1.7374	甘肃	21.11	3.7523	1.3089
四川	13.55	4.4202	5.3869	青海	24.77	3.8691	0.2683
贵州	18.74	4.3714	2.1641	宁夏	17.49	7.0120	0.5167
云南	23.1	2.3835	1.3791	新疆	8.21	12.0878	3.2408

资料来源：根据《2003中国统计年鉴》的相关数据计算。

在发展中国家的发展问题上，E. F. 舒马赫认为，人是一切财富的首要和最终的源泉，发展的任务是通过教育提高人的素质；同时，他认为技术选择是一切选择中最重要的选择，必须通过适合当地人力、物力条件的新技术，这种技术更多的是“中等适用”技术。这喻示着FDI利用和扩散与当地人力资源的受教育程度密切相关，当地只能选择与人力资源水平相适宜的FDI技术，否则不易扩散。因此，以人力资源为基础的技术扩散能力低是地区FDI

扩散能力低的重要原因。

四、西部交流能力

在开放条件下，地区或个人的信息交流能力，表示其对外开放能力、配置资源的能力。信息支配物质和能量流动。如果没有足够的信息流，人与人之间接触频率较低，知识交流能力低，要扩散 FDI 是不可想象的。知识交流能力反映一个地区人口传播知识的能力，决定了该地区人口在其需要信息时是否有获得信息的途径，以及通过这种途径传播知识的效率（胡鞍钢，2000）。

弗里曼（1987）认为，社会创新包括信息流动的方式。在区域内鼓励良好的沟通与学习，在网络中与企业进行合作，科学、技术和教育政策等促进方式都表示了区域交流信息能力。从宏观上看，交流信息能力体现为居民的通信能力。

西部地区由于人口素质偏低，对外交流不足，信息量较少。2002 年全国人均邮电业务量为 406 元/人，东部为 702 元/人，西部为 237 元/人，西部人均邮电业务量仅为东部的 1/3。从通信设施配置看，全国百人电话用户数为 27.5 户，东部为 44.5 户，将近两人一户，西部地区百人电话用户数为 16.66 户，6 人仅有一户（见表 6－11）。显然，西部仍处在信息不灵、交流较少、不确定性大的相对封闭状态。

表 6－11　西部地区人均邮电业务量和百人电话用户数

地区	人均邮电业务量（元/人）	百人电话用户数（户/百人）	地区	人均邮电业务量（元/人）	百人电话用户数（户/百人）	地区	人均邮电业务量（元/人）	百人电话用户数（户/百人）
内蒙古	254	21	贵州	128	21	甘肃	192	15
广西	199	14	云南	242	14	青海	253	18
重庆	231	19	西藏	259	19	宁夏	288	20
四川	194	15	陕西	263	15	新疆	344	22

资料来源：根据《2003 中国统计年鉴》的相关数据计算。

FDI与一般意义上的资本不同，FDI是与技术关联的特殊资本。跨国公司在进行投资时将选择自己原来经营的产业，这是因为产品生产包括技术、管理经验，而技术和管理经验是企业长期积累的结果。所以，FDI是外生的变量，不存在部门之间的自由流动。在此条件下，通过人员流动、接触和交流对地区扩散FDI有重要的作用。在这种形式的FDI技术扩散中，人力资源质量和数量至关重要。西部地区的特点是矿产资源丰裕度高，对矿产资源的严重依赖在某种程度上抑制了知识能力的发展（胡鞍钢，2000）。西部除四川、陕西外，大部分地区知识资源不足，这是制约西部FDI扩散能力的瓶颈。

第七章　中国区域 FDI 系统的动态经济分析

我国区域 FDI 竞争力系统是由东部、中部和西部 FDI 竞争力机制形成的，随着吸收能力及外部环境的变化而发展演化。用静态或线性的方法难以做到研究复杂、变化的区域 FDI 竞争动力学机制。因此，进一步应用动态经济学方法揭示我国区域 FDI 竞争力系统稳定性、发展阶段、政策敏感性等特性，同时揭示西部 FDI－GDP 系统的动力机制，在宏观上对我国区域 FDI 协调发展政策导向提供一种理论支持。

第一节　区域 FDI 竞争力动态系统

区域 FDI 吸收能力与区域 FDI 竞争力之间存在密切关系，地区 FDI 吸收能力是区域 FDI 竞争力的基础，区域 FDI 竞争力是区域 FDI 吸收能力的外在表现。我国区域 FDI 竞争力系统是一个动态系统，随时间发展演化。

一、FDI 吸收能力与竞争力

区域 FDI 竞争力受 FDI 吸收能力的支配。由于受 FDI 集聚效应、FDI 政策、区位优势等因素的影响，一些区域 FDI 能力发挥充分，另一些区域 FDI 吸收能力发挥受到制约。区域 FDI 竞争力与区域 FDI 吸收能力存在一定的差异性。一般来说，落后区域 FDI 吸收能力的相当一部分仍是潜在的吸收能力，对这些能力还缺乏有效的激活力量，导致这些区域 FDI 吸收能力资源沉淀，区域的 FDI 吸收能力未能充分转化为 FDI 竞争力。

较理想的情况是区域 FDI 吸收能力与竞争力匹配，不至于使有的区域 FDI 吸收能力资源短缺，有的区域能力资源浪费。但是，由于区域之间对资源的自由竞争体制存在，市场对一些 FDI 吸收能力的资源配置导致可流动能力资源向东部发达区域集聚。一般而言，FDI 企业的条件、成长机制普遍优于当地企业，FDI 企业不仅吸引了当地人力资源，还吸引了其他区域的人力和技术资源。这一点在我国表现得比较明显。改革开放以来，由于东部发展较快，FDI 企业较多，吸收了大量西部资本包括人力资本向东部集聚。

图 7－1 简单表示了区域 FDI 吸收能力与其 FDI 竞争力之间的协调状况。OA 线为对角线，表示区域 FDI 吸收能力与竞争力之间的匹配状态。该图说明，区域 FDI 吸收能力通过竞争力充分发挥出来。当区域 FDI 吸收能力与竞争力的匹配程度对应于 *OA* 线以上的Ⅰ区时，说明区域 FDI 竞争力超过其 FDI 吸收能力，吸收 FDI 充分，如海南省。这其中必定有一些因素增加区域对 FDI 的竞争力，处于一种极为有利的竞争环境中。当区域 FDI 吸收能力与竞争力的匹配程度对应于 *OA* 线以下的Ⅱ区时，说明 FDI 竞争力低于其 FDI 吸收能力，吸收 FDI 不充足，如西部地区。这其中也必定有一些因素阻碍了 FDI 进入。

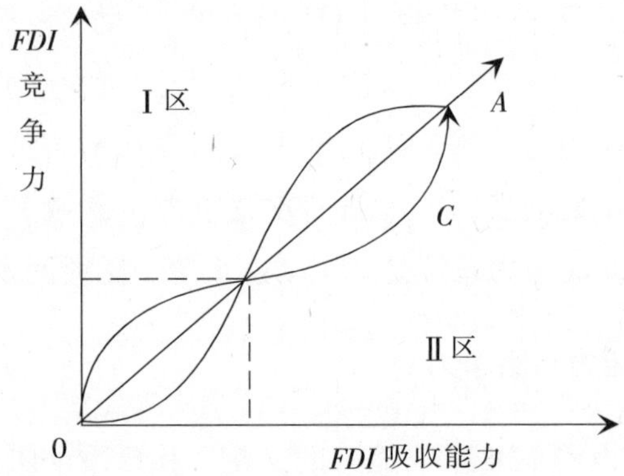

图 7－1　区域 FDI 吸收能力与竞争力

对一个区域的 FDI 吸收能力发展来说，也可能有三种情况。其一是区域 FDI 吸收能力与竞争力协调发展，在 *OA* 线或接近 *OA* 线向箭头方向发展；其二是起初其 FDI 吸收能力低于其 FDI 竞争力，而经过一段时期后，FDI 竞争力高于其 FDI 吸收能力，沿 *OB* 线向箭头方向发展；其三是起初其 FDI 竞争力高于 FDI 吸收能力，经过一段时期后，区位优势逐步消失，FDI 竞争力低于其 FDI 吸收能力，沿 *OC* 线向箭头方向发展。

实现区域FDI吸收能力向竞争力的转变，还需要一定的支持条件和转化机制。区域FDI吸收能力蕴藏在区域内部对FDI的引进能力、利用能力和扩散能力及相互作用之中。一种理想的理论模式是，引进能力、利用能力和扩散能力相互匹配，成为等半径的同心圆。对于大部分地区，FDI扩散能力成为地区FDI吸收能力中的核心能力，利用能力也比较重要（见图7－2）。因而，区域FDI引进能力、利用能力和扩散能力之间的协同作用程度是区域FDI竞争力强弱的一种重要基础。同时，一些非能力因素，如随机因素、政策因素等也对区域FDI吸收能力提升起重要作用。其中，区位优势和政策优势是区域FDI吸收能力向FDI竞争能力转变的两只翅膀。这两方面，东部与西部的差距比较大。东部具有良好交通优势，有出海港口，离国际市场和FDI主体比较近。一般认为，FDI流量与距离成反比。东部与海外华人华侨关系紧密，加上优先给予改革开放政策、金融政策等，使东部的FDI吸收能力较快转化成FDI竞争力。西部周边国家对外直接投资能力低，距离发达国家FDI主体又比较远，交通成本高等区位劣势的制约，政策约束也比较突出，如烟草加工业，使西部FDI吸收能力未能有效地得到提升，制约了西部FDI竞争力。

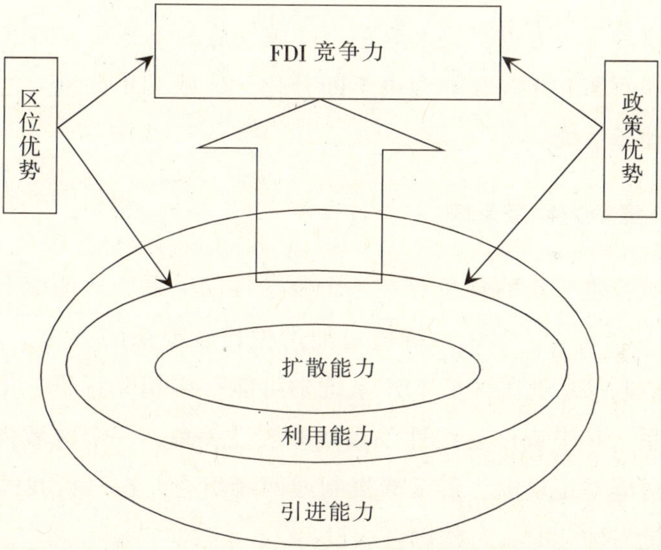

图7－2　区域FDI吸收能力向竞争力的实现机制

区域 FDI 竞争力取决于其拥有的区位竞争优势。由于资源禀赋在我国区域间的不均衡分布和各个区域社会、经济因素及政府政策的差异，区域对 FDI 的竞争力也有较大差异。这就意味着，假设跨国公司对外投资能力保持不变和对区域投资偏好不变，区域的区位竞争优势差异对 FDI 的分布起着至关重要的作用。市场导向型 FDI 更趋向于对产品差异性大、经济规模大、产业多样化程度高、企业经营管理水平高的行业进行投资。根据这些特征，市场规模、市场增长前景、区域经济发展状况，是市场导向型 FDI 非常重要的区位因素。出口导向型 FDI 则取决于当地的廉价生产要素，如劳动力、自然资源等。相对充裕的劳动力资源、较低的工资水平，成为 FDI 区位选择的倾向性因素。需要强调的是，真正起作用的不是低廉的绝对工资，而是低廉的效益工资。因此，区域 FDI 竞争力是由 FDI 吸收能力要素，包括市场、贸易壁垒、成本、投资气候和随机因素等组成的复杂系统。

区域 FDI 竞争力具有动态演化的特点。邓宁直接投资周期表明，区位优势与发展阶段存在一种动态变化关系，其变化反映出一国的发展阶段变化随着区位优势由小到大，然后又到小，以一种非线性的演化路途存在。我国东部、中部和西部在发展水平上有一定的差距，各个区域的区位优势有较大的差异，对 FDI 的竞争力也有较大差距。区域发展的不平衡、多元化导致我国东部、中部和西部 FDI 吸收能力也不断分化，区域 FDI 竞争力也是一个随着时间变化的动态系统。

二、FDI 竞争力动态系统

我国区域吸收 FDI 的竞争存在一个复杂性的关系。从理论上看，如果一个系统存在三个变量，那么系统就可能产生比较复杂的行为，如混沌现象、竞争与协同机制等。我国区域 FDI 系统中可能存在相互竞争、相互独立、相互合作的关系，其中或许有线性关系或非线性关系，一个区域强、另外的区域弱等，也可能是正反馈、负反馈机制或两者组合。在分析我国区域 FDI 竞争力系统的动态演化时，可作以下假设：

（1）FDI 的变化是连续的。连续系统是指 FDI 进入我国区域是连续变化的，因而，可以用微分方程来描述其动态机制。

（2）FDI 是同质的。也就是对于不同区域来说，外商的垄断优势、内部化优势和投资战略是一样的，FDI 技术含量一样。

（3）我国区域 FDI 系统本质上是一个 FDI 竞争力系统。以区域观点看，我国 FDI 系统是一个大系统，它处于一定相互竞争关系之中并与环境发生关系的东部、中部、西部三个区域子系统组成，具有一定 FDI 吸收能力结构和功能的有机体。

客观上，我国区域 FDI 竞争力由三方面的力构成：其一是区域 FDI 吸收能力，它由区域 FDI 发展水平、市场规模、资源禀赋、区位条件以及 FDI 的集聚效应、研究与开发能力等持久的时间趋势因素决定；其二是 FDI 政策力，指区域 FDI 政策和中央政策对 FDI 的吸引作用；其三是随机力，一般认为是外在不可控的、随机因素作用。一种简化区域 FDI 竞争力系统的方法是将可控的政策力内生化，在所研究的时期内，它们对区域 FDI 竞争力作用不变的、可识别的部分，转化到对系统方程结构的调整，将对 FDI 竞争力系统作用经常变化的、不易识别的因素外部化。这样，区域 FDI 竞争力就是区域内在吸收能力和外部扰动力的共同作用的结果。按计量经济学观点，任何一个系统的状态可视为确定性和随机性共同作用的结果。区域 FDI 竞争行为可以理解为区域系统内在的本质特征，不一定是外部连续冲击作用的结果。因此，区域 FDI 吸收能力对区域 FDI 竞争力的影响是主要的，它作为一个持续、长久的变量，可以产生有规律的动态行为。这种规律用微分方程组表示为：

$$\begin{cases} \dfrac{dx}{dt} = f_1(x, y, z, t, p_1) + u_1 \\ \dfrac{dy}{dt} = f_2(x, y, z, t, p_2) + u_2 \\ \dfrac{dz}{dt} = f_3(x, y, z, t, p_3) + u_3 \end{cases} \qquad （式 7.1-1）$$

式 7.1-1 中，x、y、z 为东部、中部和西部 FDI 的时间序列状态向量，表示区域 FDI 竞争力；p_1，p_2，p_3 为东部、中部和西部 FDI 的政策力；u_1、u_2、u_3 为东部、中部和西部 FDI 的随机涨落力；若时间 t 不显著时，系统是独立于时间的，为自治系统；如果 f_1、f_2、f_3 都是线性函数，那么这个系统是线性动力学系统；如果 f_1、f_2、f_3 中至少有一个是非线性函数，那么这个系统是非线性动力学系统。

如果区域FDI竞争力系统是非线性系统，那么，多样性是其表现出的一种结果。非线性作用通常表现为正反馈和负反馈。正反馈机制使系统不稳定但可以促进系统发展，负反馈机制使系统趋于稳定。系统动态演化可能出现的多样性正是正反馈和负反馈相互制约和相互竞争的结果。

第二节 区域FDI竞争力动态系统模型及解析

区域FDI竞争力系统模型是一个复杂的非线性系统，不能求得其解的解析式，只有借助计算机求得数值解及图形解，从而对解的特点进行分析。

一、区域FDI竞争力系统模型

如果区域FDI竞争力系统是线性系统，那么东部、中部和西部FDI会按一个均衡的比例发展，可以从给定的初始条件比较精确地预见我国区域FDI的未来变化。从我国区域FDI发展看，1992年以前，东部与中西部差距不大，中部与西部保持一致性竞争力水平。然而，从1992年后，我国区域FDI发展格局发生较大变化，主要表现在东部与中西部FDI差距迅速扩大，中西部FDI也有所发展，而且中西部也开始分离，随后，我国区域FDI有一个较稳定的发展。显然，我国区域FDI存在一种复杂机制，其中有非线性机制存在（见图7-3）。在非线性机制下，难以预见我国区域对FDI竞争的进一步发展态势。

根据1983—2002年我国区域FDI时间序列（见附表1），应用计量经济学的原理与方法建立我国区域FDI竞争力的动态模型：

$$\begin{cases} \dfrac{dx}{dt} = 8.6527z - 1.88 \times 10^{-5}zy + [p_1 = 0.9558] + u_1 \\ \dfrac{dy}{dt} = 1.1783z - 2.92 \times 10^{-7}xy + [p_2 = -0.8691] + u_2 \\ \dfrac{dz}{dt} = 1.2264z - 0.0687x + [p_3 = -0.9701] + u_3 \end{cases} \quad （式7.2-1）$$

式7.2-1中，三个方程的F值、DW值通过统计检验，所有变量（包括

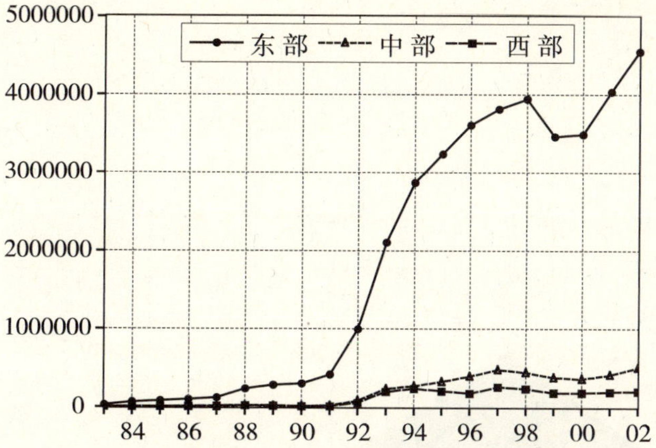

图 7－3　我国东、中、西部实际 FDI 变化趋势

非性项）的 t 值的 5% 水平上显著。调节 R^2 在 63% 以上，模型解释能力较好（见表 7－1）。其中，P_1、P_2、P_3 分别为三个程式的 $MA(1)$ 误差修正项。模型中没有出现时间变量，我国区域 FDI 竞争力系统与时间无关，是一个自治系统；系统存在 zy 和 zx 两个非线性项。因此，我国区域 FDI 竞争力系统为自治的非线性动力学系统。

表 7－1　我国区域 FDI 系统模型变量的统计量检验

模型检验参数	dx/dt 方程	dy/dt 方程	dz/dt 方程
Adj. R^2	0.6372	0.6481	0.6552
DW	2.2791	1.6372	1.8607
F	13.9430	4.2230	7.6430
各变量 $\|t\|$ 最小值	3.3894	4.4465	5.1122

x 增速方程表明，东部 FDI 增速是由中部 FDI 与西部 FDI 组成的曲面所决定的，东部、中部与西部在争夺 FDI 方面展开竞争。在西部 FDI > 0 的前提下，当中部 FDI < 46.03 亿美元时，为正反馈机制，西部 FDI 增大促进东部 FDI 增速；当中部 FDI > 46.03 亿美元时，为负反馈机制，西部 FDI 增大，东部 FDI 增速下降；西部 FDI = 0 或中部 FDI = 46.03 亿美元时，东部 FDI 零增长，到达极值点。可见，此方程的反馈特性取决于中部 FDI 的开关功能（见

图 7-4）。

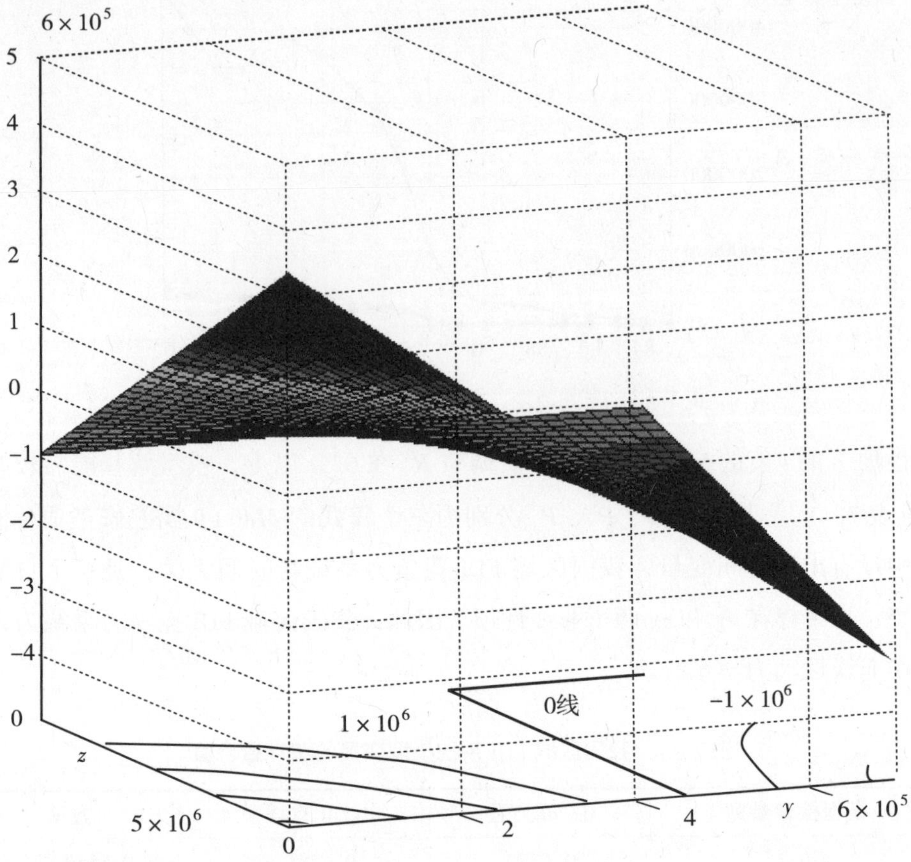

图 7-4　东部 FDI 增量（ dx/dt ）曲面

y 增速方程表明，中部 FDI 增速是由东部 FDI 与西部 FDI 组成的曲面所决定的，东部、中部与西部在争夺 FDI 方面展开竞争。在西部 FDI > 0 的前提下，当东部 FDI < 403.53 亿美元时，为正反馈机制，西部 FDI 的增长促进中部 FDI 增长；当东部 FDI > 403.53 亿美元时，为负反馈机制，西部 FDI 增长，中部 FDI 增速下降；西部 FDI = 0 或东部 FDI = 403.53 亿美元，中部 FDI 为零增长，出现极值点（见图 7-5）。

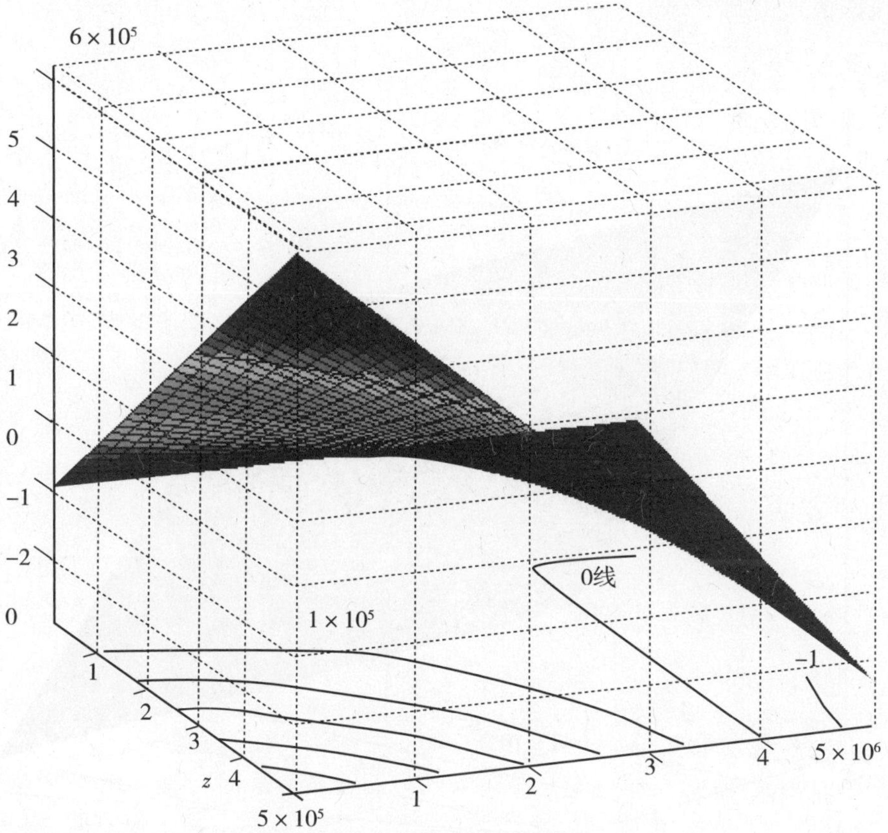

图 7－5　中部 FDI 增量（ dy/dt ）曲面

z 增速方程表明，西部 FDI 增速是由西部 FDI 与东部 FDI 组成的平面所控制的，西部与东部在争夺 FDI 资源方面展开竞争，中部与西部对 FDI 的竞争不明显。当 $x/z<17.85$ 时，为正反馈机制，东部 FDI 增大，西部 FDI 为增量缓慢增长；当 $x/z=17.85$ 时，西部 FDI 为零增长，出现极值点；在 $x/z>17.85$ 时，为负反馈机制，东部 FDI 增大，西部 FDI 增速下降（见图 7－6）。

很明显，东部与中部的行为特点相似，它由西部和西部的合作联盟决定，西部 FDI 表现出自身的特点，它不仅是线性增长，而且仅由自身与东部决定，与中部无关。在我国区域中，只有西部存在自我增长的正反馈机制，但这种正反馈机制不是无限地迭代下去，它受到东部 FDI 的制约。东部 FDI 增大，西部 FDI 的自增长能力减小，东部 FDI 竞争力过大对西部 FDI 竞争力提升是极为不利的。

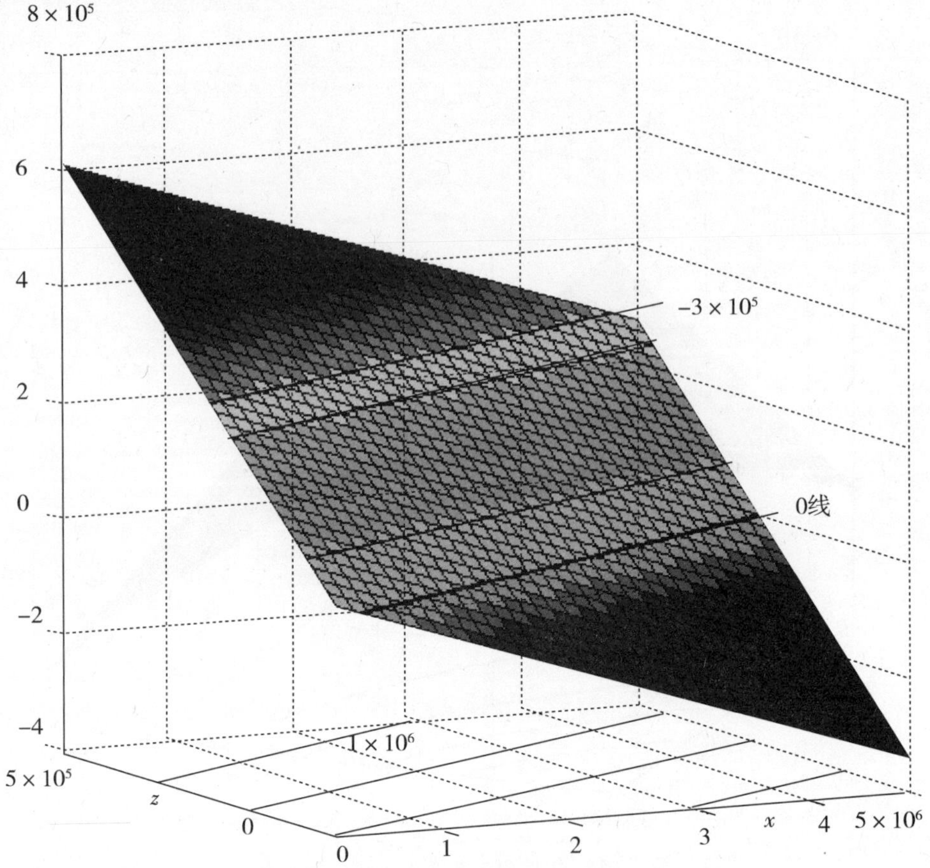

图 7－6　西部 FDI 增长（dz/dt）曲面

我国区域 FDI 竞争力系统由一个正、负反馈过程复合而成，存在竞争与合作机制。负反馈保持区域 FDI 竞争力系统趋于稳定，是一种趋向平衡态的内稳态机制。正反馈却使区域 FDI 竞争力系统偏离稳定，它是加速 FDI 成长的主要动力机制。东部和中部没有自我反馈增长机制，促进其增长的是西部的 FDI，抑制其 FDI 增长的因素由偶合作用实现。西部在促进东部 FDI 增长的同时，又联合中部，产生偶合作用，共同抑制东部 FDI 增长；西部在促进中部增长的同时，西部又联合东部，产生偶合作用，抑制中部增长（见图 7－7）。这种偶合的非线性机制，对我国区域 FDI 竞争力系统的动态行为产生重要影响。

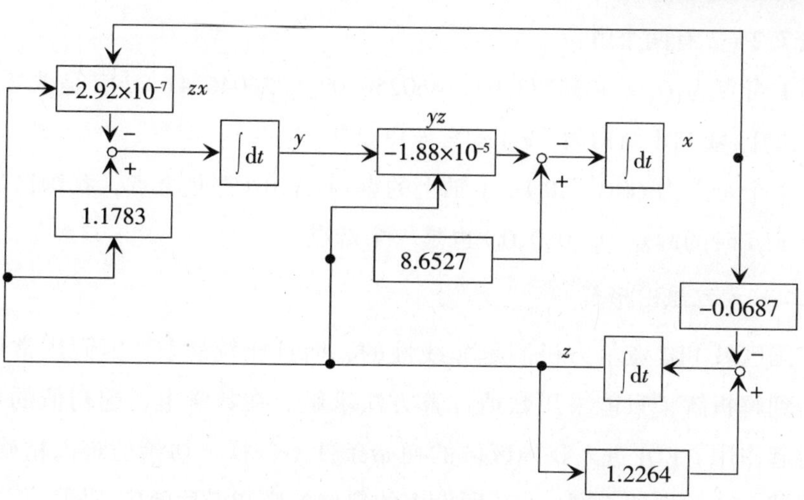

图 7－7　我国区域 FDI 竞争力系统机制

二、方程组的解

我国区域 FDI 竞争力系统可能有周期吸引子（Attractor）、固定吸引子或混沌吸引子，属于哪一类取决于正负反馈的强弱。在这种复杂情况下，我国区域 FDI 竞争力系统的状态就具有不确定性，需要借助对我国区域竞争力系统模型求解才能预测。

目前，在数学上，研究非线性系统的主要方法是定性描述法，它在系统的状态空间中用几何方法定性在研究系统的演化。从系统演化角度看，重要的不是了解系统的定量性质，而是整体的定性性质，探讨非平衡定态的出现与消失、系统稳定性的改变以及一种定态向另一种定态改变等。研究我国区域 FDI 竞争力系统的这些性质，只须图形解及相空间中系统运动轨迹。

（一）方程组零解

零解是不正常的点，也称零点、平衡点、不动点、奇点和临界点等，它就是使我国 FDI 系统增速为零的解，表示系在近线性的稳定性状态。联立方程组：

$$\begin{cases} 8.6527z - 1.88 \times 10^{-5}zy = 0 \\ 1.1783z - 2.92 \times 10^{-7}xz = 0 \\ 1.2264z - 0.0687x = 0 \end{cases} \qquad （式 7.2－2）$$

式 7.2－2 有两个解：

第 1 奇点为 Q_1（4035273.97，460250.00，226046.41），它是非零奇点。Q_1 点处的区域 FDI 结构为，$x_1 : y_1 : z_1 \approx 18:2:1$。

第 2 个奇点为 $Q(0, y, 0)$，y 轴上的点 $(0, y, 0)$ 都是奇点，我国区域还没有吸收 FDI 时的起点 $Q_0(0,0,0)$ 也是一个奇点。

（二）方程组图形解

我国区域 FDI 竞争力机制是非线性的，而且比较复杂，因而用常规方法很难得到解析解，只能采用数值计算方法求解。在数学上，起初值的变化可能瞬时起作用。FDI 进入我国区域的初始条件不一样，初始值难以精确给定。尽管区域 FDI 初始值不同，FDI 所发挥的集聚效应和滞后效应不同，但初始值的作用不是长久的，当 FDI 发展到一定程度时，区域 FDI 竞争力会达到一个与其吸收能力相匹配的稳定结构。因此，假定 FDI 进入我国区域的初始值相同，且 $x_0 = y_0 = z_0 = 1$，我国区域 FDI 竞争力系统的图形解为图 7－8 所示。

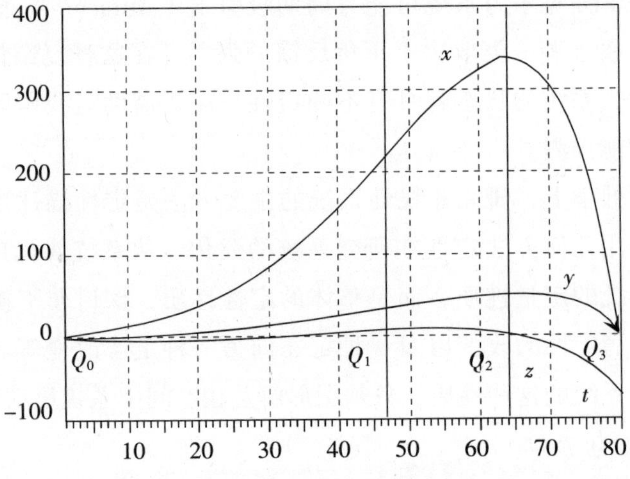

图 7－8　区域 FDI 竞争力方程组的图形解

可以看出，在图形解中，有奇点存在。对应第 1 奇点 Q_1 的数值解结构为 $z_1 : y_1 : z_1 = 19.29 : 2.88 : 1$，与非零奇点处区域 FDI 结构的误差不大。另外，当 $z = 0$ 时，$dx/dt = dy/dt = 0$，区域 FDI 系统的最大值点，将 $Q_2(x_{max}, y_{max}, 0)$ 其视为准奇点（见图 7－8）。

相图是整体把握动态系统的运动规律和特性，特别是对不超过三维的系统，相图是一个有力的分析工具。在三维相空间中，在不同时刻 x、y、z 都有确定的值，这组值决定的相空间中的一个点，代表我国区域 FDI 在该时刻的状态。随着时间的推移，这些状态点在相空间中得到一条曲线，称其为相轨道。从图 7 - 9 中可以看出，我国吸收的 FDI 相轨道并非线性，而是曲线。也就是说，我国吸引的 FDI 不可能无限制增长下去，FDI 有一定极限容量存在，在当 $z=0$ 时，FDI 也到达最大值点。从相图看出，我国区域 FDI 竞争力系统没有周期解，也不是混沌系统，而是一个确定性系统，东部、中部和西部的 FDI 变化是比较确定的。总之，我国 FDI 是一个非线性的、确定性的、自治的动力系统。

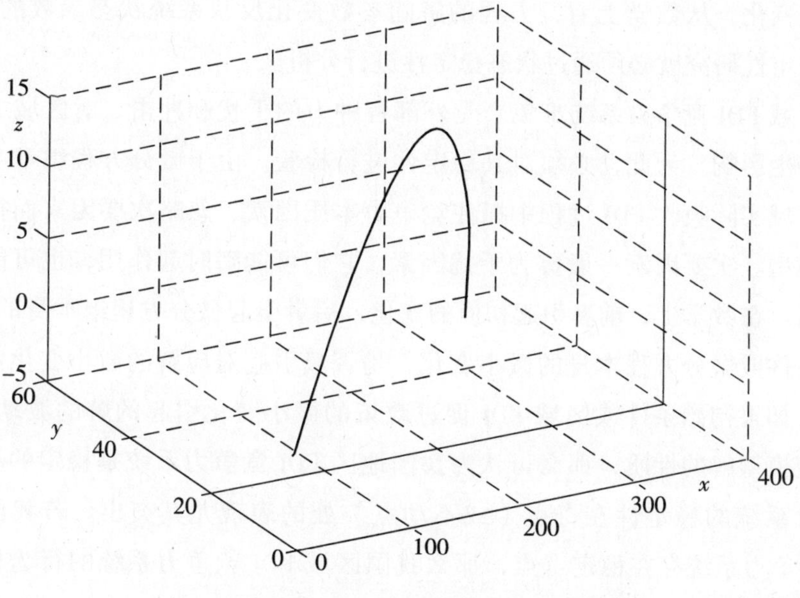

图 7 - 9　区域 FDI 竞争力系统 $x-y-z$ 的相图

第三节　区域 FDI 竞争力系统的稳定性分析

任何一种非线性系统都存在内稳态机制，表现出一定的抗干扰能力。由于非线性机制的存在，有时会对初始条件、外部干扰比较敏感，一个微小的变化会改变系统的发展方向，产生意想不到的结局。因此，对区域 FDI 系统的稳定性分析是必要的。

一、系统稳定性

稳定性是指系统结构、状态和行为的抗干扰能力。从形式上讲，如果小干扰引起的偏离足够小，系统是稳定的；如果小干扰引起的偏离较大，或者出现了大范围的振荡，则系统是不稳定的。在数学上，系统有三种稳定性，即状态稳定性、轨道稳定性和结构稳定性。其中，状态稳定性和轨道稳定性都针对系统稳定而言，是系统的一种局域性质，结构稳定性则涉及系统演化整体。状态稳定性是系统对初值扰动的敏感度。系统结构稳定性是系统对参数变动而言的，一般认为，参数变动时，解的结构、解的个数和解的特点都要发生变化。从数学上看，方程的解随参数变化反映系统状态参数的变化，结构稳定性研究就必须通过状态稳定性进行分析。

区域 FDI 竞争力系统难免会受外部各种力的干扰和冲击，对区域 FDI 竞争力产生影响。为此，必须对其稳定性进行检验。由于微分方程组本身是从我国区域实际吸收 FDI 过程中抓住竞争力本质因素、忽略次要因素而得到的数学模型。次要因素一般称为干扰因素，它们可能瞬时起作用，也可能持续起作用。在数学上，前者引起初值的变化，后者引起微分方程组本身的变化。初始条件或微分方程本身的微小变化，是否只引起对应解的微小变化？粗略地讲，如果初始条件或区域 FDI 促进政策的微小变化引起的解的波动不大，不改变模型解的性质，那么可认为我国地区 FDI 竞争力系统是稳定的。一般而言，系统的稳定性在奇点（或不动点）处的表现尤其突出。若我国区域 FDI 竞争力系统存在稳定奇点，那么我国区域 FDI 竞争力系统的行为也是稳定的。

二、奇点的稳定性

从相空间看，一个奇点（定态）的稳定性也就是它附近轨道的稳定性问题。尽管我国区域 FDI 竞争力系统的非线性方程组没有精确的解析式，但可以通过对定态解（奇点）的线性稳定性分析方法，来推断我国区域 FDI 系统的稳定性。由于高维空间几何图的复杂性和计算量的增加，高维系统的奇点分析远没有平面系统完整。鉴于此，一方面我们用我国 FDI 竞争力系统的线性系统系数矩阵的特征根的特点来判断奇点的系统稳定性；另一方面，还须构造一个李雅普诺夫（Liapunov）函数来判断奇点处我国区域 FDI 竞争力系统的稳定性。

（一）特征根判断

在奇点的稳定性分析中，最有效的方法是在零点处对系统进行线性化。若线性化矩阵没有零实部特征根，则非线性方程组零解的稳定性与其线性近似方程零解的稳定性一致。当线性化矩阵特征根均为负实部时，非线性方程组的零解渐近稳定。当线性化矩阵具有正实部特征根时，非线性方程组的零解不稳定。然而，当线性化矩阵具有正实部又有负实部特征根时，非线性方程组的零解可能出现临界稳定的情况，这时线性化特征根法失效。

对于我国区域 FDI 竞争力系统零点稳定性，区域 FDI 竞争力系统（式 7.2-1）的雅可比（Jacobin）矩阵为：

$$J=\begin{pmatrix} 0 & -1.8\times10^{-5}z & 8.6527-1.88\times10^{-5}y \\ -2.92\times10^{-7}z & 0 & 1.1783-2.92\times10^{-7}x \\ -0.0687 & 0 & 1.2264 \end{pmatrix}$$

对于第 1 个奇点的雅可比矩阵：

$$J_1=\begin{pmatrix} 0 & -4.2697 & 0 \\ -0.0660 & 0 & 0 \\ -0.0687 & 0 & 1.2264 \end{pmatrix}$$

J_1 特征方程：

$$-\lambda^3-1.2264\lambda^2-0.2818\lambda-0.3456=0$$

特征根方程的三个特征根：$\lambda_1=1.2264$，$\lambda_2=+0.5308$，$\lambda_3=-0.5308$，全为实数根，其中有两个正根和一个负根。当线性化矩阵有零实部的特征根和负实部特征根时，称为临界情形。以此，区域 FDI 竞争力系统在 Q_1 点处既稳定，又不稳定，出现临界情形。

对应于第 2 个奇点的雅可比矩阵：

$$J_2=\begin{pmatrix} 0 & 0 & 8.6527-1.88\times10^{-5}y \\ 0 & 0 & 1.1783 \\ -0.0687 & 0 & 1.2264 \end{pmatrix}$$

J_2 特征根方程：

$$-\lambda^3 - 1.2264\lambda^2 - (0.5944 - 1.2916 \times 10^{-6} y)\lambda = 0$$

特征方程的三个特征根：

$$\lambda_1 = 0, \lambda_{2,3} = 0.6132 \pm 0.2328 \times \sqrt{-4.0293 + 2.3825 \times 10^{-5} y}。$$

当 $y > 169120$ 时为实根，$y \leqslant 169120$ 时为复数根，具有零或正实部的特征根；当 $y > 315639$ 时，出现负实根；在 Q_1 处，$y = 460250 > 315639$，这时 J_2 矩阵有零实部的特征根和负实部的特征根，也为临界情形，其满足局部中心流形存在的条件。

不难看出，零奇点和非零奇点都是区域 FDI 竞争力系统的临界点。尤其是对于非零奇点的结构稳定来说，这个不动点是我国区域 FDI 竞争力系统稳定性的一个转折点（相变点），仍需对临界特点作进一步分析。

（二）李雅谱诺夫第二法则判断

要对非线性系统在奇点处的稳定性作出判断，必须求得非线性方程组的解。然而，对于复杂的非线性动力系统难以求解、析解。如果有一种不用求解的方程，直接根据方程结构和参数获得系统稳定性的信息，那么判断系统稳定性就变得极为方便。李雅普诺夫（Liyapunov）发明了一种判断系统稳定的方法。对于系统，如果存在一个连续可微正定函数 $V(x,y,z)$，使得：

（1）函数 $V(x,y,z)$ 沿着轨道的全导数是非正的，即：

$$\frac{dV}{dt} = \frac{\partial V dx}{\partial x dt} + \frac{\partial V dy}{\partial y dt} + \frac{\partial V dz}{\partial z dt} \leqslant 0$$

则系统的零解是稳定的。

（2）函数 $V(x,y,z)$ 沿着轨道的全导数是严格非正的，即：

$$\frac{dV}{dt} = \frac{\partial V dx}{\partial x dt} + \frac{\partial V dy}{\partial y dt} + \frac{\partial V dz}{\partial z dt} < 0$$

则系统的零解是渐进稳定的。

（3）函数 $V(x,y,z)$ 沿着轨道的全导数是正的，即：

$$\frac{dV}{dt} = \frac{\partial V dx}{\partial x dt} + \frac{\partial V dy}{\partial y dt} + \frac{\partial V dz}{\partial z dt} > 0$$

则系统的零解是不稳定的。

可见，借助构造一个特殊的函数 $V(x,y,z)$，并利用 $V(x,y,z)$ 及其通过方程组的全导数 $dV(x,y,z)/dt$ 便确定了非线性微分方程组零解的稳定性，这就是李雅谱诺夫第二方法的思想。显然，李雅谱诺夫稳定性准则关键是构造一个 $V(x,y,z)$。对于我国区域 FDI 竞争力系统，选择的 $V(x,y,z)$ 函数

$V(x,y,z) = (x^2 + y^2 + z^2)/2$，那么，

$$V' = dv/dt = z(8.5840x - 1.9092 \times 10^{-5}yx + 1.1783y + 1.2264z) \quad \text{（式 7.3－1）}$$

由于难以对式 7.3－1 的符号作出大于零或小于零的判断，因而无法判断非零奇点的稳定性。非零奇点 Q_1 的 $V = -941.53 < 0$，从李雅谱诺夫第二法则判断，这一个定态解是稳定的。但仅此一点难以判断其稳定性。现在进一步检验 Q_1 处 $z:y:x \approx 1:2:18$ 比例的稳定性。可以看出，当 $z < 226046.41$ 时，定态结构的 V 值都为正值，是不稳定，而当 $z > 226046.41$ 时，定态结构的 V 值都为负值，是稳定的（见表 7－2）。

表 7－2　第 1 奇点附近（Q_1）的结构稳定性检验

Z	150000	200000	220000	226046	240000	250000	400000
y	300000	400000	440000	460250	480000	500000	800000
X	2700000	3600000	3960000	4035274	4320000	4500000	720000
V′	1.12×1012	8.25×1011	3.33×1011	－941.53	－3.95×1011	－8.85×1011	－1.89×1013

从式 7.3－1 看，即使这个定态解稳定，那只可能是局部的，有条件的。在式 7.3－1 中，当 x、y、z 都为正数，且 $1.5568 \times 10^{-5}yx - 6.9993x - 0.9608y > z$ 时，则定态解是稳定的。实质上定态解稳定性由 $x-y$ 曲面和 z 的相对关系所决定。作 $S(x,y) = 1.5568 \times 10 - 5yx - 6.9993x - 0.9608y$ 空间曲面图。在 $x_1 = 4035274$，$y_1 = 460250$ 处，S 值为 2.6045×10^8，大于 $z_1 = 240000$，非零奇点在 0 线左侧。从图 7－10 中看出，控制曲面的分界性比较明显，0 线左侧的 S 值大于零，右侧的 S 值小于零，因而只有在 0 线左侧区域，才可能使 $V' < 0$（见图 7－10）。由于 0 线左侧的 S 值比较大，为 10^7 级，z_1 仅为 10^5 级，可以粗略认为 S 曲面的 0 线左侧是非零奇点的稳定区域。因此，Q_1 点是单侧不稳

定一稳定。

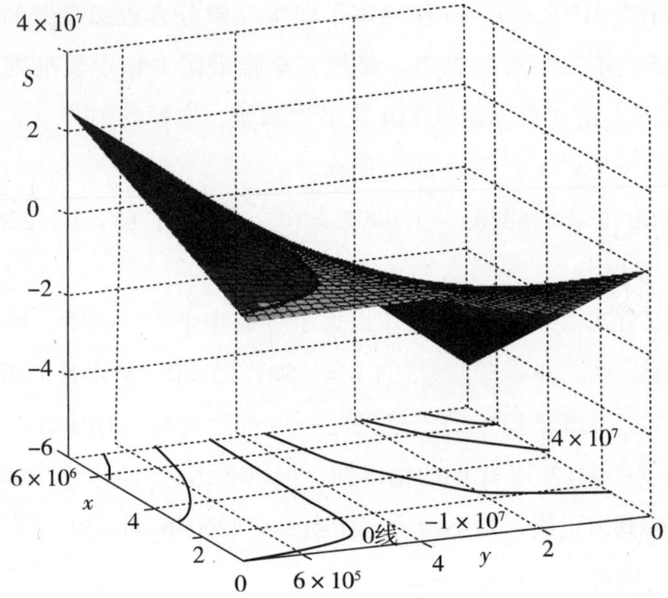

图 7－10　中心流形图

以此推断我国东部、中部和西部 FDI 竞争力在第 1 奇点（Q_1）处由不稳定的 FDI 竞争力结构转向相对稳定的竞争力结构，我国区域对 FDI 竞争由无序竞争进入有序竞争。在非零奇点，我国区域 FDI 系统的竞争力发生结构性变化。当然，这种局域稳定的前提是 z 不小于零，当 z 小于 0 后，FDI 系统发生非平稳相变，情况更复杂。根据 FDI 方程组的图形解和奇点稳定性特点，可以把我国 FDI 竞争力系统的动态行为分为三个阶段（见图 7－7）：

第 1 阶段，无序竞争阶段（$Q_0 \sim Q_1$）。这阶段特点：东部 FDI 潜在的竞争力不断发挥出来，与中部、西部的差距迅速扩大，中部和西部在初始时期的竞争力不分高低，到一定时期后才明显分开，这个特点也可从图 7－3 反映出来。这个阶段的区域 FDI 竞争力结构向相对稳定结构逼近。

第 2 阶段，有序竞争阶段（$Q_1 \sim Q_2$）。这阶段的特点是：东部、中部和西部的 FDI 份额与竞争力结构相适应，形成一个相对稳定的结构，进入稳定竞争时期。然而，在这个阶段，在结构的相对稳定下，西部的 FDI 却在缓慢下降，向零值趋近。

第 3 阶段，过度竞争阶段（$Q_2 \sim Q_3$）。这阶段特点：当我国吸收的 FDI 达最大值后开始下降，一直到中部和东部 FDI 等于零，我国 FDI 进入负增长期。

值得一提的是，西部 FDI 竞争力持续下降，其 FDI 小于 0，这只是一种长期的趋势预测。如果政策得当，西部大开发效果显著，西部发展提速，区域 FDI 竞争力结构将发生变化，西部 FDI 不一定小于 0。但是，在现实中，的确存在一些国家的 FDI 出现达最大值后下降的情况，但更多的情况是波动的，也有出现负数的情况，称之为投资回抽期（UNCTC，1997）。如以日本为例，1973、1984、1987、1988 年日本的 FDI 流入量是负的。日本从 1973 年开始实施产业撤退，从 1973—1980 年，日本从新兴工业国和地区（韩国、新加坡和中国台湾等）撤出 667 家制造业，向泰国、马来西亚等转移。如果跨国公司产业撤退规模过大，东道国 FDI 就出现负增长。

在非零奇点 Q_1 处的区域 FDI 份额结构为，$x:y:z = 85.46\%:9.75\%:4.79\%$。1996—2002 年，我国 FDI 中东部占 85.87%，中部占 9.43%，西部占 4.70%。按绝对误差计算，1997 年我国区域 FDI 结构最接近于非零奇点的区域 FDI 份额结构。实际上，从 1997 年后，我国西部 FDI 份额略有下降，2002 年西部 FDI 份额下降到 10 年以来的最低水平（见附表 1）。这带来一个信号，那就是我国区域 FDI 系统已进入第 2 阶段，西部 FDI 份额可能持续相对稳定，但 FDI 增速却有下降趋势，到 2002 年 FDI 总量回升 20 亿美元规模。中部的 FDI 规模应当是上升的，实际上，中部 FDI 由 1997 年开始下降，到 2002 年回升 50 亿美元规模。受模型解释力和随机因素的影响，我国区域 FDI 规模出现波动，但并不影响对我国区域 FDI 竞争力发展阶段的判断。西部 FDI 小于零的结构稳定的还难以确定，但可以肯定的一点是：当在西部 FDI 大于零时，我国区域 FDI 竞争力系统结构在非零奇点右侧是稳定的。

对我国区域 FDI 系统竞争力结构稳定性考察，说明了区域 FDI 竞争力结构由不稳定态过渡到稳定态，主要表现出竞争力结构局域稳定性的特征。然而，这却不是系统的特征。因此，西部 FDI 的稳定对我国 FDI 系统的稳定具有决定意义。

三、初始值稳定性

初始值稳定性是考察初始值的微小变化对解的影响，探讨系统状态稳定性。在突变理论中，如果初始值的微小变化导致过程 P' 与 P 同构，则称过程 P 是稳定的。只有线性系统的结构处处稳定，不可能发生结构的转变，由于受非线性机制影响，我国区域 FDI 竞争力系统的结构不是处处稳定，也不是处处不稳定，这种结构局域稳定性是以一种结构稳定方式出现的。

在我国区域 FDI 竞争力系统中，确定性动力学假定初值的获得是外部干扰因素独立作用的结果，与区域 FDI 竞争力系统自身的动力学规律无关。我国 FDI 竞争力系统解的稳定性可以来自系统内在的非线性机制，也可以来自外部随机因素作用的结果。但是，有些系统对初始条件比较敏感，有奇异吸引子存在，初始值的微小变化会导致系统巨大波动，产生不稳定。也就是说，对初始条件的敏感性依赖意味着初值非常小的变化也能导致完全不同的 FDI 增长路径，产生不同的集聚效果。如果，在 Q_0 奇点附近的微小变化，会使我国 FDI 系统发展行为发生质的变化，那么我国区域 FDI 系统是不稳定的。

我国 FDI 系统对区域不同的初值的微小变化有不同的反应。当东部、中部和西部的初值同时增加 0.1 单位时，我国 FDI 系统有明显反应，其中，东部的反应比较明显，中部次之，西部最小（见图 7－11）。当东部初始值增加 0.1 单位时，东部、中部和西部的 FDI 都略微有所减少，可以忽略不计（见图 7－12）。当中部初始值增加 0.1 单位时，中部 FDI 都略微有所增加，东部和西部没有变化（见图 7－13）。然而，当西部初始值增加 0.1 单位时，我国区域 FDI 系统有明显反应，其中，东部的 FDI 增加最多，中部次之，西部反而最小（见图 7－14）。可以看出，我国 FDI 竞争力系统对东部和中部初始值微小增加不敏感，对西部初始值微小增加的反应比较明显。这说明我国 FDI 系统对初值的敏感源于对西部初始条件的敏感，西部的正反馈效应通过我国区域 FDI 竞争力的非线性传导机制加以放大。

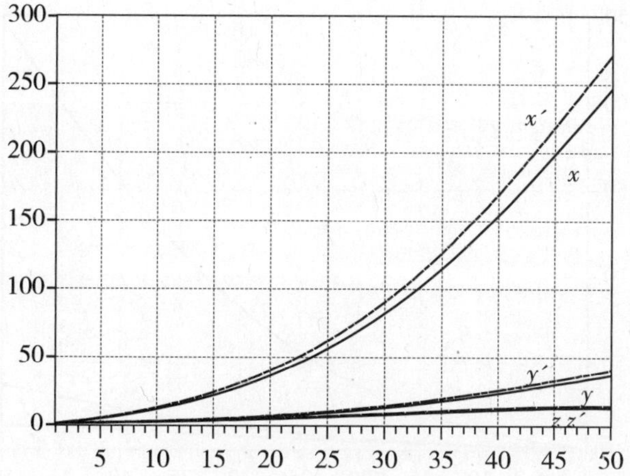

图 7－11　区域 FDI 系统对初始值增加 0.1 单位的反应

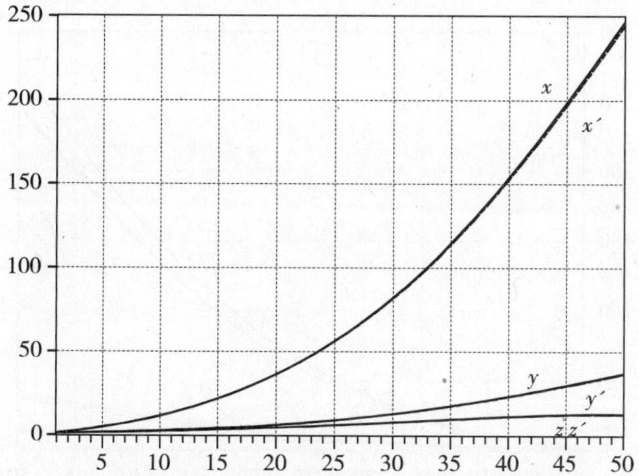

图 7－12　区域 FDI 系统对 $x_0+0.1$ 的反应

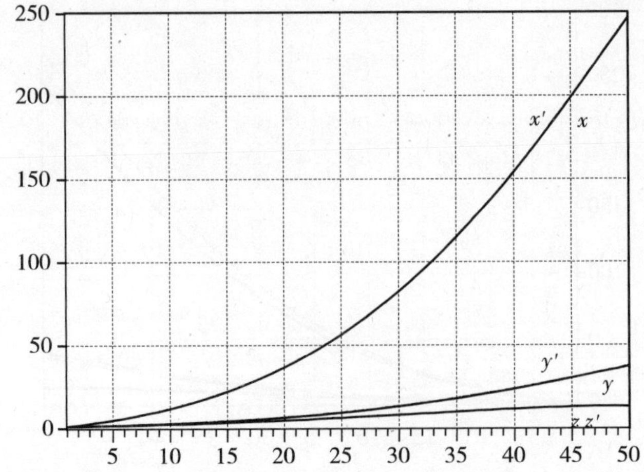

图 7－13 区域 FDI 系统对 $y_0+0.1$ 的反应

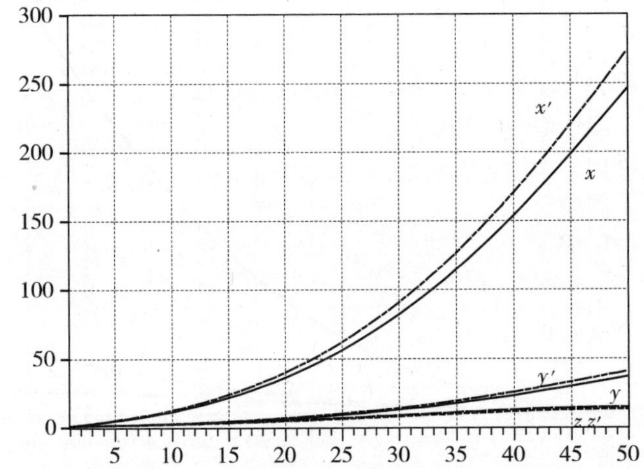

图 7－14 区域 FDI 系统对 $z_0+0.1$ 的反应

四、对外部干扰的稳定性

系统运动性提法本身具有一定的局限性，它从运动系统或运动状态本身出发，未能考虑外部环境、条件及其他方面对系统运动影响。对系统自身而言，仅考虑运动轨道或定点附近的局域情况，这是不够的。因为系统在运动过程中，在受外部干扰的情况下，各子系统对外部的抗干扰能力不同，某些子系统抗干扰能力弱，通过系统相互作用机制影响整个系统的稳定性。这里，所谓稳定性，就是系统对外部干扰的不敏感性。如果在微小扰动下，系统的结构是稳定的，那么，结构具有一定的抗干扰能力，小的扰动不会改变系统的定性性质，不改变定态点的配置。

我国区域 FDI 竞争力系统对 FDI 区域政策促进的微小变化也有不同的反应。当外部政策促进东部 FDI 增加 0.1 单位时，初期东部、中部的 FDI 略有增加，超过一定时期后其 FDI 反而下降，而西部的 FDI 一直略微有所减少，但我国区域 FDI 系统对东部的微小促进反应可以忽略不计（见图 7－15）。当外部促进中部 FDI 增加 0.1 单位时，中部 FDI 都略微有所增加，东部和西部几乎没有变化（见图 7－16）。然而，当外部政策促进西部 FDI 增加 0.1 单位时，区域 FDI 竞争力系统有明显反应，其中，东部的 FDI 增加最多，中部次之，西部反而最小（见图 7－17）。可以看出，区域 FDI 竞争力系统对东部和中部外部促进的微小变化不敏感，而对西部外部促进微小变化比较敏感，尤其东部最敏感，从西部 FDI 政策溢出效应中获得最大的收益。

可以看出，我国区域 FDI 竞争力系统对东部和中部初始值的微小增加和外部政策促进微小增加都不敏感，而对西部初始值微小增加和外部政策促进的微小增加比较敏感，但这些较小变化导致我国 FDI 系统的较小差异，并没有改变我国 FDI 系统的运动规律。这意味着，改革开放以来，外部政策促进对东部吸引 FDI 产生重要影响，同时，也由于东部与中西部发展水平差异导致 FDI 进入的初始条件差异，但这些对我国区域 FDI 竞争力的区域结构格局不产生决定作用。即使是相同的初始值和政策促进，随时间推移其作用会回落，仍要演到一种相对稳定的结构，这个结构是由区域吸收能力结构决定的。当然，由于 FDI 特殊性，初值大，其集聚效应肯定明显一些。然而，这不是区域 FDI 竞争力的决定因素。

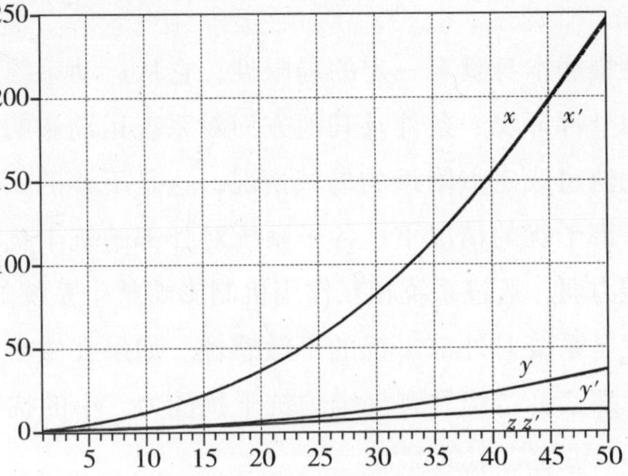

图 7－15　区域 FDI 系统对 dx/dt +0.1 的反应

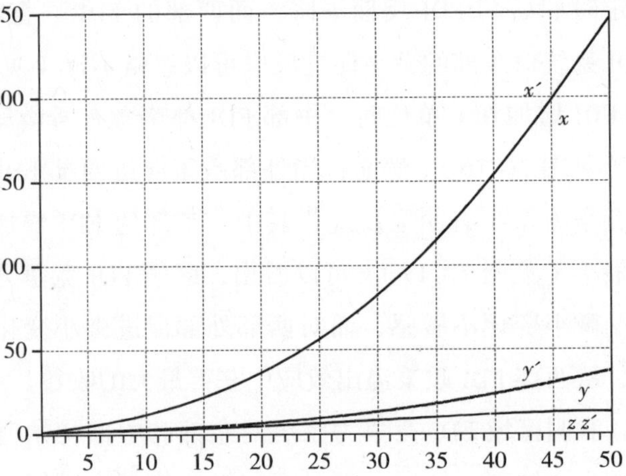

图 7－16　区域 FDI 系统对 dy/dt +0.1 的反应

可以看出，我国区域 FDI 竞争力系统在中长期内是稳定的，小的干扰不会引起较大幅度的波动。这是我国区域 FDI 竞争力系统的重要特点，表明它具有一定的抗干扰能力。然而，一方面，我国区域 FDI 的波动除外部因素外，是由西部的相对不稳定、能力结构脆弱引起的。我国东部和中部的抗干扰能力比较强、西部抗干扰能力较弱，稳定性较差。另一方面，区域 FDI 竞争力系统的相对不稳定性对我国区域 FDI 竞争力系统发展也具有积极的、建设性的作用。西部 FDI 竞争力系统脆弱性，在客观上要求提高西部 FDI 竞争力，以增加我国区域 FDI 竞争力结构的相对稳定性。

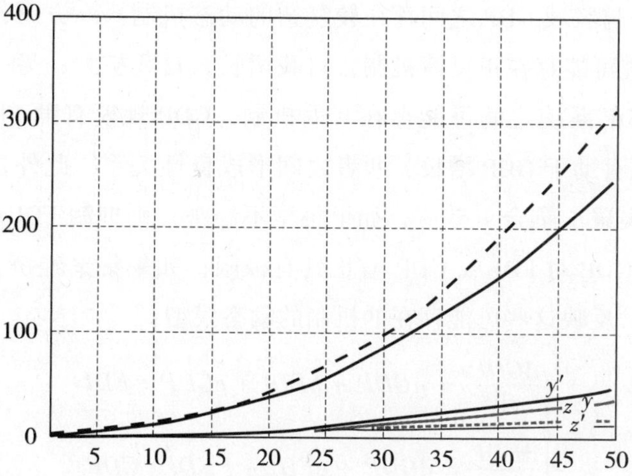

图 7－17　区域 FDI 系统对 dz/dt＋0.1 的反应

需要特别指出的是，任何系统的稳定性都是有条件的。当区域 FDI 系统的内部竞争和外部干预如政策力，还有一些随机因素的影响，这些干扰对目前的 FDI 健康发展是不利的。如果西部 FDI 竞争力系统的稳定性受到破坏，我国区域 FDI 的整体结构和功能要发生重大变化。如果要维持我国 FDI 持续增长的态势，必须对系统实施正确的干预，引导 FDI，并且使干预的强度达到临界水平以上，否则达不到对区域 FDI 竞争力系统调控的目的。这个临界水平标志：一是中部的 FDI 要呈现出上升态势；二是西部 FDI 必须大于零，且最好也是呈现出逐年上升态势。

第四节　西部 FDI 与 GDP 动态经济分析

从理论上讲，FDI 进入西部后会对西部经济起推动作用，产生增长的正效应。计量经济关系表明，地区 GDP 是 FDI 的决定因素。因此，建立西部 FDI－GDP 动态系统，揭示两者的相互作用机制以及两者互动关系，对西部 FDI 促进以及发展态势的把握有明显价值。

一、西部 FDI 与 GDP 动态系统

区域 FDI 与区域 GDP 之间存在较复杂的动态机制。一方面，区域 FDI 与区域 GDP 系统可能存在正反馈机制，自我增长，自我扩大；另一方面，区域 FDI 与区域 GDP 系统之间可能存在互助机制，GDP 规模有助 FDI 增长，FDI 的进入规模也有助于 GDP 增长，两者之间形成良性关系，此外，区域 FDI 与区域 GDP 的集聚（耦合）效应，如果集聚不经济，则抑制 FDI 或 GDP 增长，它表示 FDI、GDP 对 FDI 或 GDP 增长具有极限；如果集聚经济，有助于 FDI 或 GDP 增长，反映这些可能存在的机制的动态模型：

$$\begin{cases}\dfrac{\mathrm{d}GDP}{\mathrm{d}t} = aGDP + bFDI + cGDP \cdot FDI \\ \dfrac{\mathrm{d}FDI}{\mathrm{d}t} = \mathrm{d}GDP + \mathrm{e}FDI + f\,FDI \cdot GDP\end{cases} \qquad (式 7.4-1)$$

式 7.4-1 中，a、b、c、d、e、f 为系数。如果 b、c、e、f 均为 0，a、$d>0$，则表示区域 FDI 与 GDP 是两个独立发展的系统，具有自我增长的动力机制。式 7.4-1 有两个均衡解，$E_0=(0,0)$ 和 $E_1=(GDP^*,FDI^*)$。

$$\begin{cases}GDP^* = \dfrac{b\mathrm{d} - ae}{fa - \mathrm{d}c} \\ FDI^* = \dfrac{ae - bd}{bf - ce}\end{cases}$$

显然，$E_0=(0,0)$ 是无意义的，要使 $E_1=(GDP^*,FDI^*)$ 有意义，必须同时满足不等式，$a/b>d/e$，$f/e>c/b$。

以 1984—2002 年我国西部 GDP 与 FDI 时间序列数据，建立西部 FDI－GDP 动态系统模型：

$$\begin{cases}\dfrac{\mathrm{d}GDP}{\mathrm{d}t} = 0.0929GDP + 15.111FDI - 1.067 \\ \qquad \times 10^{-5}GDP \cdot FDI + [AR(2) = -0.8567] \\ \dfrac{\mathrm{d}FDI}{\mathrm{d}t} = -0.6421FDI - 4.55 \times 10^{-5}GDP \cdot FDI\end{cases} \qquad (式 7.4-2)$$

式 7.4-2 中，两个方程的 F 值、DW 值通过检验，所有变量（包括非性项）的 t 值的 5% 水平上显著，调节 R^2 在 55% 以上，模型解释能力尚好（见

表 7－3）。式 7.4－2 中没有出现时间变量，西部 FDI－GDP 系统与时间无关，是一个自治系统，而且有两个非线性项。因此，我国西部 GDP－FDI 系统为自治的非线性动力学系统。

表 7－3　我国西部 GDP－FDI 系统模型变量的统计量检验

	Adj. R^2	DW	各变量 $\|t\|$ 最小值
d*GDP*/d*t* 方程	0.7512	1.7025	2.2141
d*FDI*/d*t* 方程	0.5491	2.2851	2.9070

系统只有一个解［0，0］，但其无意义。这两个方程的共同特点是西部 FDI、GDP 具有自我增长的正反馈机制，并同时受 FDI 与 GDP 耦合作用的制约，所不同的是，西部 FDI 对西部 GDP 增长具有明显的推动作用，而西部 GDP 对 FDI 增长没有显著作用。图 7－18 和图 7－19 分别表示 GDP 和 FDI 系统的增长曲面。

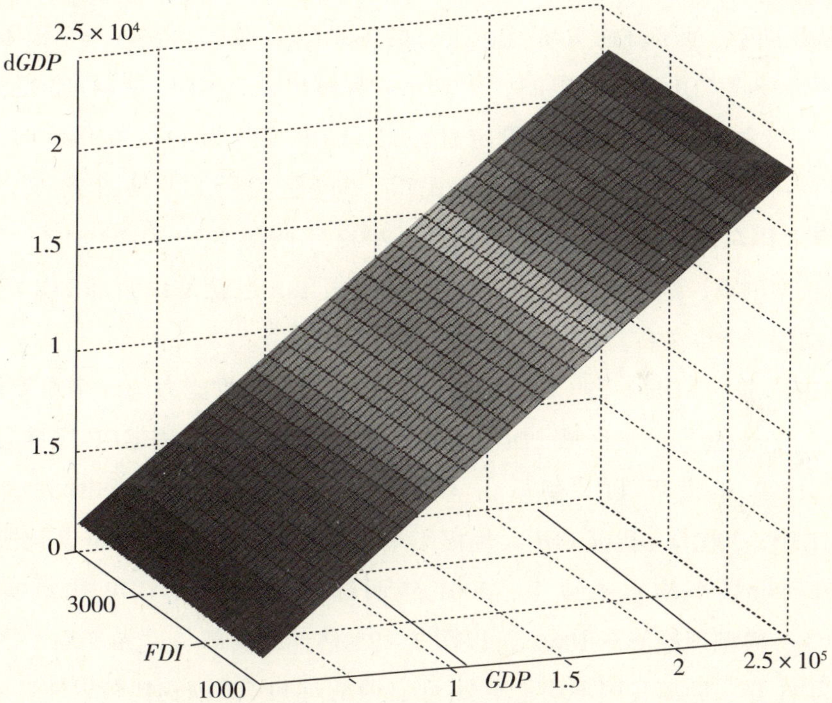

图 7－18　西部 GDP 系统的增长曲面

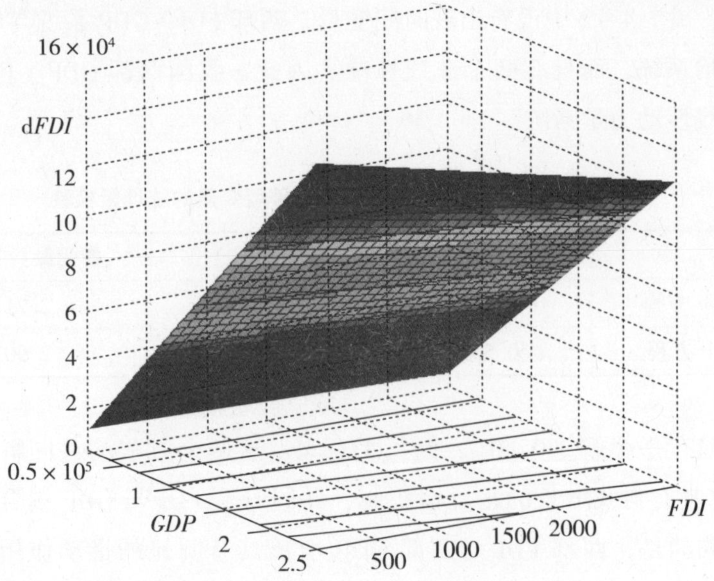

图 7－19　西部 FDI 吸收能力成长曲面

从中期看，西部 FDI 与 GDP 都呈现出曲线增长态势（见图 7－20），然而，从长期看，西部 FDI 不是无限上升的（见图 7－21），它有一个极限，也就是西部吸收 FDI 有容量限制。从 FDI 方程解出，当 GDP 为 14112 亿元时，FDI 达到极大值，而受初始值设定有影响，GDP 实际为 141120 亿元时，FDI 最大值为吸收容量大约 2870 亿元人民币（347 亿美元）（见图 7－22），与 1996 年我国东部吸收 FDI 的规模相当。2002 年西部 GDP 为 20081 亿元，以 8% 增长率测算，经 25.3 年，西部 FDI 达到极限，也就是说西部 FDI 离东部 FDI 差距为 31 年左右。

FDI 存量（FDIs）占 GDP 比重是 GDP 对 FDI 吸收能力的一个重要体现。如果在一个较短期内，区域 FDI 竞争力较强，则 FDI 存量占 GDP 比重会快速提高。1999 年世界 FDI 存量占 GDP 的比重为 17.3%，中国为 30.9%（UNCTAD，2001）。我国 FDI 大规模集聚，FDI 存量占 GDP 比重以较快的速度提升到世界平均水平以上，2001 年西部 FDI 存量占 GDP 比重实际值 9.052%，模型理论值 9.106%。以图 7－23 估计，西部与世界平均水平时间差距为 11 年，距离我国平均水平 26 年，西部对 FDI 反映仍比较迟钝。

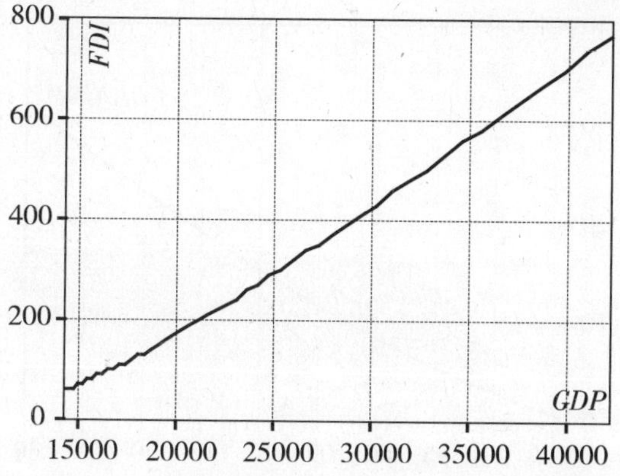

图 7－20　中长期西部 FDI－GDP 系统的图形解

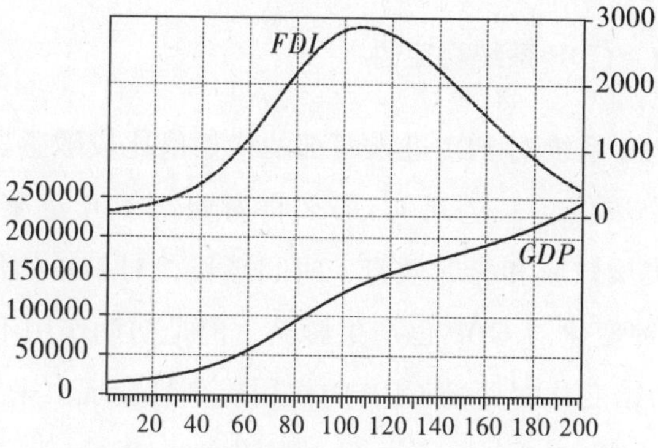

图 7－21　西部 FDI－GDP 系统的图形解

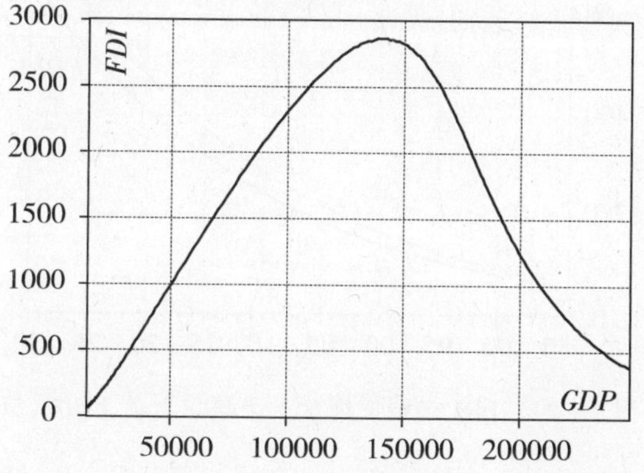

图 7－22　西部 FDI－GDP 系统 $x-y$ 的相图

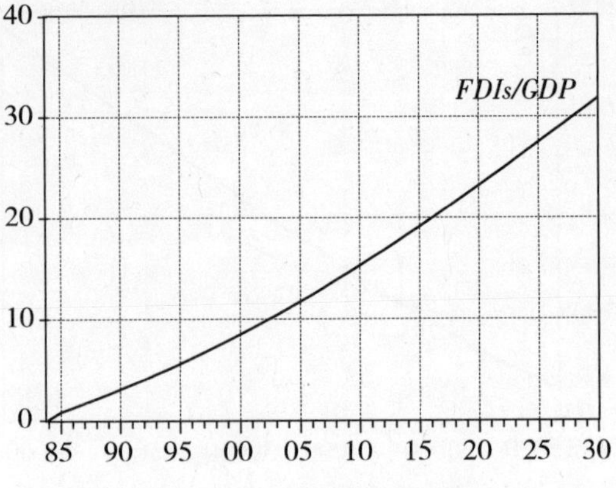

图 7-23 西部 FDIs/GDP 增长曲线

二、西部 FDI-GDP 系统稳定性

西部 GDP-FDI 系统对 FDI 进入西部的初始值比较敏感。若当初进入 FDI 的初始值增加一个单位（1 亿元），那么将对西部 FDI 集聚效应产生更大作用，由于 FDI 的集聚效应和滞后效应，时间越长，对 FDI 的作用越大（见图 7-24）。FDI 的这种变化对 GDP 也产生影响，但是初期作用不太明显，随着时间的推移，FDI 初始变化对西部 GDP 的作用越来越突现出来（图 7-25）。

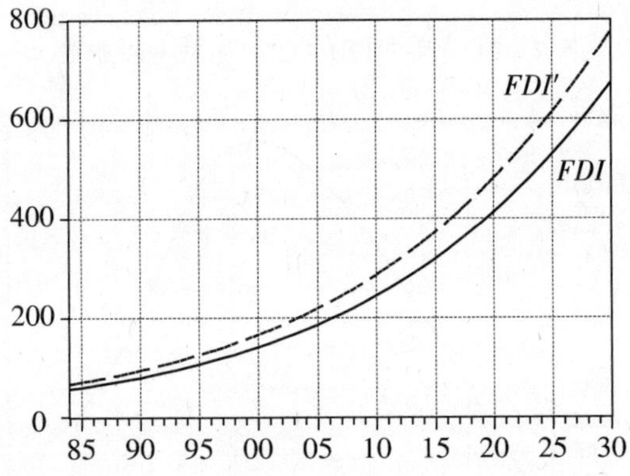

图 7-24 FDI 初始值增加 1 个单位时的 FDI 反应

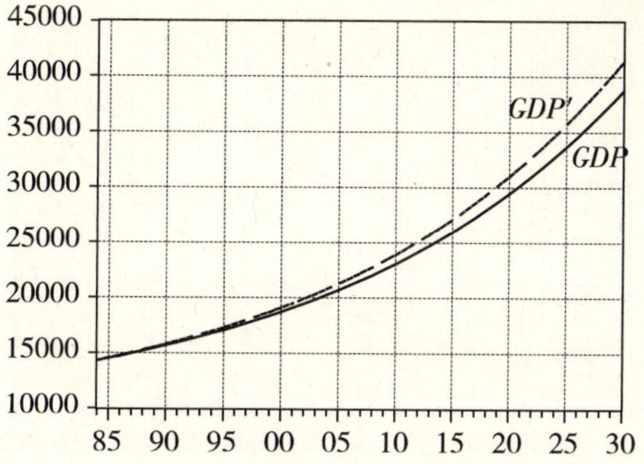

图 7－25　FDI 初始值增加 1 个单位时的 GDP 反应

类似地，西部 GDP－FDI 系统对外部力的 FDI 促进也比较敏感，若由于政策等措施作用使西部 FDI 方程增加 1 个单位（1 亿元），那么将对西部 FDI 产生更大作用，且集聚作用越来越大（见图 7－26）。尽管 GDP 的反应滞后于 FDI 的反应，但 FDI 的这种变化对 GDP 也产生积极影响，初期作用不太明显，随着时间的推移，对西部 GDP 的作用越来越大（见图 7－27）。

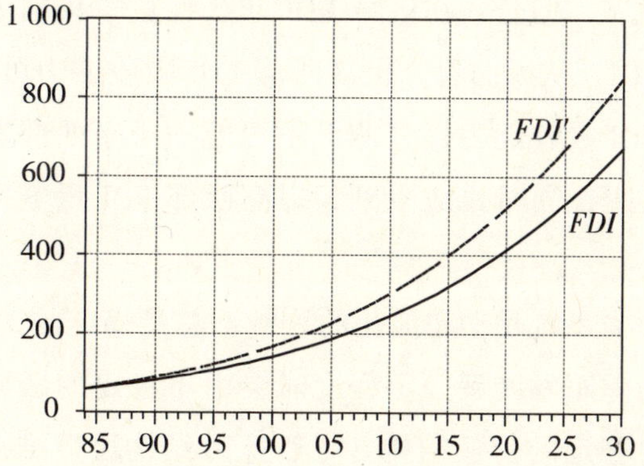

图 7－26　FDI 方程增加 1 个单位时的 FDI 反应

可以看出，西部 GDP－FDI 系统对 FDI 初始值与外部促进具有一定的敏感性，但不至于改变系统运行机制。从系统机制看，西部 FDI 系统对 GDP 的变化不敏感；从模拟看，西部 GDP 增加 1 个单位时，FDI 没有明显反映，西部 GDP 不但没有对 FDI 增长起积极的促进作用，反而对 FDI 增长具有极限“开关”作用。但是，从中期看，政策促进对 FDI 增长作用较显著，FDI 对西部 GDP 增长推动作用也比较大。

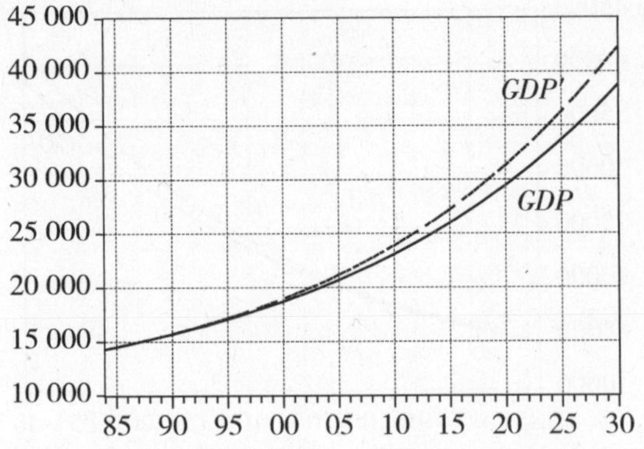

图 7－27　FDI 方程增加 1 个单位时的 GDP 反应

第五节　提高西部 FDI 吸收能力的意义

我国区域 FDI 竞争力系统对西部 FDI 竞争力比较敏感。提高西部 FDI 竞争力，在区域 FDI 竞争中获得更多的 FDI，这在长时期内有助于西部 GDP 的增长，促进西部发展，但是，在区域 FDI 非线性竞争机制下，中部尤其是东部将得到更多的 FDI。从纵向看，提高西部 FDI 吸收能力可以促进西部发展，从横向看，西部 FDI 吸收能力提高非但不可能缩小东西部发展差距，反而会加大东西部发展差距，同时也应看到，提高西部 FDI 竞争力的政策调节空间是很有限的。

我国 FDI 竞争力系统是动态演化的，既不总是稳定的，也不是没有秩序，当区域 FDI 竞争力差距发展到一定程度时会由不稳定的区域 FDI 竞争力份额结构转向一种相对稳定的份额结构。尽管这种结构可以维持，但其稳定性也是有限度、有条件的，它以西部 FDI 大于 0 为前提。尽管这个条件并不难维持，但我国区域对 FDI 竞争已进入竞争力结构相对稳定的发展阶段。尽管区域 FDI 竞争力结构稳定，但从长远看西部 FDI 下降却是在所难免的。当西部 FDI 规模等于 0 时，我国 FDI 将达到最大，当西部 FDI 增长率小于 0 而进入 FDI 抽回期时，系统发生相变，我国 FDI 规模开始下降。西部对我国 FDI 发展产生全局性的影响。

我国西部由于发展水平低，人均 GDP 较低，资本形成率低，研究和开发投入不足，技术能力低，发展受到技术的制约。对 FDI 来说，这些意味着西部不具有区位比较优势，FDI 的吸收能力较低。FDI 作为一种理性的资本，自然更多地不愿进入西部。的确，由于西部对发达国家 FDI 的吸引能力低，近距离周边国家又是不发达的小国家，对外直接投资能力低，我国西部吸引 FDI 一直没有较大的进展。在西部大开发以来的几年中，西部已投入了大量的资金，在基础设施方面有了较大发展，投资环境也有明显改善。然而，进入西部的 FDI 规模不但没有明显的上升，所占份额反而在下降。

西部 FDI 增长具有正反馈机制，可使政策促进获得较大的效率。模拟结果表明：我国区域 FDI 系统对西部 FDI 的微小变化比较敏感，政策对西部 FDI 增长进行微小促进，将导致我国吸收 FDI 有较大增长，对东中西部都有益，东部受益最大，其次是中部。西部是政策的放大器。目前，东部 FDI 的外部促进力最大，FDI 集聚效应比较好，再增加东部 FDI 的政策促进已不利于我国区域 FDI 系统的稳定发展；我国区域 FDI 系统对政策促进中部 FDI 的微小增量没有明显反应。因而，通过政策参数变化以及中央政府投入，较大幅度地改善西部 FDI 投资环境，提升其竞争力是很有必要的。这不但对提高西部 FDI 吸收能力有意义，而且对我国 FDI 全局发展有意义。

我国先开放东部，东部具有引进 FDI 的先发优势，而西部改革开放相对滞后，这对西部 FDI 竞争力产生不利的影响。假若当初对西部也给予同样的初始政策条件，引进较多的 FDI，现在其集聚吸引力更强，FDI 的增长效应就会发挥更大的作用。然而，如果现在国家对西部给予更优惠的政策（如税收、人才、研发等），增进西部的 FDI 吸收能力，那么 FDI 会对西部经济发展产生强有力的推动作用。对西部 FDI 促进也有利于全国 FDI 的发展，中部 FDI 增大，东部 FDI 增加得更大，对西部 FDI 促进不但不能缩小东部与西部的发展差距，反而会扩大东部与西部的发展差距。

从政策力的结构看，东部 FDI 政策促进力是正的，中部和西部都是负的，东中西部呈梯度递减态势。目前，中西部吸引 FDI 处在极为不利的竞争环境中。从区域竞争力系统模型揭示的规律看，在稳定竞争阶段，中部的 FDI 应呈现出上升态势，但 1997 年以来，中部 FDI 也有下降趋势，直到 2002 年才上升。因此，对进入我国的 FDI 应采取一种“逆梯度”的政策，以调节 FDI 的区域利润空间结构。具体地，国家外资政策调整方向是给予中西部尤其是西部更优惠的政策，让西部具有吸引 FDI 政策的比较优势，吸收较多的 FDI 进入中西部。

同时也应看到，我国 FDI 系统已进入稳定竞争阶段，提高西部 FDI 增长率已不太容易，政策调节的空间仍十分有限。此外，东部的政策力为正，中部和西部均为负值，但不能因此把东部对 FDI 的强竞争力归结为政策好，即使是一样的政策，中西部的 FDI 竞争力还是远不及东部。同样，对进入我国的 FDI 应一视同仁，采取国民待遇，这个观点也显然不符合我国 FDI 竞争力系统动态发展的趋势。

当然，提高西部 FDI 竞争力的意义远超出维持我国区域 FDI 的持续、健康发展。其意义还在于 FDI 可以催化西部的资本形成和人力资本形成，调节产业结构和外贸结构，扩大技术溢出效应，提升技术创新能力，转变西部经济增长方式，提高西部增长质量。这在一定程度上可以解决西部长期短缺的发展能力不足的问题，同时对维护国家安全、边疆稳定、民族团结有深刻意义。

第八章　西部提升 FDI 吸收能力的战略途径

西部 FDI 吸收能力的提升具有长期性和全局性，应从战略的高度来审视西部 FDI 吸收能力结构升级。在政策支持的条件下，要以促进西部企业研究与开发能力为基础，以发展高新技术产业区（高新区）为突破口，以人力资源累积为根本，提升人力资源平台，平台－阶梯式地提高西部 FDI 吸收能力。

第一节　西部 FDI 吸收能力提升的战略体系

西部 FDI 吸收能力的提升涉及西部产业结构、技术能力和人力资源等一些全局性的发展问题。因此，需要在一种战略眼光、思维和理论框架下审视西部的 FDI 吸收能力发展，这将是一个长期的过程。

一、定　义

西部 FDI 吸收能力战略是指为了提高西部 FDI 吸收能力，不断促进 FDI 发展的长期性和全局性的筹划和设想。西部 FDI 吸收能力战略的概念包括三层含义：其一，这一概念所涉及的战略对象是西部 FDI 吸收能力。其二，这一概念所揭示的是西部 FDI 吸收能力不断演进的过程，西部 FDI 吸收能力不是静止在一个水平上，而是在不断运动之中。这种能力的发展不但包括 FDI 吸收能力水平的不断提高，吸收能力的不断增强，而且还包括西部 FDI 吸收能力的结构升级。其三，西部 FDI 吸收能力的发展目的是推动 FDI 发展，进一步推动西部经济发展。因此，西部 FDI 吸收能力战略只是西部发展战略的有机组成部分，受西部大开发战略制约，也是西部大开发的目标。

二、特　点

（1）长远性。西部 FDI 吸收能力是一个慢变量，对 FDI 竞争力起支配作用。西部 FDI 吸收能力战略基点不是当前，而是关系西部 FDI 长期发展的政策与措施，比起希望只依靠优惠政策短期内增加西部 FDI 竞争力来说，更富有意义。西部 FDI 吸收能力战略要立足当前，面向未来，处理好当前与长远的关系。

（2）全局性。西部 FDI 吸收能力问题并非由一两个原因引起，而是一种系统性原因，有结构问题、知识与技术发展水平问题、区位问题等。因此，需要一种系统措施和目标，从根本上提高西部 FDI 吸收能力。

（3）协调性。西部 FDI 吸收能力战略是西部发展战略的一部分，它与西部大开发战略、结构调整战略等有密切的联系。FDI 吸收能力战略必须把 FDI 引进能力、利用能力和扩散能力协调起来，从 FDI 吸收能力系统的协调上构架战略措施，并将其置于西部大开发战略，促进 FDI 吸收能力的协调发展。

任何政策的业绩的关键性取决于政府实施政策的能力（UNCTAD, 1999）。FDI 吸收能力是一种发展战略观。在西部 FDI 的吸收能力提升中，政策能力是至关重要的。从长远性、全局性和协调性特点出发，制定 FDI 吸收能力战略是分析西部 FDI 引进能力、利用能力和扩散能力，以及它们相互关系后提出确定西部 FDI 吸收能力的战略范围，制定相应的战略措施、发展能力，完成一个循环或周期，不断反复（见图 8－1）。

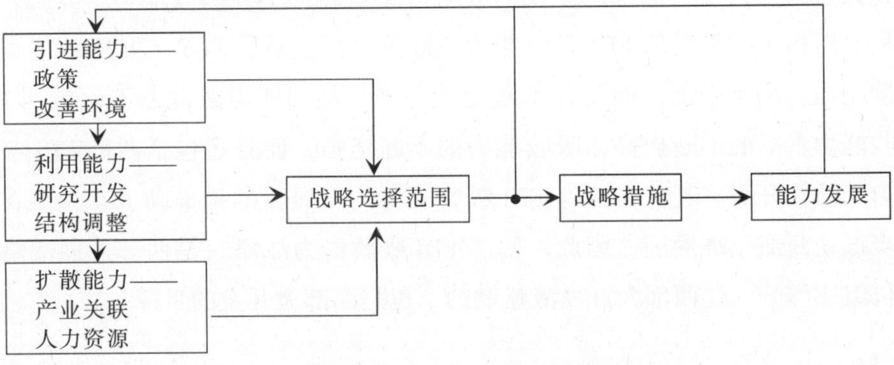

图 8－1　西部 FDI 吸收能力战略制定流程

三、战略目标

西部 FDI 吸收能力结构的缺陷主要体现在利用能力，尤其是扩散能力不足上面。由于区域 FDI 吸收能力的非线性生成机制对扩散能力比较敏感，寻找 FDI 引进能力、利用能力和扩散能力之间的对称性成为西部 FDI 吸收能力结构升级的主要方面。在中长期内解决利用能力和扩散能力约束，实现西部 FDI 引进能力、利用能力和扩散能力之间相对协调运行，是西部 FDI 吸收能力发展的战略目标。

假设，AC、UC、SC 为某一状态下西部 FDI 引进能力、利用能力和扩散能力水平，RAC 为同一状态下的 FDI 吸收能力水平，经过 Δt 时间后，各分能力水平为 AC'、UC'、SC'，该状态下西部总 FDI 吸收能力为 RAC'，则西部 FDI 吸收能力增量：

$$\triangle RAC = RAC' - RAC \qquad (式 8.1-1)$$

这种变化是由 ΔAC、ΔUC、ΔSC 引起的。西部引进能力与东部、中部相当，如果，$\Delta AC/\Delta t$ 为 0，那么，西部 FDI 吸收能力变为利用能力变化与扩散能力变化的函数，即：

$$\triangle RAC = f(\Delta UC/\Delta t, \Delta SC/\Delta t) \qquad (式 8.1-2)$$

这实际上是$\triangle ABC'$面积减去$\triangle ABC$ 面积，即：

$$\triangle RAC = \triangle ABC' - \triangle ABC \qquad (式 8.1-3)$$

在理想状态下，地区 FDI 吸收能力为等边三角形。目前，我国只有上海等极少数地区接近这种状态。在引进能力差距不大的情况下，理想状态的$\triangle ABC''$为西部 FDI 吸收能力的目标状态。因此，西部 FDI 吸收能力增量战略极限目标为：

$$\triangle ACC'' = \triangle ABC'' - \triangle ABC \qquad (式 8.1-4)$$

实际上，现实的目标是$\triangle ACC'$，它大于 0，而小于$\triangle ACC''$（见图 8-2）。实际上，西部 FDI 吸收能力发展方向应当是提高 FDI 利用能力，尤其是扩散能力，使三个能力相对称，成为等边三角形。然而，随着时间的推移，东、中、西部对 FDI 引进能力未必保持大体相当的水平，很可能会分化，拉开差距，改变了战略基准。但是，对于西部地区，一方面仍要调节 FDI 吸收能力结构，实现结构升级，缩小短边约束，另一个努力方向是做大做强，增加 FDI 吸收能力的三角形面积。

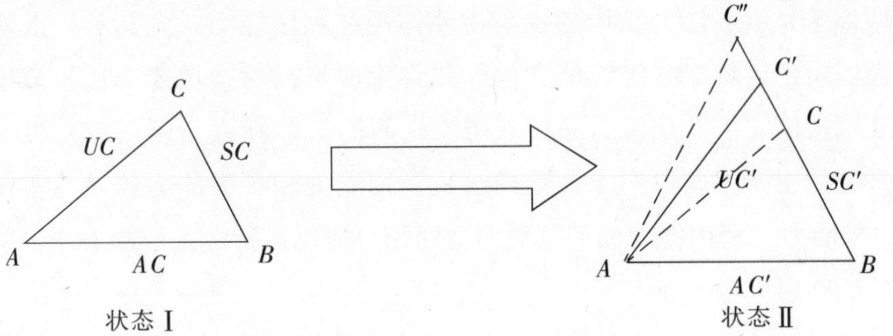

图 8－2　西部 FDI 吸收能力发展目标

四、发展路径

我国地区 FDI 吸收能力普遍受到 FDI 利用能力与扩散能力约束，西部更为突出。假定地区 FDI 吸引能力结构中，引进能力为常数，对 FDI 吸收能力的作用也固定不变，那么，在地区 FDI 利用能力和扩散能力双约束条件下，西部地区 FDI 吸收能力是一组等吸收能力线。由于 FDI 吸收能力 AUS 为 $\triangle ABC$ 面积：

$$\triangle ABC = \frac{1}{2} UC \cdot SC \sin C \qquad （式 8.1－5）$$

这表明，地区 FDI 利用能力与扩散能力对 FDI 吸收能力的作用是一种偶合机制，这是一种非线性机制。因此，地区 FDI 吸收能力是一组双曲线（图 8－3）。图中，O_1 表示 FDI 吸收能力比较弱的地区，O_2 表示 FDI 吸收能力较强的地区，可以说是西部地区 FDI 吸收能力的发展目标。一个地区的位置。在 FDI 吸收能力线的位置由两方面因素决定：首先是总体的 FDI 吸收能力水平，决定在哪一条等能力线上；其次由地区 FDI 利用能力和扩散能力大小决定具体位置。

处于不同吸收能力水平上的三个地区 a_1、a_2、a_3，地区 a_1 与 a_2 在 FDI 利用能力上的差距为 $\overline{a_1 a'_2}$，与扩散能力上的差距为 $\overline{a_1 a''_2}$，$\overline{a_1 a_2}$ 为 FDI 吸收能力差距。低能力地区与高能力地区的能力差距缩小，必然沿着一定的发展路径。

低能力地区通过多种途径的路向目标前进。

其一，可能通过提高利用能力到达 RAC_2 上的 a'_2 点，然而该点又对扩散能力没有任何的改进，不是均衡点。

其二，可能通过提高扩散能力至 RAC_2 上的 a''_2，然而该点对利用能力没有任何的改进，也不是均衡点。因此，$\overline{a_1a'_2}$，$\overline{a_1a''_2}$都是不理想路径（见图 8-4）。

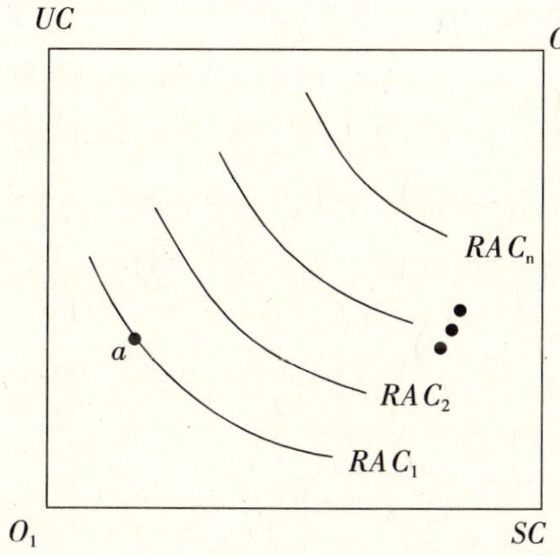

图 8-3　地区 FDI 吸收能力等水平曲线

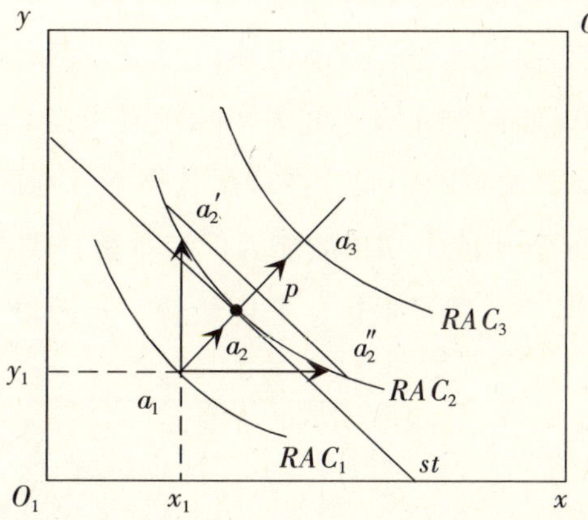

图 8-4　西部地区 FDI 吸收能力发展路径（Ⅰ）

其三，可能沿$\overline{a_1a'_2}$与$\overline{a_1a''_2}$组成矩形的对角线到达 RAC_2 线的 a_2。在数学上，对于两个正数 x、y，当 $x \neq y$ 时，由 $(x-y)^2>0$ 推出 $xy<(x^2+y^2)/2$。由此，$\overline{a_1a_2}$小于对角线的$\overline{a_1p}$一半（见图 8-4）。同于，$\overline{a_1a_2}$垂直于资源（成本）约束方程线 st，说明，沿着最小路径前进最能节约资源，或者最大化利用资源。因此，沿对角线向$\overline{a_1a_2}$到达 RAC_2 是最优路径。

应当说明的是，$\overline{a_1a'_2}$和$\overline{a_1a''_2}$路径只是理论分析的路径，实际上它们是不存在的，原因在于，地区 FDI 利用能力与扩散能力具有一定的相关性，不可能在提高其中之一时另一个没有任何反应。同时，最优路径也是理论路径，实际上也很难达成。因此，以提高利用能力为主、提高扩散能力为辅，或以提高扩散能力为主、提高利用能力为辅，这种次优化的组合路径是多种多样的、大量存在的。

西部要提高 FDI 吸收能力不能只靠利用能力或只靠扩散能力提高，而从

FDI 吸收能力生成机制看，FDI 利用能力与扩散能力协调发展比较适宜，应是两者的最佳组合。这说明，在一定的资源约束下，西部地区的能力发展存在路径依赖。西部地区要缩小与 O_2 差距，必须先到达 ARC_2，然后再到达 ARC_3 依次前进。在这个过程中，西部地区不可能完全以提高 FDI 利用能力方式提高 FDI 吸收能力，也不可能完全依靠提高 FDI 扩散能力来提高地区 FDI 吸收能力。自然，西部地区的 FDI 能力发展还受两条脊线的限制。上脊线（*UL*）是不同等能力曲线族与利用能力缺口线交点的连线，下脊线（*LL*）是不同等能力曲线族与扩散能力缺口线交点的连线（见图 8－5）。由于受 *UL* 和 *LL* 制约，西部 FDI 吸收能力实际发展线在 *UL* 和 *LL* 之间，最优的路径显然是上 *UL* 和 *LL* 决定的中线。在理想状态下，地区具有足够的调节能力和控制能力，让 FDI 利用能力和扩散能力保持平衡，那么，西部地区 FDI 能力在 O_1 到 O_2 直线上前进，路径最短，速度最快，资源最节约。

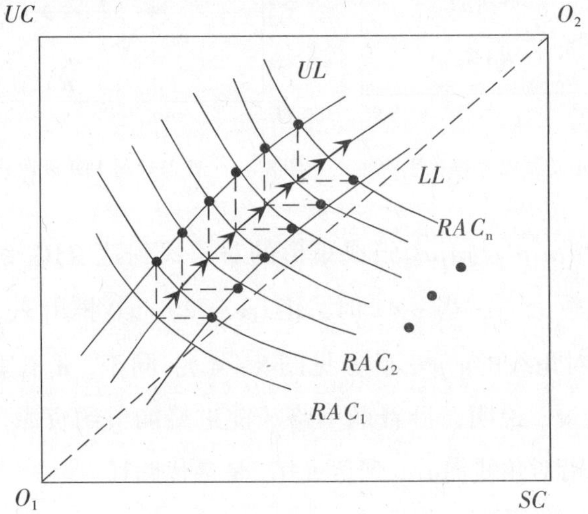

图 8－5　西部地区 FDI 吸收能力发展路径（Ⅱ）

五、战略模式

由于受发展阶段和资源结构的约束，西部 FDI 吸收能力的发展不是连续的，而是分阶段的，有时甚至是跳跃式发展。西部地区 FDI 吸收能力是地区内部资源整合而涌现的一种吸收 FDI 的能力，在不同资源平台上涌现出不同的能力。在资源平台Ⅰ上，西部地区的FDI吸收能力为RAC_1，经过资源累积、优化资源结构总量上升到平台Ⅱ，由此产生ARC_2。在FDI吸收能力发展中，每一个阶梯都存在一个“门槛”效应，这是由西部的技术平台、研发平台、人力资源平台等共同决定的。因此，西部地区只有成功地通过一种FDI吸收能力的“门槛”时，才可能由RAC_1上升到ARC_2（见图8－6）。

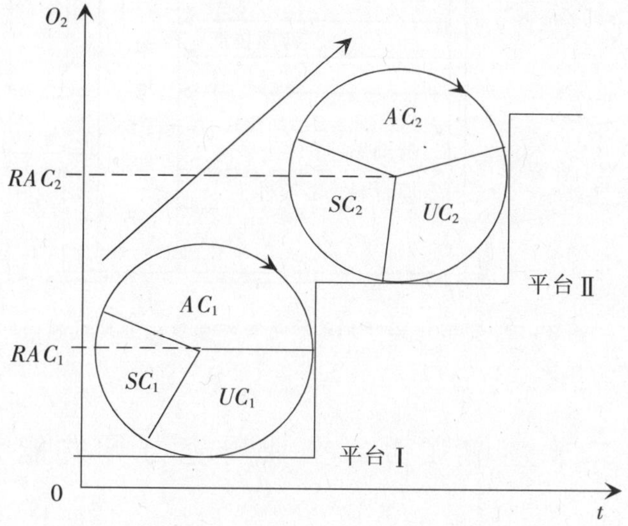

图8－6　西部地区FDI吸收能力战略模式

随着跨国公司投资目标的变化、内部资源结构和能力累积的变化，西部FDI吸收能力结构也会发生适应性变化。这其中，对FDI利用能力的调节显得十分重要。在一定意义上，FDI的扩散具有一些自发的行为，而对FDI有效利用则更多的是自觉的行为。只有有一定技术存量、比较合理的产业结构以及与之相配的能力，西部才能更广泛地利用不同类型的FDI。通过资本、人力参与，产业配套，有效利用FDI，这才能为进一步的扩散建立源头，FDI技术、技能和信息通过正式的和非正式渠道向西部当地企业扩散。这两种能力的互助发展才能有效地提升西部地区的区际竞争力和国际竞争力（见图8－7）。

充分的技术溢出效应是利用FDI的主要目标之一。当然，从西部的情况看，西部对FDI的扩散能力很弱，严重地影响了西部的FDI整体吸收能力。因此，提高西部FDI扩散能力，将成为西部FDI吸收能力发展长期战略的重点和取向。为了形成一个有利于FDI扩散能力发展的环境，政府部门、职能管理部门、大学与研究开发机构、产业部门必须根据当代 FDI 扩散技术能力发展的基本特征和规律，形成共同参与机制，大力提升西部技术扩散能力，推动西部 FDI 吸收能力提高和结构升级。

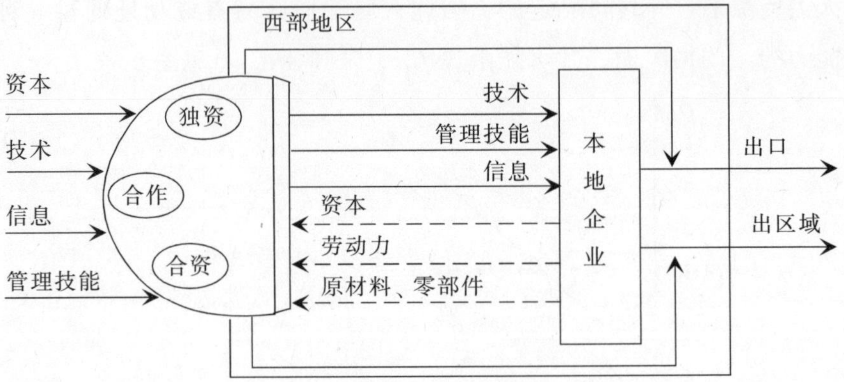

图 8－7　西部地区对 FDI 利用与扩散能力互动机制

第二节　增强西部企业研究与开发能力

地区研究与开发（R&D）能力是利用 FDI 的坚实基础。然而，西部地区创新空洞化对 FDI 利用能力产生了较大制约。地区创新系统主要由政府专门研究与开发机构、大学研究与开发机构以及产业（企业）研究与开发组成。然而对 FDI 利用能力来说，最直接、最重要的还是企业的研究与开发能力。西部地区企业研究与开发能力是比较低的，它对利用 FDI 产生了极大的约束。更值得注意的是，企业已经成为 R&D 活动的投资主体。2002 年，我国企业 R&D 经费支出为 626 亿元，占全国总支出的比重已达到 60.4%。因此，能否提升企业的 R&D 能力是提高西部 FDI 吸收能力的关键所在。

一、西部企业研发能力

西部企业是利用 FDI 的基本单元，其研究与开发能力是消化吸收 FDI 技术的基础。西部地区企业研究与开发能力的两极分化比较严重。2002 年，我国企业 R&D 经费支出占产品销售收入比重为 0.76%。同年陕西企业的 R&D

强度为1.5，接近全国平均水平的2倍，居全国第1位，西藏企业R&D强度为零，几乎没有对FDI的利用能力；四川、贵州的企业R&D强度高于全国平均水平，内蒙古、云南、青海、宁夏和新疆R&D强度小于0.5，创新能力较弱（见表8－1）。总体上看，西部研究与开发能力低于全国平均水平。

表8－1　2002年西部企业R&D经费支出占产品销售收入比重　　单位:%

地区	R&D强度	地区	R&D强度	地区	R&D强度
内蒙古	0.28	贵州	0.88	甘肃	0.51
广西	0.67	云南	0.29	青海	0.44
重庆	0.61	西藏	0	宁夏	0.43
四川	0.86	陕西	1.5	新疆	0.26

资料来源：科技部《2002年全国及各地区科技进步统计监测结果》。

目前，国外一般标准界定是，企业难以生存线为1%（R&D强度）以下，维持线为2%，竞争线为5%，而高科技企业则为8%～15%。目前，我国西部大部分地区企业R&D投入占销售收入的比率为1%以下的占绝大多数，大大低于发达国家水平。

对我国企业研究与开发活动的调查表明，我国企业中的中外合资企业、股份制企业和民营企业有着比全民企业和集体企业更强的研发主动性。主要表现在，中外合资企业、股份制企业对研发的需求更迫切，更重视研发活动（见表8－2）。

表8－2　我国各类企业设有R&D部门及独立能力

地区	中外合资	股份制	全民企业	集体企业	民营企业
设有R&D部门的比率（%）	82.6	78.1	75.6	72.2	100
设有R&D独立能力的比重（%）	52.2	40.6	30.5	28.8	100

资料来源：高建《中国企业技术新的关键问题》，载《中外科研政策与管理》1996年第1期。

根据对我国82家R&D机构的初步分析，有54家为非独立法人机构，占总数的65.9%，这些非独立研发机构大多属于合资企业的一个非常重要且相对独立的部门；其余28家机构采用了独立注册的形式，占总数的34.1%。跨国公司在华R&D机构大都从事IT行业研究，出于技术保密原因和技术领先收益等考虑，倾向于采用独资和控股的股权结构，而且愈是技术领先的企业，愈是倾向于采用独资的形式。

企业R&D强度是企业学习、模仿创新和自主创新的显著性标志。企业有创新能力就不断有新产品产生。企业新产品率与R&D强度呈正相关关系。2002年，全国企业新产品销售收入占全部产品销售收入的比重达到15.0%。西部地区只有重庆高出全国水平，广西达全国水平，四川接近全国水平，除此之外，大部分地区在10%以下，有半数在5%以下，西藏为零（见表8－3）。可以看到，陕西是全国企业R&D强度最高的地区，但是其新产品率低于全国水平，这与R&D费用结构有一定的关系。

表8－3　2002年西部地区企业新产品销售收入占全部产品销售收入比重　　单位:%

地区	新产品率	地区	新产品率	地区	新产品率
内蒙古	5.35	贵州	5.71	甘肃	3.87
广西	15.02	云南	3.92	青海	1.52
重庆	23.54	西藏	0	宁夏	4.33
四川	14.36	陕西	8.6	新疆	1.63

资料来源：科技部《2002年全国及各地区科技进步统计监测结果》。

企业研究与开发细分为基础研究、应用研究、试验开发三个层次。一般来说，大学和研究机构是基础研究的重要基地，企业从事基础研究的能力很有限。企业主要集中于试验开发，这主要是为生产新产品，建立新工艺、系统和服务，同时对现有工艺进行技术改造。在试验开发中，企业的主要任务是开发新产品、新工艺的试制和试销。2000年全国企业基础研究、应用研究、试验发展费用结构为0.40%、7.11%和92.49%，广西、陕西、青海的基础研究和应用研究比例高于全国水平，这几个地区中陕西企业最具有发展潜力和后劲。西部大部分地区主要是从事试验开发（见表8－4）。

表8-4 2000年西部地区企业研发经费比例结构 单位:%

地区	基础研究	应用研究	试验发展	地区	基础研究	应用研究	试验发展
内蒙古	0.27	2.79	96.94	新疆	0	22.33	77.66
广西	1.81	10.86	87.33	西藏	0	0	100.00
重庆	0.08	7.68	92.25	陕西	0.43	12.15	87.42
四川	0.80	3.32	95.88	甘肃	0	3.83	96.17
贵州	0.78	1.15	98.07	青海	1.24	9.76	88.99
云南	0.35	4.51	95.14	宁夏	0	4.77	95.23

资料来源：根据《2002中国统计年鉴》相关数据计算。

这对于FDI的利用是十分重要的，但是对于高质量FDI来说，企业试验开发模仿能力却不能胜任，需要企业具有一定的应用研究能力，甚至是基础研究能力，这恰巧是大部分地区企业所缺少的。

在企业研究与开发中，结构效应是一方面，规模效应是更重要的方面。研究与开发结构体现研究水平和质量，但它是一种相对指标，其结构效应发挥以R&D投入规模为基础。地区企业R&D活动也具有集聚创新的特点。地区企业R&D规模集聚效应可以产生企业外部R&D资源共享，如人员联合攻关，试验设施、实验室共用等，这样可节约成本，提高效率。

就2000年看，西部企业在R&D投入规模仍有较大差异。陕西企业R&D投入规模达19亿元，占全国份额为3.5%，排在全国第8位；其次是四川R&D投入规模达14亿元，占全国份额为2.6%，排在全国第14位。在全国份额小于0.7%的9个地区中，除海南外，其他都是西部地区，排名在全国23位以后（见表8-5）。这充分说明，大部分西部地区的企业研究与开发区投入比较少，研发系统比较小，没有形成企业集聚创新的局面。这对西部地区FDI利用能力有着极大的制约。因此，提高西部地区企业的研究和开发能力是西部FDI吸收能力累积与发展的重要战略。

表 8－5　2000 年西部企业 R&D 投入规模及占全国份额　　单位：%

地区	R&D 投入（万元）	占全国份额（%）	地区	R&D 投入（万元）	占全国份额（%）	地区	R&D 投入（万元）	占全国份额（%）
内蒙古	20212	0.376	贵州	34538	0.643	甘肃	33803	0.629
广西	60923	1.134	云南	28005	0.521	青海	8759	0.163
重庆	61449	1.144	西藏	15	0	宁夏	13834	0.258
四川	138539	2.580	陕西	188970	3.519	新疆	20885	0.389

资料来源：根据《2003 中国统计年鉴》相关数据计算。

二、西部企业 R&D 能力战略范围

许多引进 FDI 技术失败的经验表明，当引进 FDI 技术与其利用能力不匹配时，技术引进往往会流产。区域 FDI 吸收能力实际上是区域历史、文化、人才、技术和市场有机结合而产生的整体力。正如哈梅尔（Hamel，1994）所说，能力是一种技术、知识的整合。西部地区只有充分运用技术、知识基础与 FDI 技术进行融合，才能不断提高 FDI 技术利用能力，提高企业的 R&D 能力，这也将成为我国西部地区提升 FDI 利用能力的战略范围。

（1）地区企业 R&D 能力是一个累积的过程。R&D 能力是作为逐步学习并依靠局部改进而形成的一种结果。企业的 R&D 能力依赖于已经了解的复杂情况，通过边干边学、边用边学，才能创造新的生产方法和应用技术。一些技术领先领域发生的互补性发明，往往建立在相关企业累积性技术基础之上，相关企业的互补性发明又会推动新技术的应用。因此，如果当地企业缺乏 R&D 能力支持，将难以利用 FDI 技术，即使勉强利用，其利用效果不佳，而且也难以向当地其他企业扩散。

（2）地区企业 R&D 能力构成利用 FDI 的基础。跨国公司倾向于在相关的技术活动类型之间逐步投资。所谓相关的技术活动类型，主要指与跨国公司领先技术相关领域，或者为了有效利用地区技术能力而需要研发支持性的技术系统。这会带动或影响地区相关企业技术创新，以在跨国公司相关领域中寻找到创新的互补性技术环节。于是，地区企业的技术存量和技能的基础，

在 FDI 重合产业中导致 FDI 集聚系统的形成。因此，地区企业 R&D 能力关系地区企业活动和 FDI 技术活动之间的长期相关程度。

（3）地区企业 R&D 能力对 FDI 利用机制不同。西部企业对 FDI 技术的利用不可能简单重复或复制，何况跨国公司对其核心技术进行封锁，即使陕西、四川等有 R&D 集聚效应的地方，也绝不会有精确的重复或复制。西部企业技术创新能力需要依赖于人力资本强弱程度、企业间的联系程度和政府政策。但是，西部企业在技术能力的差异程度很大，模仿和学习能力也是多样化的。因此，要把 FDI 技术嫁接到西部企业，成为当地化的技术，西部企业需要 R&D 投入。

（4）西部企业技术能力限度由产业结构关联效应所决定。任何一个企业的技术能力都是有限的。每个企业的技术能力只是地区企业利用 FDI 能力的一个条件，即使地区企业技术能力总体上比较高，但由于它们在产业链上的跨度较大，从事不相关的技术创新活动，也难形成整体的创新集聚力。西部企业 FDI 技术利用能力程度不仅取决于自身的技术积累，而且由相互关联的系统所决定。这方面，西部地区产业技术创新空洞化说明，西部地区产业结构对利用 FDI 集聚创新效应的能力较弱，企业没能通过技术创新的内部相关活动达到规模经济。当地企业没能力从外部获取所需的 FDI 互补性技术，跨国公司也难以拓展规模经济的范围。因此，通过在西部地区企业创新关联基础上形成紧密相连的合作创新系统，这对提高西部利用 FDI 的整体能力具有重要意义。

根据国外的经验研究，在 FDI 条件下，当地企业和跨国公司的技术范围越是密切相关，互补性越强，则当地企业利用 FDI 的可能性就越大。当地企业技术和跨国公司的技术能力越强，则费用就越低。企业技术能力越强，企业理解、利用或者模仿 FDI 技术的费用就越低（Rosenberg，1990）。而 FDI 技术溢出主要发生在相关领域的企业之间，在它们技术重叠的领域中彼此互相借用。企业自己的技术能力决定了企业利用技术溢出机会和发现潜在技术溢出的能力。因此，西部企业的技术能力决定了企业在面对 FDI 技术转移、技术溢出时的反应、吸收、利用、改造和扩散的能力。

三、加大对西部企业投入，有效提高西部企业创新能力

从大量的案例来看，落后地区利用 FDI 技术的困难是多方面的。主要表现在：①跨国公司缺少协作；②跨国公司回避转移核心技术；③落后地区适用技术的人力不足；④落后地区技术储备水平低下。前两种属于技术转移差距方面的原因，后者则属于落后地区利用能力方面的原因。一般而言，落后地区与跨国公司的技术差距是客观存在的，短期内难以消除。但是，FDI 利用能力不足则取决于落后地区自身的技术能力积累。还有人指出，从技术二元差距论的观点来看，发展中国家技术储备越低，越难弥补所接受的技术和国内技术水平的差距；熟练程度上的差距越大，发展中国家受制于技术差距的危险就越大（金泳镐，1987）。

我国西部企业研究和开发体制不健全，为企业提供技术、信息、人才培训等的服务体系也不健全。这导致西部企业技术创新能力对跨国公司的资金配套、人员适应性差，严重影响高质量 FDI 入驻西部地区，更影响了 FDI 的利用效果。

在我国原有计划型技术引进机制下，企业 R&D 是由国家投入的，企业只是 R&D 的执行者，这种投资主体的错位导致 FDI 技术消化、吸收和创新能力差。在体制转型过程中，我国政府干预虽有所减弱，但在西部政府还起重要作用，企业对技术引进的资金筹措能力较低，在很大程度上依靠政府投入。在西部，国有经济仍占主要地位，西部有的地区国有工业还高达 70% 以上。国有或国有控股企业引进 FDI 项目较多体现了政府的意愿，在与跨国公司合作过程中的非市场化、非企业化行为倾向比较明显。只注重短期利益，没有从战略目标出发营造自身优势和加强自身的研发能力，在利用 FDI 中难以培育起核心技术能力。

比起大学和研究机构来说，企业的 R&D 资源配置比较复杂，它受市场机制的支配比较明显。从企业 R&D 投资来源看，有政府财政、银行贷款、企业自筹和风险资本等。从西部企业看，获得地区政府财政支持是一个较直接的途径。但是，目前，西部地区政府的科技拨款远低于全国水平。2002 年，西部地区中的四川、云南两省政府对科技投资指数是最高的，但比起广东的

48.59%、浙江的22.24%差距甚远，西藏、甘肃、青海、宁夏、新疆等西部地区政府对科技投资指数不足1%（见表8-6）。因此，西部地区要加大对科技拨款的力度，当然，也包括企业自身R&D投入。在西部企业中，企业R&D来源的不足是普遍的现象。就技改来说，流传着这样一句话："不搞技改等死，搞技改找死。"不改变西部企业，尤其是国有和国有控股企业的这种困境，要提高其技术能力显然是难以想象的。

另外，在西部地区，企业R&D风险投资是最缺乏的。由于金融证券市场发育不健全，没有更多的风险资本投入支持西部企业R&D事业。因此，西部地区政府应当建立风险基金，完善R&D融资机制，对企业R&D尤其是对FDI技术进行再研究开发的企业给予支持。

表8-6　2002年西部地方财政科技拨款指数　　单位：%

地区	指数	地区	指数	地区	指数	地区	指数
内蒙古	1.98	四川	4.79	西藏	0.06	青海	0.3
广西	2.36	贵州	1.78	陕西	1.74	宁夏	0.64
重庆	2.47	云南	4.79	甘肃	0.92	新疆	0.95

资料来源：科技部《2003年全国及各地区科技进步统计监测结果》。

西部要努力建立以财政投入为导向，企业投入为主体，银行贷款为支撑，社会集资和引进FDI为补充，形成企业、社会多渠道、多层次、多元化的研究与开发投入体系。对一些效益好的科技企业，应努力争取发行股票和债券，增加直接融资的渠道。同时要鼓励和引导企业特别是大中型企业和企业集团增加对技术开发的投入，逐步实现企业成为科技投入主体的目标。通过多种方式吸引外资和社会各界的投入；创办为科技服务的非银行金融机构，争取建立起创业基金、担保基金、科技发展基金。

第三节　加快西部高新技术开发区发展

在目前发展阶段下，西部FDI扩散能力受到工业发展、产业结构、人力资源等方面的制约。最突出表现是机械制造业对地区产业技术扩散能力低。FDI 倾向进入扩散能力较强的产业，以利用关联资源。然而，在中长期内大部分西部地区发展机械制造业走东部吸收 FDI 的路子，有效地提高工业结构水平，提高 FDI 扩散能力是不现实的。但是，西部地区集中力量，以发展高新技术产业开发区为突破口，发挥其发动机功能，以局部范围高新技术产业带动西部地区 FDI 扩散能力提高是有现实可能的。

一、西部高新区综合实力

自 1951 年斯坦福大学创办科学园区并发展成为硅谷以来，科技工业园区在发达国家广泛发展，一些发展中国家也积极跟上。科技工业园区的出现，成为世界上一种独特的经济现象，是 20 世纪人类最重要的创举之一。科技工业园具有集聚、孵化、辐射、带动效应，进一步促进了科技与经济的结合，加快了科技成果向现实生产力的转化，大大提高了劳动生产率，从而对人类社会经济发展起着越来越大的推动作用。

科技工业园区在我国通常称为高新技术产业开发区。20 世纪 90 年代，我国掀起高新区建设高潮，仅国家级高新区就有 53 个。高新区充分发挥科技第一生产力的作用，实现了高新技术产业的超常规发展，主要经济指标年均增长都在 60% 以上。2002 年，53 个高新区企业数达 2. 83 万家，从业人员 349 万人，实现总产值 12937 亿元，出口总额 329 亿美元，占同年我国高新技术出口额的 48. 59% 。高新区在我国高新技术产业发展中发挥了其重要功能，对当地经济和社会发展起到了巨大的推动作用，形成了新的经济增长极。然而，受区位条件、智力支持等因素影响，各地高新区的综合实力有明显差距。

西部地区，由于受区位因素、智力支持、政策等因素影响，除西安、四川等少数高新区外，大部分西部高新区综合实力比较弱。从企业份额看，西安高新区是企业集聚较多的高新区，居全国第 2 位；其次是重庆，居全国第 8 位；其他高新区大部分处在中下水平。从职工人数看，西安高新区职工人数份额有所下降，仍居全国第 2 位；其次是成都，居全国第 4 位；重庆居第 10 位；其他高新区大部分处在中下水平。西部高新区总产值与总收入的份额与位次相关不大，西安高新区居全国第 9 ~ 10 位，重庆居第 12 ~ 13 位，其他高新区大部分处在 40 位以后。再从出口看，在西部高新区中，位次最前的是成都，居 22 位；西安居 23 位；贵阳、宝鸡、杨凌、兰州、乌鲁木齐高新区居 45 位以后（见表 8－7）。不难看出，西部高新区规模效应和出口竞争力比较差。如西安高新区企业、职工人数居第 2 位，总产值、总收入分别居第 10、9 位，出口居第 23 位。再如重庆高新区，企业、职工位次分别为第 8、10 位，总产值、总收入分别居第 12、13 位，出口居第 33 位。

表 8－7　2002 年西部高新区主要指标份额与位次

西部高新区	企业份额（y_1）	排序数	职工份额（y_2）	排序数	总产值份额（y_3）	排序数	总收入份额（y_4）	排序数	出口份额（y_5）	排序数
包头	0.944	26	1.127	39	0.480	48	0.472	48	0.436	32
桂林	0.781	29	1.221	35	0.631	44	0.620	44	0.267	37
重庆	2.098	8	2.711	10	2.522	12	2.414	13	0.431	33
成都	1.455	16	3.357	4	1.587	21	1.524	23	0.783	22
绵阳	0.287	48	1.352	31	1.255	26	1.169	28	0.745	24
贵阳	0.260	49	0.974	41	0.420	51	0.403	51	0.031	53
昆明	0.532	36	0.936	44	0.700	41	0.722	41	0.529	29
西安	7.625	2	4.287	2	2.836	10	2.973	9	0.758	23
宝鸡	0.532	37	1.277	33	0.460	49	0.449	50	0.117	46
杨凌	0.186	52	0.180	53	0.077	53	0.074	53	0.032	52
兰州	1.476	14	0.980	40	0.585	47	0.550	47	0.075	48
乌鲁木齐	0.397	44	0.311	52	0.177	52	0.201	52	0.050	50

资料来源：根据《2003 中国统计年鉴》相关数据计算。

由于高新区各个指标位次不平衡，还需要对其实力进行综合评价。评价方法与地区 FDI 吸收能力评价方法一致，赋权方法也是变异系数法。我国高新区综合实力的评价模型：

$$F_i = y_1^{0.3376} \cdot y_2^{0.1159} \cdot y_3^{0.1593} \cdot y_4^{0.1617} \cdot y_5^{0.2256} \qquad （式 8.3－1）$$

以式 8.3－1 评价，西部高新区综合实力及位次列于表 8－8。从上看出，西安高新区综合实力居全国53个国家级高新区第4位，实力比较强；重庆高新区与成都高新区分别居第16、18位，处中上水平；包头、昆明、绵阳高新区居中下水平，贵阳、乌鲁木齐和杨凌居倒数3名，其综合实力很低。

表8-8 2002年西部高新区综合实力评价指标与位次

开发区	评价指数（F）	排序数	开发区	评价指数（F）	排序数	开发区	评价指数（F）	排序数
西安	3.109	4	绵阳	0.676	39	贵阳	0.218	51
重庆	1.593	16	桂林	0.601	40	乌鲁木齐	0.19	52
成都	1.424	18	兰州	0.529	43	杨凌	0.093	53
包头	0.65	37	南宁	0.4865	44			
昆明	0.623	38	宝鸡	0.397	47			

资料来源：根据《2003中国统计年鉴》相关数据计算。

与传统产业依靠大量自然资源不同，高新技术产业主要依靠智力资源。大学和科研院所是科技与智力资源最密集的地方。大学和科研院所可为高新区提供新的知识和技术；可为企业进行相关的教育和培训；可提供企业所需要的高新技术人才；还可直接创办企业，进入高新技术产业。如美国著名的“硅谷”内拥有8所大学；我国的中关村之所以产业竞争力最强，是因为有北京大学、清华大学等50多所高校，有中国科学院等科研部门，有30万科技人员强力支持，如此集中的科技资源在世界上是罕见的。

从分布上，高新区集中在东部较发达的地区。在我国53个高新区中，长江三角洲有6个，珠江三角洲有6个，渤海湾地区有12个，以上三个地区的高新区数量占全国高新区总数的45%，显示了这三个地区在我国科技产业发展中的先导作用。在西部13个国家级高新开发区中，以西安、四川、重庆等高新区实力比较强，但一般来说，西部经济文化落后的地区，条件比较差，高新区综合实力比较低。

二、西部高新区与FDI扩散能力

实践证明，工业发展的快慢深刻决定着工业化的进程和经济的快速发展。

开发区是发展信息产业和高新技术产业的摇篮。在西部广大地区尚不能大规模、大面积发展制造和高新技术产业的情况下，通过高新区的技术创新和高新产业集聚，以增长极的作用带动各地区工业结构升级，扩展产业链，加强关联效应，提高西部地区对 FDI 的扩散能力。

（一）发展高新区对西部 FDI 扩散能力产生直接影响

中国高新开发区由于具有较好的区位优势、政策优势和集聚效应，它成为中国吸引 FDI，尤其是研发型跨国公司及总部的阵地。1999 年，高新区利用外商直接投资 29 亿美元，外商直接投资企业总收入占高新区总收入的 36.4%，工业产值占工业总产值的 41.7%，FDI 企业数占高新区企业总数的 18%。

在西部地区，高新区是吸收 FDI 的重要区位。西安高新区是我国政府首批对亚太经合组织特别开放的 APEC 科技工业园区。对于大部分西部高新区来说，由于政策优势、资源相对集聚、基础设施优越，具有吸引和利用 FDI 的比较优势。目前，西部大部分地区的 FDI 还不足 1 亿美元，有的不足 1000 万美元，在西部 FDI 吸收能力还比较弱的情况下，各地区高新区成为吸收 FDI 的重要区位，如 1999—2002 年昆明高新区吸收 FDI 为 5379 万美元，占昆明 FDI 的 54.2%，占云南省同期吸收 FDI 的 11.74% 左右。昆明高新区在昆明市乃至云南省吸收 FDI 的地位显而易见。

大力发展西部高新区，使其成为高质量 FDI 的集聚地。在西部，由于政策效应、要素集聚效应、产业关联效应，形成较大的“洼地”，使“洼地”效应对跨国公司产生吸引力。在一定规模的跨国公司集聚后，又对后进的跨国公司产生吸引力，产生良性循环。显然，高新区内 FDI 企业的技术溢出、竞争示范和对外人员之间的交流等都对地区 FDI 扩散能力提高具有明显的作用。

（二）发展高新区对地区 FDI 扩散能力产生间接影响

根据增长极理论的脉络，高新技术产业开发区可以看做是增长极，但是投资目标的核心不仅有推动型产业（制造业）部门本身，而且还包括研究和开发设施和其他基础设施，通过优惠的政策，造就舒适的科研环境和生活环境，吸引国内外高技术公司入驻建立工厂、分支公司、研究和开发机构，这些机构和工厂可以生成增长极的动量，从而推动地区经济的发展。

一般来说，在西部高新区中，所配置的是当地主导产业。主导产业具有较强的关联效应、带动效应，而且成长较快，经济效益好。主导产业对于引进技术的利用能力较强，有能力提高研究和开发强度，具有对FDI技术消化吸收的强大动力；高新技术产业或技术密集型产业也因有较丰富的研究和开发人员，有资金投入的保障，对FDI技术的吸收能力也比较强；而衰退产业本身的FDI分布不多，扩散能力也比较弱。这就是说，对于西部地区，其产业引进FDI技术的质量和数量都不平衡，对FDI技术的利用能力也不同，但总存在几个对FDI技术吸收能力强的产业。这就是加速西部高新技术开发区的必要性。

在高新技术产业发展浪潮中，西部各地也纷纷把高新技术产业作为自己的主导产业进行培育。由于高新技术产业具有较高的技术渗透能力，关联和带动效应也比较明显，它往往是西部经济发展的龙头，产业技术结构升级的动力，承担传统产业改造的任务，西部对高新技术产业比较支持。但是，西部市场发育不健全，智力支持比较弱，当地政府的资本配套能力很有限，因此，在西部发展高新技术产业不能遍地开花，而是要选择较好的区位，集中发展，以点带面，高新区不失为最佳的方式。此外，高新技术产业是FDI进入的首选目标，发展西部高新区可以一举多得。

高新区发展对于带动地区经济增长，提升产业结构及产业竞争力，改善贸易结构，带动城市化发展，以及提高新技术对经济增长的贡献率等方面都具有不能替代的作用。这集中体现在高新区对地区的结构改造效应、科技扩散和带动效应方面。通过这些效应，FDI技术就可以扩散到当地企业中去。不言而喻，在西部的特殊环境下，高新区的一个重要使命之一，就是改造当地传统产业，提升产业结构关联效应，实现地区经济信息化，通过“搭便车”的方式，高新区FDI就可向各产业扩散，以此提高地区FDI扩散能力。

三、加快西部高新区发展

计量研究表明，高新技术出口是地区FDI吸收能力的决定因素之一。高新区的形成和发展，需要具备两个条件：一是智力密集，有一批科技成果和能够转化成果的人；二是发达的市场经济环境。高新区是高级生产要素的集聚体，区位资源要素性质对开发区性质、发展和竞争力具有决定性的影响。国内外的经验表明，高新技术开发区如硅谷、中关村等一般分布在生活环境理想、大学和研究机构密集、熟练劳动力密集、基础设施好的区位上，而这些正是中心大城市的区位优势。在西部广大地区发展高新区也是不易之事，但必须迈出这决定性的一步。

（一）"一次创业"阶段

我国高新区的布局已经基本定型，除西藏和青海之外，全国各省、市、自治区都已经有了国家级高新区。无论是从区域发展看，还是从提高 FDI 吸收能力看，西藏和青海也应有国家级高新开发区。尽管这两个地区建立高新区的区位条件、人才储备和技术能力差一些，但它们也具有药品等一些比较优势产业，在国家和全国各地的支持下，可以集中发展一些高新或次高新技术产业。因此，这两个地区应尽快改善条件，进入以创业打基础为主要标志的"一次创业"阶段。

（二）"二次创业"阶段

大部分西部高新区过于依赖计划与政策的推动，起点低，技术含量低，缺乏技术创新，高新区内没有形成产业的网络和集群。西部高新区进入以技术创新发展为主要标志的"二次创业"阶段的时候，高新区也需要当地政府协助解决一系列问题：①规范市场秩序、减少无序竞争；②建立和逐步完善社会信用体系；③改进中小高新技术企业融资环境、提高中小高新技术企业融资能力；④加大保护知识产权力度和政府预补偿制度以提高创新企业积极性的需求；⑤高新技术产业的风险减缓与补偿；⑥对高新技术产业的溢出效应进行补偿；⑦提高研发能力、增加研发费用的政府补助；⑧高新技术产业的跨国公司投资促进等。

还需要一提的是，在西部高新区中，有相当一部分没有较充足的科技智力资源作为后盾，必须有强有力的措施加以补充，高新区产业竞争力水平才可能有所提升。有些高新区如深圳高新区已用引进智力资源的方式来弥补自己的不足。但西部多数地方难以做到这一点，这使西部高新区的产业竞争力还比较低。

在西部高新区发展中，要充分发挥政府主导作用与市场激励机制相结合。要有计划、分步骤地从各地区、各部门引进一些有才华、有能力的干部和专业人员到西部高新区的重要岗位上，更重要的是利用价值规律，引导新一代有创造力、有理想、有知识的人才群体在西部高新区中展现自己的聪明才智，实现自身价值。西部高新区不仅要吸引和培育高新技术产业所必需的专业技术人才，而且也要吸引大批相应的管理人才、市场经营人才和金融人才。因此，“人才为本”将是西部高新区发展最重要的战略思想和战略措施，只有这一条实现了，其他战略才有基础。没有大批人才的融入和推动，西部高新区将不可能成功。

总之，通过营造西部高新区发展的小环境，使西部高新区成为西部引进、利用和扩散 FDI 的主要基地，鼓励跨国公司在西部高新区设立研究与开发中心，发展西部 FDI 配套产业技术，推动西部产业结构升级，提升西部 FDI 扩散能力。

第四节　加快西部人力资本形成与累积

跨国公司传播知识、教育与训练当地员工，发挥了提升当地人才数量、质量、结构的作用。FDI 对经济增长的作用大部分是通过人力资本的当地基础产生的（Mody and Wang，1997）。人力资源结构优化与积累是地区 FDI 利用能力和扩散能力共同的战略资源。一般认为，FDI 的增长效应是随东道国经济发展阶段变化而变化（UNCTC，1992）。应当看到，西部经济增长是跨国公司的直接投资与西部地区自身的增长要素尤其是人力资源累积相互作用的过程。

一、人力资本的经济增长效应

我国地区 FDI 吸收能力与 GDP 的计量关系表明，GDP 是地区 FDI 吸收能力的决定因素之一。地区 GDP 的量越大，对 FDI 产生的吸收能力越强。具有知识和技能的人力资源是最重要的资源，人力资本是经济增长的一个决定因素。GDP 的增长就是靠资本、人力资源投入和技术进步共同推动的。

$$Y = AK^{\alpha}L^{1-\alpha} \quad (式 8.4-1)$$

式 8.4－1 中，Y 代表产出，可以是 GDP，也可以是其他指标，L 代表人力资源的投入量，K 代表资本的投入量，A 为技术水平。目前关于 A 的内涵一般包括：①生产要素质量的变化；②生产要素组合方式的改进；③知识进展；④资源优化配置；⑤规模经济性；⑥管理决策水平的提高。α 代表由物质资本投入引起的 GDP 增长所占的份额，$1-\alpha$ 代表由人力资本投入引起的 GDP 增长所占的份额。柯布和道格拉斯根据美国 20 世纪以来的统计数据计算出，$\alpha=0.25$，$1-\alpha=0.75$。这说明，同期人力资本对经济增长的贡献是物质资本的 3 倍。

在传统经济增长理论中，产出增长率大于要素投入增长率之差称为余值增长率。由于考虑了边际报酬递减规律作用，产出增长率应当慢于投入增长率。但实际情况是，产出增长要快于投入增长，否则经济将退化。这主要的原因是人力资本投资产生了报酬递增。

1959 年，美国经济学家库兹涅茨（S. Kuznets）在《关于经济增长的六篇演讲》及以后的多篇论文中得出结论：发达国家国民生产总值的高增长率，主要不是因为劳动投入和资本投入的增长决定的，而是由劳动生产率的大幅度提高决定的。到 20 世纪 80 年代，美国经济学家罗默（Romer）将技术进步作为内生增长的经济变量，把与技术相关的体现在总资本中的知识效应（包括技术和人力资本）引入生产函数中，得出了正是技术和人力资本促进了报酬递增的形成，最终推动了经济增长。罗默认为，人均收入的增长率与社会投入研究与开发的人力资本比重成正比，与人力资本在研究与开发中的边际生产率成正比。因此，研究与开发的人力资本投入是决定经济增长的主要因素。

罗默的生产函数模型：

$$Y = A(R)F(R_j, K_j, L_j) \quad (式 8.4-2)$$

式 8.4－2 中，Y 代表产出，$A(R)$ 为公共知识存量，R_j 为 j 公司研究与开发经费存量，K_j 为 j 公司的资本，L_j 为 j 公司的劳动力。

1990 年，罗默将经济分为三个部门：R&D 部门、中间部门和最终生产部门。R&D 部门使用人力资本和现有公共知识存量生产新的知识，其产品形式主要是产生新资本品的设计，并出售给中间生产部门，中间部门又将新设计产品出售给最终生产部门。

假定人口和劳动力供给是给定的，即 L、H 都保持不变，对于所有人来说，所能利用的知识总量都是当时社会的知识总存量，对所有研究和开发加总，得出知识进步方程：

$$\frac{\mathrm{d}y}{\mathrm{d}t}=\delta H_A A \qquad (式 8.4-3)$$

式 8.4-3 中，δ 是生产率参量，H_A 是从事 R&D 的总人力资本。显然，知识增长具有一个正反馈机制。经济中总人力资本是最终生产部门与研究开发部门的人力资本之和，即 $H=H_\gamma+H_A$，其中，H_γ 为最终生产部门的人力资本。在生产部门利润最大化的支配下，罗默得出经济均衡增长率方程：

$$g=\frac{\mathrm{d}y}{\mathrm{d}t}/Y=\frac{\mathrm{d}K}{\mathrm{d}t}/K=\frac{\mathrm{d}A}{\mathrm{d}t}/A=\delta H_A=\delta H-\frac{\alpha}{(1-\alpha-\beta)(\alpha+\beta)^r} \qquad (式 8.4-4)$$

式 8.4-4 中，r 为时间贴现率。可以看出，经济增长与人力资本存量成正比，与 R&D 部门成正比，与时间贴现率和人口规模成反比。

罗默提出了两个建设性的建议：

（1）由于 R&D 部门收益相对是远期收益，当 r 较大时，净收益的折现值会很低，此时配置到 R&D 部门的人力资本会很少，增长率也很低。罗默主张调节利率来刺激 R&D 部门的积极性和对 R&D 部门的人力资本投入。

（2）由于知识具有外部效应，它会提高未来所有 R&D 人员的生产率，并且购买新设计的垄断部门攫取了新设计的大部分利益，而 R&D 人员只得到其中的很小部分，因此，只有少数人愿意从事研究开发。因此，罗默主张政府通过对 R&D 部门的财政补贴来增加对 R&D 部门的人力资本投入，使经济持续增长。

罗默（1990）的模型很好地解释了我国地区经济增长的差异。1978—2002 年，我国东部、中部和西部的人均 GDP 年增长率分别为 14.63%、13.86% 和 13.13%，东部人均 GDP 净增 15198 元/人，中部和西部分别净增

6252 元/人和 4961 元/人，东部的人均 GDP 增量分别是中部和西部的 2.43 倍和 3.06 倍，中部为西部的 1.26 倍。同期，我国 GDP 年平均增长率为 9.4%，东部、中部和西部 GDP 增长率分别为 12.4%、9.3%、8.3%，西部地区明显低于东部和中部的水平。这是因为，东部人力资源水平本来就比较高，存量大，大量 FDI 进入后又加速了东部人力资本形成与集聚，较快地推动了经济增长，而西部地区由于人力资源总体水平低，没有足够的人力资源投入 R&D 活动，经济自主增长能力低，增长速度较慢。

我国西部劳动力成本较低，但主要是非熟练劳动力，这使跨国公司的许多技术并不适宜用于西部地区。国际产业转移的理论表明，跨国公司是向技术差距小的区位依次转移产业。相对东部而言，西部地区与 FDI 技术差距比较大，其主要原因是人力资本不足，技术吸收能力低下，以致使 FDI 转移技术相当困难，从而影响了西部经济的增长后劲。

二、FDI 与西部人力资本积累

在罗默（1990）的模型中，跨国公司在促进经济增长方面的作用是通过人力资本的创造来实现的。该模型把人力资本的禀赋和研究与开发的强度联系起来，认为研究包括了创造一般知识以及引入后续创新所需要的人力资本，从而增加了增长过程中投入品的多样性。由于增长率、研究与开发和人力资本禀赋紧密相关，人力资本成为能够增加劳动和资本生产率的新的中间产品，而产品的差异反映了各种经济活动中劳动专业化程度的增强，因此在生产与研究之间作出的选择，就决定了增长的速度。通过产品创新，研究与开发强度的增加就可以导致增长率的上升。

在增长理论中，人们是通过将技术进步定义为教育水平或者人力资本存量的函数，来研究人力资本积累对于增长的影响的。但是，把人力资本作为一个独立变量加入增长方程中时，只有利用入学率、识字率或真实工资等衡量统计数据来证明它会对增长产生的影响。因此，人力资本在增长方程中并不是一个好的解释变量。

事实上，教育的关键性作用必须依靠在生产中产生外部性和外溢效应来体现的，进而推进经济增长，而这一点很难用标准的增长方程表示出来。换言之，增长更主要是由于人力资本存量的外部性和外部效应而非由于人力资本积累本身引起（Guntlach，1995）。跨国公司对当地人力资源形成中的作用是有条件的，只有在当地劳动力最低效率生产所必需的基本技能已具备，劳动力具有继续受到培训的可能和条件，利用FDI所必需的并能维持以后生产人力资源具备的情况下，FDI对当地人力资源的加速形成和积累作用才会发生。没有这些基础，FDI对当地人力资本积累的影响可能相对较小。

因此，为了确保FDI能有效地促进当地人力资本，当地的劳动力必须受过良好的教育和培训。如果在当地已经跨过了发展所必需的基本劳力技能和基础设施制约门槛的情况下，伴随FDI的技术转移，会导致东道国人力资本的扩增（Blomstrom et al，1994，Borensztein et al，1995）。一些研究还进一步表明：

第一，FDI导致人力资本扩增与当地的技术积累相关。在引入FDI的情况下，教育能够起到促进更快速增长方面的作用，一方面与技术赶超和技术扩散的速度有关，另一方面还与国内内生性技术创新的速率有关（Abramovitz，1986）。如果国内技术创新的速度是很有限的，此时如果当地的人力资本水平较低，那它就不能吸引到充足的FDI形式的物资资本。即使它能吸引到一些FDI，这些FDI项目也可能集聚在出口加工区、高新区等特殊区位，与当地企业隔绝开来，其生产率外溢效应和外部性作用的范围是微乎其微的。

第二，在FDI发生时，人力资本扩增的范围与当地的产业特征相联系。当地现存生产要素禀赋是FDI的关键决定因素的观点，是大多数研究成果强调的一个重要观点。但是，近年来的大多数案例研究进一步表明，当地具体的产业特征，将深刻影响FDI发生时人力资本和技术之间的互补程度。具体的农业或工业特征，例如某一制造业的产业特征，已经成为决定FDI的技术转移类型、数量及其生产溢出效应大小的决定因素。事实上，FDI与国内人力资本的互补性程度，尤其是在FDI企业集中和集聚给定的情况下，具体效应的大小取决于当地企业对于国外企业的开放程度（Guntlach & Nunnemkamp，1996；Braunerhjelm & Svensson，1996）。由此看来，FDI将导致地区人力资本的扩大与积累。

我国的经验分析同样表明，我国的FDI区域分布与各地区的人力资本存量存在显著的正向关系（沈坤荣等，2002）。因此，西部地区的人力资本存量对跨国公司的产业转移是一个必需的前提条件。按照人力资本“门槛”假说，某个地区只有在其人力资本存量已经达到某一具体的最低限度时，才会引来FDI入驻。显然，西部地区要从FDI中获得一种增长效应，使FDI作用于一个西部发展过程的速度和方向，关键在于根据现阶段西部FDI吸收能力的结构特征，对人力资本积累作出战略和政策方面的选择，有效地提高人力资源对西部FDI吸收能力的基础性作用。

三、人力资源对FDI吸收能力的计量经济分析

研究表明，我国人力资源的存量对FDI吸收能力起着至关重要的作用（赖明勇等，2002）。这里所谓的吸收能力，实际上是FDI扩散能力。实际上，地区人力资本结构与规模对地区FDI引进能力、利用能力、扩散能力都会产生不同程度的影响，进一步通过FDI结构效应影响FDI吸收能力。引进能力、利用能力、扩散能力是三种不同的能力，它们对人力资源的数量以及质量的要求不同。同时，地区FDI吸收能力生成机制是非线性机制，讲究整体的集聚能力，自然对地区人力资源结构要求也不一样。

人力资本结构可以有多种划分。若以知识深度和工作性质划分，人力资源依次可划分为文盲（1）、初中（2）、高中（3）、大专以上（4）、工程技术人员（5）、科学研究人员（6）、教学人员（7）。以2002年31个地区截面数据计算，我国地区FDI引进能力、利用能力、扩散能力和吸收能力指数与七类人力资源的相关性呈现出较大的差异性（见图8－8）。从FDI吸收能力结构看，扩散能力、利用能力、引进能力对文盲、初中、高中人口的相关性依次上升。尤其明显的是，扩散能力对文盲数量的相关性最小，而引进能力对文盲数量的相关性为0.52。这意味着文盲数量较多的西部地区FDI利用能力尤其是FDI扩散能力很低，而引进能力关注的人口规模，文盲数量代表一定的市场规模。地区扩散能力、利用能力、引进能力与大专以上人口的相关性大致相当。从文盲到初中、高中、大专以上人力资源对FDI利用能力和扩散能力相关性呈递增趋势，到工程技术人员和科学研究人员达到顶峰。但是，一个值得关注的现象是，FDI引进能力与教学人员的相关性较高，而与FDI利

用能力与扩散能力的相关性较低，它们毕竟远离 FDI。这就是说，FDI 引进能力对人力资源规模比较敏感，而扩散能力、利用能力以人力资源质量为基础。这符合常识。

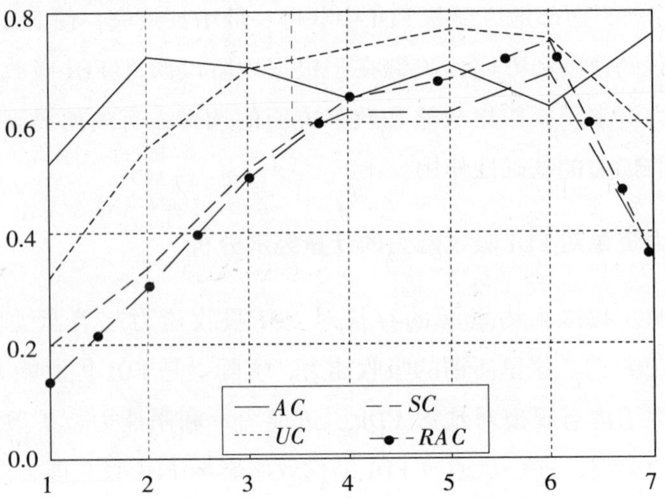

图 8－8 我国地区 FDI 吸收能力与人力资源的相关性

从地区 FDI 吸收能力看，地区 FDI 吸收能力对文盲、初中、高中人力资源的相关性比较低，而对大专以上人口、工程技术人员、研究人员的相关性较高，这说明，FDI 吸收能力对这三类人力资源的关联性发生了叠加放大。这三类人力资源及其协同效应对 FDI 吸收能力具有决定性影响。

西部地区的人力资源结构是偏重较低素质的人口，高级人力资源没有比较优势。地区 FDI 吸收能力与人力资源关联曲线为“∩”形。这表明，西部 FDI 吸收能力低是因为普遍缺乏工程技术人员、研究人员；此外，大专以上人力资源没有优势也是一个重要原因。

FDI 吸收能力对工程技术人员的关联性最高，而工程技术人员技术分布在 15 个产业之中，究竟哪些产业的工程技术人员对地区 FDI 吸收能力产生重要影响呢？

我国地区 FDI 吸收能力与产业部门相关性随其在产业链中分工的不同而呈现出一些较明显的特点。对于上游的 I 产业段，地区 FDI 吸收能力与农林牧渔业（1）和采掘业（2）的工程技术人员数量呈负相关，其中扩散能力与利用能力更突出，就是这两个产业人力资源越丰富的地区，对 FDI 的吸收能力越低，但引进技术能力与农业、采掘业有一定的正相关性。对于中游的Ⅱ产业段，地区 FDI 吸收能力与制造业（3）技术人员数量的相关性很高，与电力、煤气（4）和建筑业（5）的技术人员数量相关系数下降到 0.6 的水平，与地质勘察业（6）技术人员数量的相关系数下降到 0.1 的水平，三个能力的相关性是波动的。到服务业中的Ⅲ产业段，地区 FDI 吸收能力与交通运输仓储（7）、批发零售贸易（8）、金融保险业（9）、房地产业（10）、社会服务业（11）和卫生体育（12）技术人员数量的相关性回升到一个较高水平，而结构的突出特征是引进能力对其相关性明显低于利用能力和扩散能力对其相关性形成一个封闭的区，这几个产业对 FDI 的利用和扩散有较大影响。服务业中的Ⅳ产业段，地区 FDI 吸收能力与教育文化（13）、科学研究综合技术（14）、国家机关（15）技术人员数量的相关性逐步下降，其中 FDI 利用能力和扩散能力与国家机关技术人员的相关性小到只有 0.2 的水平（见图 8－9）。

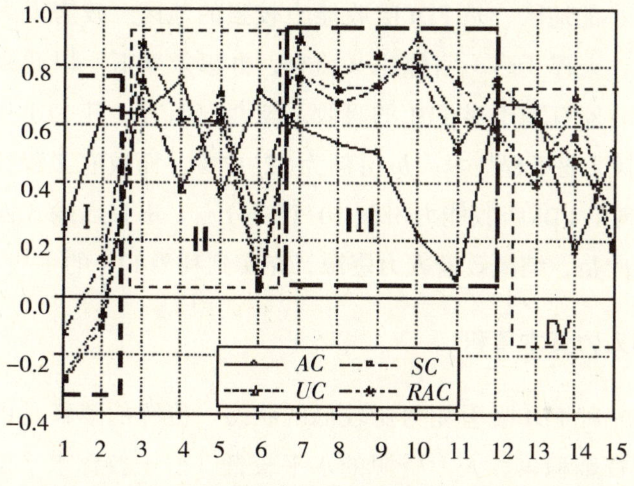

图 8－9 地区 FDI 吸收能力与工程技术人员相关性图

不难看出，产业 FDI 吸收能力是有差别的，吸收能力结构与产业结构密切相关。作为西部地区，农业、采掘业人力资源丰富但对 FDI 吸收能力低，而制造业等人力资源没有比较优势，但它恰恰是 FDI 吸收能力较高的产业。以 2002 年 31 个地区的 FDI 吸收能力指数分别与 15 个产业的工程技术人员进行回归，其结果是，地区的 FDI 吸收能力与制造业工程技术人员的回归效果最理想，具体模型：

$$\hat{RAC} = 1.1429E_{TM} \quad （式 8.4-5）$$

$$\text{Adj. } R^2 = 0.7688, t = 16.7448$$

式 8.4-5 中，$\hat{RAC}$ 为地区 FDI 吸收能力指数，E_{TM} 为制造业技术人员数，调节 R^2 为 0.77，解释力较好。把其余变量再分别代入式 8.4-5 进行回归，只有政府部门工程技术人员明显提高，式 8.4-5 的调节 R^2，其模型：

$$\hat{RAC} = 1.4851E_{TM} - 1.5508E_{TG} \quad （式 8.4-6）$$

$$(13.3569)(-3.6009)$$

$$Adj.\ R^2 = 0.8347$$

式 8.4-6 中括号内为 t 值，E_{TG} 为政府部门工程技术人员数，其系数为负值，说明政府部门工程技术人员数增加，FDI 吸收能力反而减小。E_{TM} 与 E_{TG} 的相关性系数为 0.62，共线不严重，模型具有解释力。

式 8.4-6 表明，制造业人力资源丰富，而政府人力资源（特指工程技术人员）相对较小的地区，是 FDI 吸收能力较强的地区。政府人力资源丰富意味着机构庞大，人浮于事，官僚主义盛行，办事效率低。以此来看，一个简练、效率高的政府有利于对 FDI 的吸收。就西部而言，其 FDI 吸收能力份额为 17.38%，制造业工程技术人员份额为 22.17%，而政府工程技术人员份额为 27.40%，高出 FDI 吸收能力份额 10 个百分点。不言而喻，西部人力资源配置的一个方向是，缩减政府人力资源，充实到利用 FDI 的主战场。

四、西部人力资本累积

西部处在一种 FDI 吸引能力比较低的状态。传统的解释是由于西部大多数地区教育、资金积累、人力资源的水平较低。由于教育水平低，导致人力资源的质量提升较缓慢，而人力资源尤其是研究与开发人员的质量低，自然不能形成有效的研究与开发能力，FDI 利用和扩散能力低，难以进一步使 FDI 吸收能力再上一个新台阶。另外，由于资金投入的不足，使得研究与开发经费投入不足，对引进技术的研发强度低，不能有效吸收 FDI 技术的营养成分，变成自身的资源，同时，资金不足也无力在短期内增进教育基础设施和教育水平，以大幅度改善人力资源质量。归根到底还是西部人均收入水平低，资金投入不足。当然，这主要是西部FDI吸收能力不足的深层次原因。因此，西部提升FDI吸收的当务之急和长久之计仍是提高人力资源结构，并形成规模效应。

第一，提升西部地区人力资源结构，必须吸收一大批优秀人才，特别是研究开发人才和制造业技术人才。没有一定规模的人才，形不成集聚效应，西部地区要转变GDP增长方式、提高GDP增长率、发展高新技术产业是很困难的，提高FDI吸收能力也是不现实的。因而，除充分调动当地现有人才资源外，还要搞一个系统的“人才引进”或“智力引进”工程，首先要吸引一批急需的优秀专业人才来到西部工作或创业。

第二，强化大专以上人才培养，切实提高西部人力资源结构。大专以上人力资源对FDI利用能力和扩散能力都十分重要。正在西部高等院校学习的本科生和研究生是未来产业创新的中坚力量，对西部的情况又有一定的了解，因而采取政策把他们中的一大部分留在西部创业，对西部的发展具有不可估量的意义。

第三，吸引留学人员。留学人员多数学有专长，观念新，信息新，与跨国公司有广泛联系。他们可以成为西部高新区发展的宝贵人才。目前，大部分西部高新区已创办了留学生创业园，吸引留学人员来西部创业。为提高西部FDI吸收能力，西部更应采取特殊政策，吸引留学人员为西部服务。在当前的条件下，在人才使用上，西部要有新的观念，对人才不求所有，但求所用。

第四，促进跨国公司对西部的当地雇员进行培训。跨国公司对当地员工的培训、管理及制度革新等渠道作用于西部人力资本积累。FDI技术水平高，技术复杂，要求较高层的人力资源与之配合。当FDI企业的雇员流向当地企业或自创企业时，其在跨国公司中所学的才智和知识积累也随之扩散，这既是技术溢出，又是为西部积累人力资本。从东部经验看，有许多当地优秀企业家、企业中坚力量都曾受雇于跨国公司，他们在跨国公司的所学、锻炼和经验为他们创业或事业打下了坚实的基础。因此，西部应采取有效措施，使跨国公司成为西部人力资源的一所学校、一个摇篮，使它为西部积累人力资本，为当地经济发展提供源源不断的人才。

能否形成西部人力资本积累越多，吸收 FDI 越多；吸收 FDI 越多，又促进西部人力资本积累的良性机制，关键是要遵循利益驱动的原则。主要是要落实好人才政策，切实改善好他们的待遇和工作条件，为他们在西部发挥聪明才智和建功立业创造较为理想的工作、生活环境。吸引人才的另一个关键是要孵化和培育一大批中小型科技企业，降低创业门槛，形成利益机制。许多西部人才外流的一个基本原因是生活质量得不到改善，事业发展空间较小。生产要素总是流向回报高的地方。Borenstein 等人（1998）研究表明，只有当地达到某种最低的人力存量（门槛），FDI 才能比当地投资有更高的生产率。创造人才成长环境、提高生活质量，是西部人才累积的一个战略任务。

第五节　政策措施

从动态模型看，西部处在最不利的竞争环境中，而西部 FDI 政策边际效益高，有利于 FDI 全局发展。政府政策与直接投资配套是互补的。任何政策都存在成本与收益。西部政府只有实施有效的财政政策，提高非物质资源的比较优势，提高西部企业外部资源，降低企业发展的综合成本，构建起集聚优势，才能有效提升地区 FDI 吸收能力。

一、FDI 吸收能力的微观财政政策

西部 FDI 吸收能力提升是资源配置、重组、优化、升级的过程，在其发育、成长、壮大过程中，市场机制仍发挥基础性作用，但市场失效的存在，使得政府资源参与配置是很有必要的。

Borenstein 等人（1998）研究表明，先进技术的引入和当地的吸收能力是经济增长中的一个孪生要素。新经济增长理论的一个重要进展是把 FDI 引入经济增长的分析中，而内生增长模型的一个重要特征是政府的政策可以影响长期经济增长，这主要通过 FDI 引入和吸收能力增强来实现。

根据 OECD 经济学家 CharlesP. Oman（1998）的研究，吸引 FDI 的政策措施通常可分为两类：激励导向型竞争策略和规制导向型竞争策略。激励导向型策略主要是利用财政和金融激励措施，包括对特定的投资项目或投资者减

免税、加速折旧以及带有补贴性质的贷款或贷款保证等。规制导向型的竞争策略则涉及极为广泛的各种政府行动，包括制定外资企业工人的权利规则，制定保护环境标准，建立保护知识产权制度，加强和改善法律系统，促进企业提高效率，鼓励市场竞争，实行贸易和投资自由化等等。

FDI吸收能力战略不仅是引进FDI，更主要的是要提升FDI利用能力，尤其是扩散能力。为了西部地区FDI吸收能力战略的实施，需要包括税收和政府支出在内的诸多工具的配合，而税收和政府支出强有力的利益导向功能决定着它在保证FDI吸收能力政策实施中担当重要的角色，其作用的发挥具体通过税种的设置、税率的调整、优惠的安排及政府支出的重点和方向的调整来实现。这种税收政策和政府支出政策则构成了政府的财政政策。因而，FDI吸收能力战略的政策重点是财政政策。

凯恩斯学派经济学中有一个很典型的定义："财政政策是通过政府课税及支出的行为，以影响社会的有效需求，促进就业水平的提高，并避免通货膨胀或通货紧缩的发生，而实现经济稳定目的的政策。"可以看出，财政政策的实质是政府用来促进经济稳定发展的间接控制手段，是与生产力发展水平和经济发展阶段分不开的。

对FDI吸收能力战略来说，西部地区财政政策是通过政府课税及支出的行为，以影响跨国公司和相关主体的有效需求，促进企业R&D能力水平的提高，人力资本的形成与累积，促进高新区发展，以增加对FDI的引进、利用和扩散能力，从而实现西部FDI吸收能力结构平稳升级、均衡发展的政策。

很明显，西部FDI的RAC（或AUS）战略的财政政策是微观财政政策。它是政府通过运用一系列倾斜性的、区别对待的税收和政府支出政策与手段，来影响跨国公司、跨国公司相关企业活动的政策。决策主体都是政府，作用的主要对象都是企业，包括跨国公司。在微观上，FDI的RAC微观财政政策仅作用于某些部门或产业，仅引起局部、个量的变动，基本不改变当地经济总量；在宏观上，RAC微观财政政策属于中长期政策，其效应是通过产业结构、经济结构的变化即合理化、优化、高级化，进而推动西部地区FDI引进能力、利用能力和扩散能力持续、稳定、协调发展。因此，西部FDI的RAC微观财政政策主要依据AUS结构制定，它是为提升西部FDI吸收能力结构而采取的一系列配套的政策手段。

西部 FDI 的 RAC 微观财政政策的效应主要有以下几个方面：一是增强企业活力，政府对某些企业给予补贴、税收优惠或有倾向性地进行采购，会增加企业利益，从而有利于调动企业研究与开发、投资的积极性，增强其技术创新活力，为有效利用 FDI 政策目标奠定坚实的基础。二是财政政策导向是高新产业，这些产业的优先发展，能带动产业结构升级，从而对 FDI 产生扩散效应，政府以财政政策为导向，吸引跨国公司和高技术企业落户西部高新区，产生集聚优势。三是加大财政支出，吸收和培育人才，改善人力资源结构，为经济（GDP）内生增长、高技术发展提供人力保证，解决 FDI 吸收能力的制约因素。当然，AUS 微观财政政策的成效还取决于西部地区政府能力和中央政府的支持力度。

二、政策传导机制及效应

在市场经济条件下，西部地区财政政策引起被调控对象包括人力资源、企业、高新区和跨国公司的利益变动之后，具有独立利益和决策权力的被调控对象会从自身利益出发，力图在市场条件允许和经济效益合理的前提下，作出行为反应。当财政政策给被调控对象带来较大收益时，被调控对象将增加资金、技术、劳动力、智力等要素的投入，以利于增加产出，获得额外收益。财政政策以激励效应为主。可以说，在市场经济中，财政政策的一般传导机制成为常见的、规律性的过程，其中被调控对象的行为调整具有确定性，调整幅度则取决于财政政策的力度和市场的完善程度。

RAC 微观财政政策的一般传导机制为：财政政策—被调控对象利益变动（外部效应）—被调控对象行为调整—RAC 变财政政策目标实现。RAC 财政政策作用机制主要通过微观财政政策的传导过程体现出来。

政府依据地区 FDI 吸收能力发展目标，根据人力资源、企业 R&D 能力、高新区发展目标，制定促进人力资源形成和累积、企业 R&D 能力提高和高新区高新产业发展的财政政策。有了企业创新能力提高，高新区集聚与扩散效应，又有人力资本累积为基础，三位一体，形成一种交融、协同的力量，这就是西部地区 FDI 吸收能力。当西部地区 FDI 吸收能力提高后，一定规模的

FDI 流入西部地区，进一步催化当地人力资本加快形成，提高研究和开发能力，加速地区高新产业发展，这时西部地区发展了，税收增多了，又可以进一步提高财政政策对人力资源、企业 R&D 能力、高新区对象的作用，形成良性的发展循环（见图 8 – 10）。

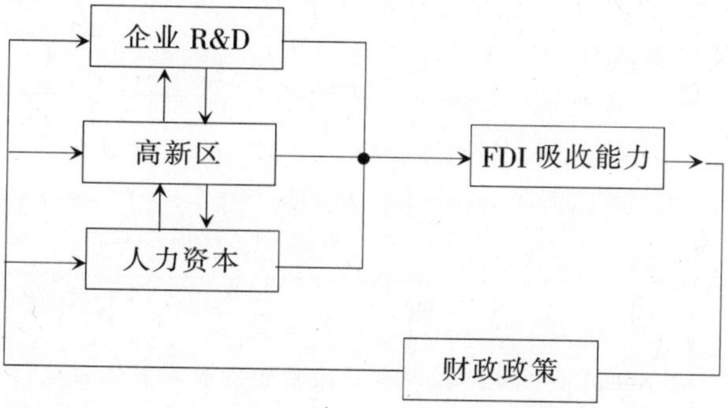

图 8 – 10　西部地区财政政策对 FDI 的传导机制

FDI 财政政策通过税收优惠政策、政府投入或支出，加速了人力资本形成，人力资源集聚降低了企业利用人力资源的成本，同时增大了企业的赢利空间，从长期看，就是降低了西部地区的产业集聚成本。对每个企业来说，其实际可以利用的资源为企业内部的资源和外部资源之和。在一定政策水平下，地区存在一条企业发展长期成本曲线。由于实施了政府让利水平更大的财政政策，降低了企业创新成本、交易成本和要素成本，同时降低了外部资源成本，这使长期成本曲线大大下降了。如图 8 – 11 所示，地区企业长期成本曲线从 P_1 政策水平下的 LC_l 降至 P_2 水平 LC_2，在不同的集聚阶段的企业短期成本也有不同幅度下降。

RAC 财政政策效应是提升了 FDI 吸收能力形成中的非物质资源的比较优势，加速了地区企业的集聚效应，提高了地区 FDI 吸收能力。我们知道，地区的区位物质优势随着进入地区企业数包括跨国公司而逐步消失，这对区内企业有挤出作用，而区位非物质资源却不被进入地区企业数所消耗，它成为吸收企业集聚的重要力量。实际上，地区对 FDI 吸收力取决于地区优势物质资源和优势非物质资源集聚产生的吸收能力。对企业来说，西部地区 RAC 财政政策带来的资源就是一种非物质资源，其效应极大地提升了地区 FDI 吸收

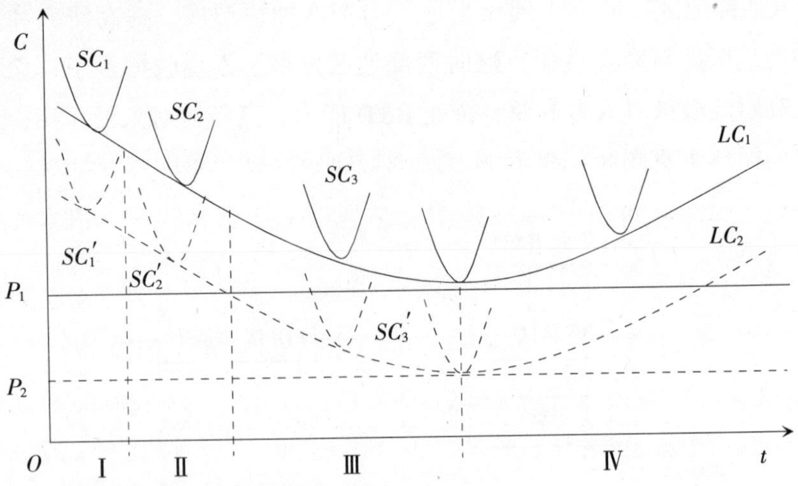

图 8－11　西部地区财政政策对企业长期成本效应

能力形成中的非物质优势，因而，即使在 FDI 集聚曲线不变的情况下也提高和加速了西部地区集聚效应，提升了地区 FDI 吸收能力（RAC）。如图 8－12 所示，地区 FDI 规模曲线从 P_1 政策水平下的 FDI_1 上升至 FDI_2，而且集聚效应提前产生。这表明，以 RAC 为取向的西部地区财政政策会明显地对地区 FDI 吸收能力产生促进作用。

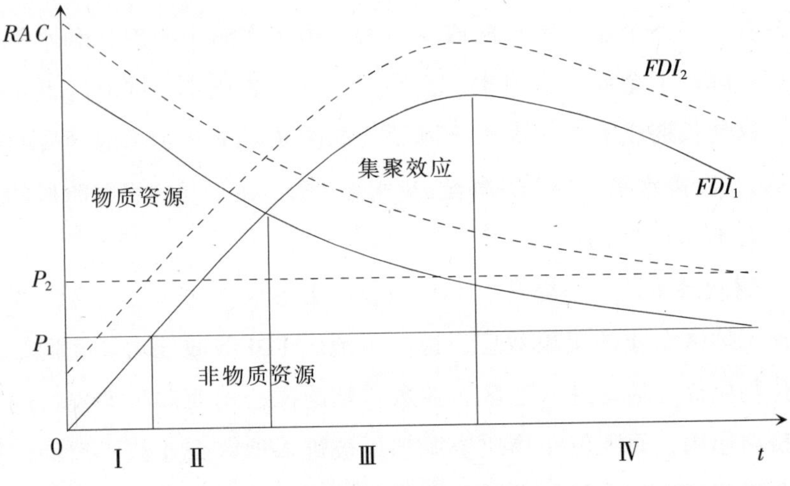

图 8－12　西部地区财政政策对 RAC 效应

西部地区政府是 RAC 财政政策的制定者和执行者。作为财政政策的主体，西部地区政府的任何一项关于 FDI 吸收能力的政策，如奖励、减税、补贴等都涉及政府财政，政府财政政策在 FDI 吸收能力提升的过程中也有成本收益、投入与产出效应。对政府来说，进入的企业越多，政府支出越多，发展越好，财政收入越多，政策能力越强；如果没有一定的政策环境，企业无法生存，跨国公司也不会入驻。显然，政府与 FDI 吸收能力主体之间构成一种博弈关系。

西部地区政府，一方面与企业的行为规则不一样，它的政策效应是一种软约束，另一方面西部地区财政实力有限。在此条件下，假设地区 FDI 吸收能力与政策让利水平都是连续函数，FDI 是政策变化的产物，并随地区政府政策的变化而变化。政策的边际收益逐步下降，边际成本逐步上升。在政策 P_1 水平内，FDI 吸收能力严格增加，为正和博弈区；此后，FDI 吸收能力上升缓慢，当政府政策边际收益等于边际成本时，FDI 吸收能力达到最大，然后缓慢下降，直到政策 P_2 水平，$P_1 \sim P_2$ 区域为零和博弈区；当政策让利超过 P_2 水平后，地区 FDI 吸收能力随政策让利水平快速下降，进入负和博弈区（见图 8－13）。

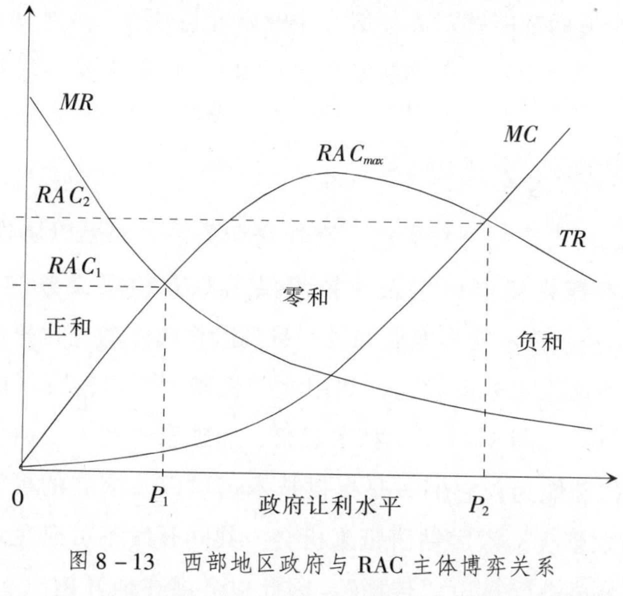

图 8－13　西部地区政府与 RAC 主体博弈关系

博弈主体都是“有限理性”的。FDI 吸收能力主体进入选择与政府政策水平确定应当在零和博弈区，也就是发生在当政府政策边际收益等于边际成本的时候，FDI 吸收能力最大点，在其他条件不变的情况下，西部地区对 FDI

吸收能力与地区财政政策的关系通过集聚效应来实现。如果西部地区政策让利空间太小，小于一定政策让利的 P_1 水平时，没有集聚效应产生，这时主要靠地区物质优势、辅之以政策吸收 FDI；当政策让利水平超过水平 P_1 后，企业利益空间大，环境适宜企业包括跨国公司生存和发展，一定规模企业进入后产生了外部效应，集聚效应极大地增强了 FDI 吸收能力，加速了 FDI 吸收能力的发展，大量 FDI 涌入西部地区；经过一定时期，政策让利水平到达 P_2 时，企业过多，竞争激烈，利润率下降，跨国公司逐步撤退，进入 FDI 收回期。因此，西部 FDI 吸收能力政策存在一个“门槛效应”和“极限效应”。很明显，西部地区不同的政策水平和能力对 FDI 吸收能力有实质性的影响。

三、财政政策导向

微观财政政策在促进 RAC 发展中的具体运用，也包括两个方面：一是微观税收政策；二是政府支出政策。微观税收政策的含义是调节税种或某些税的税率与适用范围，政府支出则是调节政府支出的项目和各项目的数额。财政政策的这两个方面都能够对高新区、企业研究与开发、人才培育、FDI 进入西部发挥调节作用。于是，正确制定与执行 RAC 财政政策，就能很好地实现 RAC 战略目标。

（一）西部并购政策

技术的外部获得机制与技术能力存在密切关系。如果以协作（契约）关系描述外部技术获得机制，它表达技术供求双方约束义务的强度。Barton（1995）认为，企业技术能力发展经过一系列阶梯递增的进化机制从低廉、参与较小的探索到收购和多重收购，利用这些机制，公司就有可能逐步发展并提升其技术能力（见图 8－14）。技术观察、非独家专利以及研究与开发承揽通常都不会提供新能力，它们只是提供技术窗口以及潜在的可能样本。资产或“教育”获取则会给深度钻研带来机会。共同开发不可避免地会导致一家公司对另一家公司进行知识“传播”，因此也会潜在地开拓出一项新的能力。但是，一项新的核心能力的获得只有通过公司合并、兼并或购置才能完成，因为只有这样才能够以全方位的经营背景来传播技术。

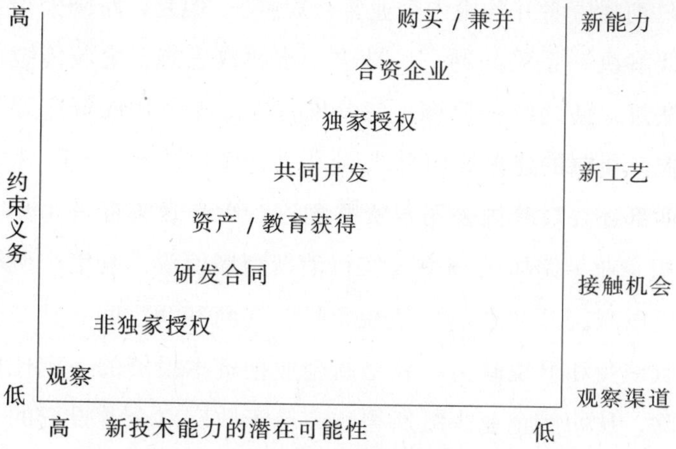

图 8－14 外部获得技术途径

一个地区的技术能力不同，FDI 对企业技术能力形成作用也有明显的差异。一般说来，地区技术能力越强，对 FDI 技术的依赖性相对较弱。理论界普遍认为跨国公司进行“绿地投资”要比跨国兼并与收购对当地企业技术能力的影响大。跨国公司进行“绿地投资”对当地资本形成的影响，无论是无形资产的形成还是固定资本的形成，都是显而易见的。然而，跨国并购并不一定导致发展当地有形资本的积累。但跨国并购能够明显增进无形资产的积累，同时，通过跨国公司输入品牌、管理、技术等搞活西部国有企业的有形资产，这不仅有益于西部经济增长，而且还有利于资源整合中直接形成企业 FDI 吸收能力（见图 8－15）。对于西部地区，企业自主创新能力普遍较弱，对 FDI 的吸收能力比较弱，合资和被兼并是提升企业技术能力的最有效的方式。

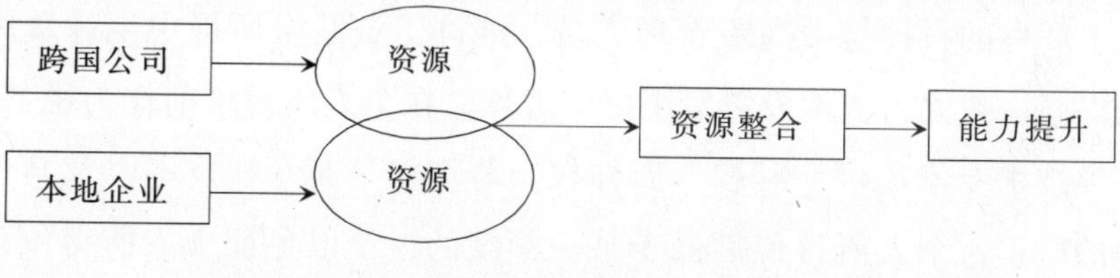

图 8－15 跨国公司并购西部企业与 RAC 形成

从 2002 年起，国家加快了外商投资并购的立法进程。2002 年 11 月 1 日发布了《关于向外商转让我国上市公司国有股和法人股有关问题的通知》；2002 年 11 月 8 日颁布了《利用外资改组国有企业暂行规定》；2003 年 3 月 7

日颁布了《外商投资者并购境内企业暂行规定》。但是，跨国公司大量并购西部企业还需要解决一系列问题。一是进一步解放思想，突破传统观念；二是协调并购的法规，使之统一协调；三是推行国际上通用的资产评估方法；四是加快社会保障机制的建立等。

此外，西部还要对跨国公司投资并购进行财政政策促进。其一，对新企业（并购重组企业）跨国公司率先实行消费型增值税，改生产型增值税为消费型增值，可以减轻新企业的增值税负担，提高利润空间。其二，对新企业实行投资税收减免和退税政策。就是新企业把资本投资的一定比例从当年应纳税额中扣除，从而使企业少缴所得税，等于政府对企业投资的一种直接补助，是鼓励投资并购的重要税收措施。投资退税包括新企业再投资退税和出口退税，这是政府鼓励跨国公司投资的重要举措之一。其三，实行个人所得税与企业所得税优惠政策。其四，实行加速折旧政策。其五，进口（设备）免税政策和出口退税政策。

（二）西部创新激励

按罗默提出的两个建设性建议，对西部企业 R&D 能力提高应当采取积极的财政政策。

其一是加大西部财政对企业 R&D 投入，尤其是机械制造和高新技术企业创新的投入力度，加大政府财政对创新项目产业化初期的引导投入，加大人才培养、培训的财政投入力度。

其二是实行西部个人所得税优惠政策。实行：①对大学本科以上毕业或中级以上职称的科技与中高级管理人员，准许工资薪金所得中生计费用扣减额大幅提高，或人力资本投资费用按年折算，在个人所得税前作为税基扣除。②对各类技术专家提供专利权、商标权、著作权、非专利技术以及其他特许权取得的所得，个人所得税额低于某一额度的，予以免征个人所得税；超过这一额度的部分，按适用税率减半征收个人所得税。③各类技术专家所撰写的技术专著出版后，免征其按稿酬所得应予征收的个人所得税。④各类技术专家取得的科研成果，从各级政府及本企业获得的科技成果奖励收入，免征个人所得税。⑤各类技术专家根据企业的制度获得的科技成果收益提成收入，免征个人所得税。⑥各类技术专家以其职务科研成果取得的企业股权、出资比例等股权形式奖励，免征个人所得税。

其三是放宽西部科技费用列支标准。实行：①鼓励新技术企业加大技术开发费用的投入。②鼓励高新技术企业技术开发费用逐年增加。③鼓励高新技术企业建立科研奖励基金，用于奖励企业的科研成果发明人。④鼓励对教学科研机构的捐赠。

其四是西部营业税优惠。

其五是西部财政补贴政策。

（三）西部高新区发展促进政策

财政政策对高新区发展的影响主要体现在以下几个方面：一是通过财政政策的影响使高新区高新技术企业的收益率高于全国平均收益率，引导各种生产要素向高新区集聚，从而促进高新区的发展。二是利用财政投融资措施，政府直接援助高新区高新技术产业中的中小企业，使一般中小企业高技术有更好的投融资环境，从而促进高新区的中小高新技术企业集聚发展。三是利用政府采购措施，对发展初期的高新技术产品实行政府采购，帮助高新区企业建立扩展市场，从而促进高新区的发展。

其一是西部高新技术企业所得税优惠政策。西部高新区企业以中小企业为主，普遍存在资金不足问题，对其实行所得税优惠政策，目的之一是为企业多留利、增强其发展潜力；目的之二是体现政府与企业共担投资风险，鼓励、刺激高度冒险性的创新投资，促进西部高新区高新技术产业的发展。

其二是高新技术企业增值税优惠政策。①对西部高新区实行出口全额退税政策。②对西部高新区实行高新技术产品 13% 的增值税税率。③对西部高新区实行增值税延期纳税政策。

其三是西部高新技术企业财政补贴政策。对西部高新技术企业实行：①促进西部高新技术成果产业化的财政补贴措施。②促进西部地区结构调整的财政补贴措施。③促进西部企业规模化的财政补贴措施。

其四是西部高新技术企业财政投融资。对西部高新技术企业实行：①优惠贷款。②贷款担保。③直接投资。

（四）西部人力资源

人才是知识的载体，人才是 FDI 吸收能力提升的首要因素。能否吸引人才、留住人才，为其西部所用，关键在于创造一个适宜人才创新的环境，提供人才施展智慧的空间。卢卡斯（Lucas，1888）的人力资本溢出模型认为，经济体系的外部性是人力资本溢出造成的。从目前的现状出发，西部地区要实现 FDI 吸收能力的跨越式发展，必须在人才的集聚和培育方面都有根本性的突破和极大的推进，使西部局部地方（如高新区）成为人才集中的区位。首先是要把人才资源开发与软资源的培育摆在更重要的位置，最紧迫的是通过“人才环境”的改善培育人才市场，同时发挥现有人才的作用，遏制人才外流的势头。

其一是西部地区应根据财政能力建立人才基金，支持研究院所、高校、大中型企业的青年科技人才、留学回国人员、毕业和在读的优秀硕士生、博士生以及来自其他地区有志于在西部创业的青年科技人才在西部创办科技企业，搞研究与开发。经认定的高新技术成果以其无形资产投资入股组建科技型股份制企业的，其价值占注册资本的比例最高可达 35%。成果完成人和成果转化的主要实施者可获得与之相当的股权收益。

其二是设立西部地区最高科学技术奖，对在技术创新及产业化活动中创造巨大经济效益和社会效益的科技工作者给予重奖。

其三是进一步拓展西部高层次科技人才的国际交流活动，鼓励留学人员来西部创办高新技术企业。

四、国家对西部 FDI 的促进政策

FDI 理论表明，影响跨国公司区位决策的因素是较多的，其中投资政策的引导、政府的态度和服务效率无论如何都是重要因素。西部 FDI 竞争环境存在自身难以克服或修正的缺陷，有力度的国家政策的促进是十分必要的。

首先，国家应针对周边不发达国家投资能力低的特点，采取有区别的优惠政策。从总体上看，周边不发达国家对我国的直接投资规模小，而且主要分布在西部地区，尽管如此，周边国家直接投资进入我国西部地区对发展我

国与周边国家经贸合作仍有意义。因此，国家要加大西部地区具有吸引周边国家直接投资的政策优势，吸引南亚、东盟沿边邻国、俄罗斯等国直接投资优先进入西部地区，推动区域合作。

其次，根据我国西部 FDI 吸收能力结构，一是放开西部优势产业如烟草等产业的外资准入度；二是鼓励发达国家跨国公司并购西部大中型国有企业；三是在西部开放人民币自由兑换业务等，改善金融环境；四是吸引跨国公司进入自然资源加工领域，增加西部地区以资源为基础的出口产品的附加值。

再次，鼓励东部 FDI 企业向西部地区转移。目前，我国东部地区 FDI 企业具有较大的规模优势，部分技术已经本土化，比较熟悉我国情况，西部资源也对其有吸收能力。上海通用与广西五菱合作是一个成功的典范。国家尽快制定相关的优惠政策，将会加快东部 FDI 企业“西进”步伐。这对建立东西部合作新机制、缩小我国区域发展差距和区域协调发展具有十分重要的意义。

最后，国家要加大对西部高新区、企业研究与开发、人才培养与引进的力度。加快审批与建设西藏与青海国家级高新区；发展具有高质量基础设施的工业园区，吸引高新技术跨国投资者；发挥金融信贷、国债的支撑作用；培育有利于西部技术创新和高新技术产业发展的资本市场，探索和建立风险投资机制。

近年来，外商对华直接投资的“北上”趋势有所加快，而“西进”的趋势则不明显；从长远看，外商对西部地区的转进不可能是“大跨越式”的（魏后凯，2003）。的确，我国西部 FDI 仍面临进一步边缘化的危险。由于西部对发达国家直接投资的吸引能力低，近距离周边国家的对外直接投资能力低，我国西部吸引 FDI 难有突破性进展。因此，国家对提高西部 FDI 吸收能力进行有效的政策促进，这才是西部增加 FDI 的一条有效途径。

然而，西部 FDI 吸收能力的提高是一个长期的过程。如果在国家战略高度上，能把西部大开发与西部 FDI 吸收能力升级结合起来，把投资到西部的部分资金配置到企业技术能力上，在国家大力支持下，加快西部高新区建设与发展，并对到西部地区创业的全国人才的强有力的政策导向和支持，在西部地区政府及企业的努力下会加速 FDI 西进的步伐，发挥其 FDI 催化剂作用，加速西部地区的发展，维护民族团结，捍卫国家安全。

第九章 结　论

本书从我国西部吸收国际直接投资存在的问题入手，在资源—能力—竞争力—战略的概念框架中，把FDI吸收能力细分成FDI引进能力、利用能力和扩散能力，拓展了吸收能力概念，建立起分析解决西部FDI能力吸收的框架。首先广泛吸收FDI理论中的有益成分，建立了地区FDI吸收能力的理论假说，在一些研究铺垫基础上设计了地区FDI吸收能力的评价体系。对2002年我国31个地区的FDI吸收能力进行评价，作了等级相关检验，证实了理论假说和指标体系的可行性，并分别对西部地区FDI引进能力、利用能力、扩散能力和区域动态竞争力系统展开深入研究，发现西部FDI吸收能力受一系列因素制约。

（1）自然资源反向制约。传统的FDI理论认为，自然资源对FDI具有吸引力。现代跨国公司的直接投资是资本、技术、文化、知识的“一揽子”资源，其与初级自然资源的融合度较低。在我国，FDI分布与自然资源丰度呈负相关，自然资源越丰富，吸收的FDI越少。西部在矿藏、水能方面具有比较优势，但FDI分布却比较少。这表明，进入我国的FDI主要不是自然资源导向型。

（2）创新空洞制约。国际经验表明，要有效利用FDI，当地必须付出R&D努力，FDI质量越高，对R&D配置能力的要求越高。由于西部技术创新水平较低，主要表现在西部采掘业、电力产业占优势，但R&D能力比较低，制造业的R&D能力也比较低，这不仅影响了西部对R&D型FDI的引进能力，即使对一般FDI的引进能力也不足。除陕西、四川外，大部分西部地区存在不同程度的创新能力空洞化，对FDI利用来说，这是一个“黑洞”，大多数跨国公司不愿冒险进入西部地区。

（3）工业结构制约。FDI工业结构与西部工业结构的等级相关系数较低，结构相似性较低。大部分西部地区工业体系是以自然资源为导向，产业链较短，关联效应较低，技术水平低，附加值低，在我国工业分工体系中处在垂直分工的低端，对 FDI 吸收能力较低，FDI 进入重点产业不在西部。西部优势工业体系对 FDI 吸收能力较低，这给西部地区吸收 FDI 能力的实现带来了较大障碍。

（4）配套能力制约。FDI 的目标同样是利用当地资源，它要求当地在资本、技术、人力资源、产业等方面与之相配套，实现资源共享。由于产业结构、技术结构和人力资源结构方面的原因，西部难以为机械制造型 FDI，尤其是高技术产业集聚型 FDI 提供前向和后向关联的配套资源，这使得跨国公司在西部难以寻找到外部化资源和合作伙伴。跨国公司仍以资源为生，西部难以为跨国公司提供配套资源。生态环境较差，这也是西部 FDI 吸收能力低的一个显著原因。

（5）环境因素制约。从西部 FDI 吸收能力发挥程度、FDI 决定因素中的虚拟（Dumming）变量、区域 FDI 竞争力系统的外部促进变量都反映出，西部处在一种极不利的 FDI 竞争环境中，以致西部 FDI 吸收能力发挥不足，竞争力低。这一方面是西部改革开放滞后，一些产业如烟草受政策性因素限制；另一方面西部国有经济比重大，市场发育程度低，投资环境较差。此外，西部周边国家对外直接投资能力低，西部离发达国家较远，与海外华商联系不足等，这些因素综合作用使西部处在对 FDI 竞争的劣势地位。

（6）发展阶段制约。发展阶段是地区产业结构、城市化水平、收入水平、技术等的综合反映。西部地区发展水平滞后东部一个阶段，有的西部地区还处在工业化前准备阶段，技术水平、直接投资发展阶段也很低，FDI 吸收能力受技术“门槛”效应制约。西部产业结构与技术结构水平低，教育落后，RAC/AUS 的微观基础十分薄弱，导致西部 FDI 扩散能力严重不足。

（7）决定因素制约。计量研究表明，地区 GDP 与高技术出口能力是地区 FDI 吸收能力的决定因素。西部 GDP 增长速度较低，GDP 规模较小，尤其是高新技术产业的发展不足，地区经济增长方式粗放，经济增长质量低，这是 FDI 吸收能力低的根本所在。

（8）人力资源结构性制约。地区 FDI 吸收能力与大专以下人口的相关性较低，与大专以上人口、工程技术人员、科学技术研究人员的相关性较高。FDI引进能力对文盲半文盲人口、初中人口和高中人口的相关性远超过FDI利用能力和扩散能力的相关水平，FDI利用能力和扩散能力对地区人力质量有较高的要求。西部地区工程技术人员和科学研究人员不足，受高等教育人口密度低，导致FDI利用能力和扩散能力低。可以说，西部机械制造业、高新技术产业发展不足，未形成集聚效应，是西部FDI利用能力和扩散能力低的主要原因。

西部FDI吸收能力研究的总体结论是：

（1）西部FDI吸收能力水平低。西部FDI引进能力与东部、中部相当，但利用能力尤其是扩散能力比较低，西部FDI发展受利用能力和扩散能力的两重制约，致使西部FDI吸收能力结构处于较低水平。

（2）西部政策边际效率高，但空间仍有限。从我国区域FDI竞争力机制看，我国区域FDI竞争力系统对西部FDI变化比较敏感。同时也应看到，经过二十多年的发展，东部、中部和西部FDI竞争力已达到了与其吸收能力相对称的发展阶段，达到相对稳定的竞争力结构，国家对西部地区FDI政策发挥作用的空间仍很有限。

（3）对西部FDI的促进不能缩小其与东部发展的差距，反而会加大东西部发展差距。众多研究表明，FDI是扩大东西部发展差距的重要原因。西部FDI政策的边际效益较高，政策促进西部FDI增加的同时也促进了中部FDI有较大的增加，东部FDI则有更大的增加，东部仍是政策溢出效应的最大受益者。从FDI梯度转移理论看，要等到东部失去区位优势，FDI才会向其他区位转移。从当前看，西部FDI吸收能力最弱，西部若能获得较多的FDI，那么，在发展差距存在的情况下，东部得到的FDI肯定更多。东部FDI对东部经济增长效应更大，经济发展速度仍明显高于西部，东西部发展差距会进一步扩大。西部FDI政策具有双重性。

（4）FDI可以促进西部的发展，但不能代替西部自身努力。FDI可以通过加速西部人力资本形成、资金资本形成、产业结构升级促进西部经济增长。这一点也可从西部GDP－FDI动态系统中反映出来。但FDI对西部经济增长仅仅是催化剂，并不能替代西部作为发展主体自身所作的努力。

因此，西部只有通过自身的发展，在发展中提升 FDI 吸收能力才是根本所在。西部地区政府竞相出台优惠政策，以吸收 FDI，这是一个误区。不能否认，政策促进对 FDI 吸收能力起一定的作用，但不能把提高 FDI 吸收能力停留在制定 FDI 优惠政策的层面上，而是在发展中提高 FDI 吸收能力，实现 FDI 吸收能力结构的升级。提升西部 FDI 吸收能力的思路是，以提高西部企业创新能力、发展高新区和人力资源累积为战略范围，构建微观基础，以点带面，以产业结构升级和人力资源累积促进经济发展，以此提高广大西部地区对 FDI 利用能力和扩散能力，实现 FDI 吸收能力结构的升级，促进 FDI 面向西部转移和集聚。

参考文献

[1] Amy Jocelyn Glass, Kamal Saggi. International technology transfer and technology gap. Journal of Development Economics, vol, 55 , 1998: pp. 369 –398.

[2] Borenztein, E. , J. De Gregorio and J – W Lee. How does Foreign Investment Affect Economic Growth? . Journal of International Economics, 45, 1998: 115 – 135.

[3] Chenery, H. B. and A. M. Stout. Foreign Assistance and Economic Development. The American Economies Review 56 (4), Part 1, 1996: pp. 679 – 733.

[4] Cohen, M. W. and Levinthal, D. A. . Absorptive Capacity: A new perspective on learning and innovation. Administrative Science Quarterly, 35, 1990: 128 – 152.

[5] Daniel Kirchert. The Impact of Knowledge Diffusion and Absorptive Capacity on Regional Economic Development in China 1978 to 1998, e – mail: d – kirchert @ hotmail, com, 2001.

[6] Gergana Todorova, Boris Durisin. The Concept and the Reconce – ptualization of Absorptive Capacity: Recognizing the Value, BDA Bocconi – research Division. e – mail: boris. durisin@ sdabocconi. it, 2003.

[7] Gong, H. M. . Spatial Patters of Foreign Investment in China's city, 1980 – 1989. Urban Geography 16 (3), 1995: pp. 189 – 209.

[8] Gregory N. stock, Noel P. Greis. Absorptive capacity and new product development. Journal of high technology Management Research 12, 2001: pp. 77 – 91.

[9] Head, K. , and J. Ries. Inter – city Competition for Foreign Inves – tment:

Static and Dynamic Effects of China's Incentives Areas. Journal of Urban Economies 40 (1), 1996: pp. 38 –60.

[10] Helleiner, G. K.. Transnational Corporations and Foreign Direct Investment, in H. Chenery and T. N. Srinivasan (eds.). Handbook of Development Economics, vol. Ⅱ, 1989: pp. 1441 –1480.

[11] Holger Gorg. Foreign direct investment, spillovers and absorptive capacity: Evidence from quantile regressions, e – mail: holger. gorg @ nottingham. ox. ac. uk, 2002.

[12] Hongxin Zhao and Gangti Zhu. Location Factors and Country – of – origin Differences: an Empirical Analysis of FDI in China. Multinatinal Business Review/spring 2000, 2000: pp. 60 –73.

[13] James R. Markusen Anthony and J. Venables. Foreign direct inves – tment as a catalyst for industrial development. European Economic Review 43, 1999: pp. 335 –356.

[14] Jorge Niosi and Bertrend Bellod. The absorptive capacity of regions, niosi, jorge @ uqam. ca, bertrend, bellod @ jm. u – psud, fr, 2002.

[15] Kevin Honglin Zhang. What Attracts Foreign multinational corpo – rations to China? . Contemporary Economic Policy vol. 19, No. 3, july, 2001,: pp. 336 –346.

[16] Leo A. Grunfeld. International R&D spillovers and the effect of absorptive capacity: an empirical study, e – mail: lag@ nupi. No, 2002.

[17] Leoanrd K. Cheng. What are the determinants of the location of foreign direct investment? . The Chinese experience, Journal of International Economics 51, 2000: pp. 379 –400.

[18] Leo A. Grunfeld. Meet me halfway but don't rush: absorptive capa – city and strategic R&D investment revisited. International Journal of Industrial Organization21, 2003: pp. 1091 –1109.

[19] Mark Rogers. Absorptive Capability and Economic Growth: How to countries Cathing – up, e – mail: mark. rogers@ hmc. ox. ac. uk, 2002.

[20] Mody, Ashota and Fung - Yi Wang. Explaining industrial growth in coastal China: Economics reforms ... and what else? . World Bank Economic Review, 11, 2 (May), 1977: pp. 293 -270.

[21] Morton I. Kamien, Israel Zang: . Meet me halfway: research joint ventures and absorptive capacity. International Journal of Industrial Organization 18, 2000: pp. 995 -1012.

[22] Paola Criscuolo and Rajneesh Narula. National Absorptive Capacity and the Stage Developmen, e - mail: p. criscuolo@ merit. unimass. nl, 2000.

[23] Peter J. Buckley, Jenny Clegg, Chengqi Wang and Adam R. Cross. FDI, regional differences and economic growth: panel data evidence from China. Transnational Corporations, Vol. 11, No. 1 , Aprill, 2002.

[24] Peter J. Lane, Balaji Koka. A Thematic Analysis and Critical Assessment of Absorptive Capacity Research. A cademy of Management, 2002 : BPB. M1 - M6.

[25] Qian Sun. the determinants of foreign direct investment across China. Journal of International Money and Finance 21 , 2002: pp. 79 -400.

[26] Sun. H. Foreign Investment and Economic Development in China, 1979 -1996. London: Ashgate Publishing Limited, 1998.

[27] Sun. H.. Entry Modes of Multinatinal Corporation into China's Market: a Socialeconomic Analysis. International Journal of Social Economics 26, 1999: 642 - 659.

[28] Shuming BAO. Geographic factor and China's regional develop - ment under market reform, 1978 - 1998. China Economic Review 131 , 2002: pp. 89 -113.

[29] S. Venu. The Absorptive Capacity for FDI. www. thehinbusiness. com/ 2002/02/25.

[30] Wei Yingqing, Liu Xiaming, Parker David and Vaigya Kirit. The Regional Distribution of Foreign Direct Investment in China. Regional Studies V01. 33. 9, 2000: pp. 857 -867.

［31］Wolfgang Keller. Absorptive capacity：on the creation and acquisi – tion of technology in development. Journal of Development Economics，vol. 49 ，1996：pp. 199 –227.

［32］Yuko Kinoshita. R&D and technology spillovers via FDI：innova – tion and absorptive capacity，e – mail：Yuko. Kinoshita@ cerge. cuni. cz，2001.

［33］Linda F. Y. Ng，Chyau Tuan. Location decisions of manufacturing FDI in China：implications of China's WTO accession. Journal of Asian Economics 14，2003：pp. 51 –72.

［34］王洛林，江小涓．中国的外资引进与经济发展．中国社会科学，1997（5）．

［35］鲁明泓．外国直接投资区域分布与中国投资环境评估．经济研究，1997（12）．

［36］魏后凯，贺灿飞．外商在华直接投资动机与区位因素．经济研究，2000（12）．

［37］魏后凯．加入 WTO 后中国外商区位变化及中国西部地区引进外资前景．管理世界，2003（7）．

［38］武剑．外国直接投资的区域分布及增长效应．经济研究，2002（4）．

［39］吴丰．外商直接投资聚集效应分析和引进外资新动向．外国经济与管理，2001（6）．

［40］黄晓玲．我国中西部区位优势与吸收外国直接投资类型定位．国际贸易问题，2003（1）．

［41］赖明勇，等．我国外商直接投资吸收能力研究．南开经济研究，2002（3）．

［42］杨先明．发展阶段与国际直接投资．北京：商务印书馆，2000.

［43］黄硕风．综合国力新论．北京：中国社会科学出版社，1999.

［44］倪鹏飞．中国区域竞争力理论研究与实证分析．北京：中国经济出版社，2001.

［45］张君昌．国际竞争力的评价理论和方法．北京：经济科学出版

社，2002.
[46] 史清琪，等．中国产业技术创新能力研究．北京：中国轻工出版社，2000.
[47] 魏江．企业技术能力论．北京：经济科学出版社，2002.
[48] 黄汉民．企业发展的组织资源能力研究．北京：中国财政经济出版社，2003.
[49] 中国科学技术发展战略研究小组．中国区域创新能力研究．北京：中央党校出版社，2002.
[50] 王国维．协调发展的理论与方法研究．北京：中国财政经济出版社，2001.
[51] 曾珍香，等．可持续发展的系统分析方法与评价．北京：经济科学出版社，2000.
[52]〔美〕G. 多西，等．技术进步与经济理论．钟学义，译．北京：经济科学出版社，1992.
[53] 侯定丕．非线性评估的理论与应用．合肥：中国科学技术大学出版社，2001.
[54] 胡永宏，等．综合评价方法．北京：经济科学出版社，2000.
[55] 郭亚军．综合评价理论与方法．北京：经济科学出版社，2002.
[56] 魏后凯，等．中国外商投资的区位政策和公共政策．北京：商务印书馆，2002.
[57] 岳平．中国工业结构调整与升级：理论、实证和政策．北京：中国计划出版社，2001.
[58] 王与君．中国国际竞争力．南昌：江西人民出版社，2000.
[59] 江小涓．中国的外资经济．北京：中国人民大学出版社，2002.
[60] 肖卫国．跨国公司海外直接投资研究．武汉：武汉大学出版社，2002.
[61] 卢根鑫．国际产业转移论．上海：上海人民出版社，1997.
[62] 黄晓玲．外贸、外资与工业化．北京：对外经济贸易大学出版社，2002.

[63] 毛蕴诗．跨国公司战略竞争与国际直接投资．广州：中山大学出版社，2001.

[64] 李东阳．国际直接投资与经济发展．北京：经济科学出版社，2002.

[65] 赵晋平．利用外资与中国经济增长研究．北京：人民出版社，2001.

[66] 汪慕恒．东盟国家外资投资发展趋势与外资投资政策演变．厦门：厦门大学出版社，2002.

[67] 李洪江．跨国公司新发展及其经济效应分析．哈尔滨：黑龙江人民出版社，2002.

[68] 傅梦孜．世界直接投资：发展、理论与现实．北京：时事出版社，1999.

[69] 韩彩珍．外商投资政策与法律环境．北京：中国轻工业出版社，2000.

[70] 裴长洪．利用外资与产业竞争力．北京：社会科学文献出版社，1998.

[71] 张碧琼．国际资本流动与对外贸易竞争优势．北京：中国发展出版社，1999.

[72] 彭强，等．引进外资的产业选择．广州：中山大学出版社，2002.

[73] 刘秀玲．国际直接投资与技术转移．北京：经济科学出版社，2003.

[74] 吴先明．跨国公司与东亚经济发展．北京：经济科学出版社，2001.

[75] 吴林海，等．跨国公司对华技术转移论．北京：经济管理出版社，2002.

[76]〔日〕安保哲夫，等．日本式生产管理方式的国际转移．苑志佳人，郝燕书，陈建平，等指导译．明治大学大学院经营学研究科译．北京：中国人民大学出版社，2001.

[77] 王绍光，胡鞍钢．中国：不平衡发展的政治经济学．北京：中国计

划出版社，1999.

[78] 胡鞍钢．地区与发展：西部开发新战略．北京：中国计划出版社，2001.

[79] 陈劲，等．社会资本与技术创新．杭州：浙江大学出版社，2002.

[80] 丁巨涛．技术创新促进西部发展研究．北京：中国统计出版社，2002.

[81] 袁莉．聚集效应与西部竞争优势的培育．北京：经济管理出版社，2002.

[82] 杨建龙．关于外商投资与外资政策的博弈分析．北京：经济科学出版社，2000.

[83] 陈文科．发展经济学与21世纪中国中西部发展．太原：山西经济出版社，2001.

[84]〔美〕I. 琼斯．经济增长导论．舒元，译．北京：北京大学出版社，2002.

[85]〔丹麦〕尼古莱·J. 福斯．企业万能：面向企业能力理论．李东红，译．大连：东北财经大学出版社，1998.

[86]〔德〕M. 艾根．超循环论．曾国屏，沈小峰，译．上海：上海译文出版社，1990.

[87] 郑维敏．正反馈．北京：清华大学出版社，1998.

[88] 韩茂安，等．非线性系统的理论与方法．北京：经济科学出版社，2001.

[89]〔美〕约翰·H. 霍兰．隐秩序：适应性造就复杂性．周晓牧，韩辉，译．上海：上海科技出版社，2000.

[90]〔英〕欧阳莹之．复杂系统理论基础．田宝国，等译．上海：上海科技教育出版社，2002.

[91] 张晓峒．计量经济分析．北京：经济科学出版社，2000.

[92] 王树禾，等．微分方程模型与混沌．合肥：中国科学技术大学出版社，1999.

[93] 马知恩，等．常微分方程定性与稳定性方法．北京：经济科学出版

社，2001.

［94］〔意〕C. 甘道尔夫．经济动态学．王小明，译．北京：中国经济出版社，2003.

［95］〔英〕罗纳德·肖恩．动态经济学．吴汉洪，译．北京：中国人民大学出版社，2003.

［96］联合国贸发会议．1992 世界投资报告：跨国公司：经济增长的引擎．北京：对外经济教育出版社，1993.

［97］联合国贸发会议．1999 世界投资报告：外国直接投资和发展的挑战．北京：中国财政经济出版社，2001.

［98］联合国贸发会议．2000 世界投资报告：跨国并购与发展．北京：中国财政经济出版社，2001.

［99］尚勇．科学技术与经济发展．北京：经济管理出版社，2001.

附　　录

附表 1　1983—2002 年我国区域* FDI 规模及份额

年份	FDI 规模（万美元）			FDI 份额（%）		
	东部	中部	西部	东部	中部	西部
1983	27537	647	3429	87. 11	2. 05	10. 85
1984	65013	1777	1846	94. 72	2. 59	2. 69
1985	81403	4075	4232	90. 74	4. 54	4. 72
1986	97236	5857	10843	85. 34	5. 14	9. 52
1987	118516	3963	15070	86. 16	2. 88	10. 96
1988	233318	15620	20585	86. 57	5. 80	7. 64
1989	281630	11798	17084	90. 70	3. 80	5. 50
1990	301837	11215	10798	93. 20	3. 46	3. 33
1991	417217	17749	11104	93. 53	3. 98	2. 49
1992	993375	80738	51483	88. 25	7. 17	4. 57
1993	2105980	230953	195093	83. 17	9. 12	7. 71
1994	2867486	267585	233673	85. 12	7. 94	6. 94
1995	3236483	323237	202872	86. 02	8. 59	5. 39
1996	3607600	391406	174374	86. 44	9. 38	4. 18
1997	3812659	477923	254445	83. 89	10. 52	5. 60
1998	3943638	439295	235050	85. 40	9. 51	5. 09
1999	3462131	375711	183977	86. 08	9. 34	4. 57
2000	3488649	359434	184486	86. 51	8. 91	4. 57
2001	4034361	410120	192219	87. 01	8. 85	4. 15
2002	4545734	500864	200527	86. 63	9. 55	3. 82

*资料来源：①《改革开放十七年的中国地区经济》；②1996—2003 年《中国统计年鉴》。

附表2 2002年我国地区FDI吸收能力评价数据表*

地区	FDI（万美元）	自然资源（万吨标煤）	GDP（亿元）	人均GDP（元/人）	专利（件）	经济密度（万元/平方米）	社会消费品零售总额（亿元）
北京	172464	905.26	3212.71	28449	6345	1912	1744.8
天津	158195	1934.08	2051.16	22380	1827	1724	941.4
河北	78271	6935.04	6122.53	9115	3353	326	1968.3
山西	21164	24451.84	2017.54	6146	934	129	755.4
内蒙古	17701	9028.2	1734.31	7241	679	15	606.0
辽宁	341168	7413.95	5458.22	12986	4551	370	2258.4
吉林	24468	2501.52	2246.12	8334	1507	119	1008.1
黑龙江	35511	13697.29	3882.16	10184	2083	86	1320.0
上海	427229	128.79	5408.76	40646	6695	8585	2035.2
江苏	1018960	2847.64	10631.75	14391	7595	1036	3215.8
浙江	307610	222.99	7796.00	16838	10479	766	2877.5
安徽	38375	6113.49	3569.10	5817	1419	256	1228.7
福建	383837	887.98	4682.01	13497	4001	386	1663.3
江西	108197	1478.95	2450.48	5829	1044	147	832.7
山东	473404	17187.99	10552.06	11645	7293	673	3181.9
河南	40463	11027.81	6168.73	6436	2590	369	2189.8
湖北	142664	878.97	4975.63	8319	2209	268	2198.4
湖南	90022	2092.57	4340.94	6565	2347	205	1678.9
广东	1133400	2650.44	11769.73	15030	22761	662	5013.6
广西	41726	741.59	2455.36	5099	1054	104	1025.5
海南	51196	24.56	604.13	7803	199	178	204.4
重庆	19576	1274.17	1971.3	6347	1761	239	763.1
四川	55583	4691.16	4875.12	5766	3403	101	1850.1
贵州	3821	5290.8	1185.04	3153	615	67	416.2
云南	11169	1470.6	2232.32	5179	1128	57	711.3
西藏	0	8.83	161.42	6093	7	1	53.2
陕西	36005	8058.8	2035.96	5523	1524	99	728.2
甘肃	6121	2341.8	1161.43	4493	397	26	433.5
青海	4726	788.24	341.11	6426	85	5	101.0
宁夏	2200	1709.99	329.28	5804	216	64	108.8
新疆	1899	5264.16	1598.28	8382	627	10	442.9

资料来源：①《2003年中国统计年鉴》；②http：//www.sts.org.cn。

续 表

地区	职工平均工资（元/人）	R&D/GDP（%）	工程与研究人员（人）	地区配套资本（万美元）	技术成交额（万元）	进出口依存度（%）	国际互联网络用户（户）
北京	21852	5.4702	201027	707991	1221450	142.51	2661174
天津	16258	1.3419	65603	430951	327808	96.98	1281854
河北	10032	0.4710	157577	352637	140416	9.49	2732256
山西	9357	0.5559	129686	122127	107826	9.99	1300170
内蒙古	9683	0.2164	66562	73890	103019	12.24	343045
辽宁	11659	0.8284	204728	1591458	421852	34.73	4412532
吉林	9990	0.6580	110907	223183	104469	14.37	1181718
黑龙江	9926	0.4196	163204	220994	126770	9.77	1361889
上海	23959	1.4869	118580	1599860	1031660	117.09	3364294
江苏	13509	0.7675	224814	1162732	528419	57.65	3147268
浙江	18785	0.4967	111993	730630	441292	46.93	3185437
安徽	9296	0.6085	110195	231220	90357	10.21	1073959
福建	13306	0.4982	78904	428729	158639	52.89	2498577
江西	9262	0.3764	87846	121093	80195	6.03	1193187
山东	11374	0.5504	301913	961352	480009	28.04	2795953
河南	9174	0.4401	154660	44778	208120	4.53	2118238
湖北	9611	0.7470	142538	406979	316095	6.93	1518244
湖南	10967	0.4832	148616	145738	285127	5.78	2170831
广东	17814	1.0060	164883	2929885	721967	163.81	5721681
广西	10774	0.3747	120212	193929	66729	8.63	1093409
海南	9480	0.1521	13032	158423	23657	26.95	237969
重庆	10960	0.5789	52975	150350	331867	7.93	561052
四川	11183	1.0151	154821	348701	128784	7.99	1263288
贵州	9810	0.3850	66048	40799	38492	5.09	431819
云南	11987	0.3277	104558	134310	207002	8.70	1041453
西藏	24766	0.1739	3465	7087	6443	7.04	31910
陕西	10351	2.6817	97998	202881	143097	9.53	1106868
甘肃	11147	0.6766	68419	67858	79619	6.59	518937
青海	14472	0.4299	12896	9450	24518	5.03	58077
宁夏	11640	0.5526	23985	32666	24318	11.73	175122
新疆	11605	0.2180	60602	32198	136439	14.69	456321

续 表

地区	工业比较优势指数	制造业市场规模（亿元）	高技术出口（亿美元）	制造业专业技术人员（万人）	非国有工业比重（%）	人均邮电费用（元/人）	制造业就业人数比重（%）	大专比重（%）
北京	0.7149	112	2276	23.5	44.2022	1801	19.0512	20.4925
天津	1.1123	39.6	2149	8.6	74.4345	914	29.9677	10.565
河北	1.0902	163.7	54	19.4	58.4123	332	17.1196	4.6862
山西	1.0919	36.2	4	12.5	41.1011	334	14.6617	4.6304
内蒙古	0.8170	40.7	1	7.1	33.9048	364	8.0784	5.644
辽宁	1.0846	61.1	1643	23.9	43.9898	618	16.1021	5.5172
吉林	0.8888	9.5	18	11.8	22.9763	436	10.0429	6.498
黑龙江	1.2373	44	77	15.3	30.5980	487	10.9929	4.8657
上海	1.0679	48.6	4808	19.2	55.4725	1426	36.147	15.0688
江苏	1.1192	199.1	5350	31.6	76.3116	466	21.2631	3.8256
浙江	1.1474	176	654	13.2	90.1900	807	27.5479	5.7719
安徽	0.9027	86.5	60	11.8	51.5751	233	9.2162	2.6423
福建	0.9641	87.9	1652	12.9	77.2131	696	18.9797	4.1975
江西	0.6823	53.4	18	9.8	29.1554	290	10.0199	2.9073
山东	1.0807	280.9	650	37.4	66.5716	359	15.6422	5.6735
河南	1.0075	267.7	20	23	47.9332	235	10.6954	4.2976
湖北	1.1048	111.4	135	16.3	41.9210	285	11.5623	3.8578
湖南	0.8195	81.2	46	14.8	44.4333	285	9.4329	4.3461
广东	1.1078	184.5	17020	31.2	82.4623	1169	19.6839	5.1503
广西	0.7241	53.5	15	8.8	41.3515	265	5.5592	3.4791
海南	0.3268	5.2	19	0.9	43.0319	489	4.6825	3.5886
重庆	0.8213	42.8	30	10.1	41.3498	289	8.4441	3.348
四川	0.7936	101.1	206	20.9	46.2443	257	7.696	3.7464
贵州	0.7697	20.3	4	7.5	29.8001	201	5.8086	3.5202
云南	0.8698	31.6	48	8.1	29.8641	293	4.9124	1.9941
西藏	0.1948	2.2	4	0.1	33.7924	277	2.1739	0.7897
陕西	0.8192	61.7	68	18.2	23.6910	365	9.0705	3.9543
甘肃	0.8285	17.9	10	7.9	36.3314	252	7.0205	3.0504
青海	0.7388	4	1	1.1	21.3051	347	6.9956	3.1541
宁夏	0.8540	3.9	1	2	39.2614	383	9.1297	5.663
新疆	0.7551	22.3	3	4.2	25.1659	508	6.7284	9.8793

＊资料来源：①《2003 中国统计年鉴》；②http：//www.sts.org.cn。

后　记

本书为我的博士论文同名专著的重印版。在原版 2004 年 12 月出版以来的六年间，博士论文以及同名专著获得了一些荣誉。博士论文获 2006 年云南省优秀博士学位论文，并在 CNKI《中国优秀博硕士学位论文全数据库》2006 年伍卷 11 期发表。专著获云南省第九次哲学社会科学优秀成果三等奖、2005 年获张怀愉经济学奖。专著中的核心成果在《管理世界》和《经济评论》等学术期刊上，其中发表在《管理世界》2004 年第 11 期的《为什么国际直接投资不集聚中国西部?》一文，获 2005 年度南开大学社会科学研究优秀成果奖，2007 年获南开大学亚洲研究中心第二届人文社会科学优秀论文奖。专著再次入选中共云南省委宣传部、云南省社会科学界联合会等单位联合出版的《当代云南社会科学百人百部优秀学术著作丛书》，将进一步彰显其价值，扩大其影响。

为什么国际直接投资不集聚中国西部？这是学术界一直探究的重要问题。随着中国区域差距的扩大，FDI 区域分布不平衡问题引起了社会各界的广泛关注，学术界有关中国 FDI 区位的研究成果不断涌现。本书建立起关于 FDI 吸收能力形成机制、结构效应和形成阶段的内在关系假说，得出西部对 FDI 吸引能力低，结构不合理是制约 FDI 不集聚西部的重要因素，因此，西部不能停留在政策层面上，而在发展中提升 FDI 吸收能力才是根本所在。尽管，专著中的数据只到 2003 年，但本书结论与政策含义仍不失其价值。2005 年西部 FDI 比重一路下行到低于 3% 的最低点后又持续上升到 2010 年的 8.5% 的水平，形成“V”形走势。近年来，西部地区 FDI 比重的上升可能与西部吸收能力提升有关，也可能是政策效应。当然，这是否意味东部、中部和西部 FDI 竞争力的动态均衡结构已打破，均衡点发生漂移，仍需要进一步考察。当然，即使西部 FDI 比重有所上升，但与其经济发展仍不匹配，入驻西部 FDI 的规模是否持续上升仍取决于西部吸收能力增强、“能力缺口”缩小以及能力结构改善。西部吸收能力提升是一项长期的系统工程，这一点不仅对吸引 FDI 产业转移有意义，对吸引东部产业向西部转移也同样具有重要价值，对推进“西部大开发”战略向纵深发展更是具有战略意义。

作为云南省第一个自己培养的经济学博士，博士论文的重印，是云南经济学科发展征途中一个重要的且具有历史性意义的事件。没有原版就没重印而言。除了重表原版致谢外，特向《当代云南社会科学百人百部优秀学术著作丛书》编委会表示感谢；再次对导师杨先明教授、云南大学财经大学的汪戎教授（博士论文答辩委员会主席、授课老师）和南开大学博士后导师冼国教授（博士论文的评议人）的联合培养表示衷心感谢！

赵果庆

于云南财经大学康园

2011 年 12 月 28 日